本书为2022年度广东省教育科学规划课题（高等教育专项）"乡村振兴视域下广东省返乡创业高职大学生培养模式研究"（项目号：2022GXJK106，主持人：刘月宁）阶段性研究成果。

光明社科文库
GUANGMING DAILY PRESS:
A SOCIAL SCIENCE SERIES

·经济与管理书系·

企业组织警觉如何推动变革

结构探索与量表开发

刘月宁　王慧玲丨著

光明日报出版社

图书在版编目（CIP）数据

企业组织警觉如何推动变革：结构探索与量表开发 /
刘月宁，王慧玲著 . -- 北京：光明日报出版社，2025.

2. -- ISBN 978 - 7 - 5194 - 8559 - 7

Ⅰ. F279. 276. 5

中国国家版本馆 CIP 数据核字第 2025BT7571 号

企业组织警觉如何推动变革：结构探索与量表开发

QIYE ZUZHI JINGJUE RUHE TUIDONG BIANGE：JIEGOU TANSUO YU
LIANGBIAO KAIFA

著　者：刘月宁　王慧玲			
责任编辑：杜春荣		责任校对：房　蓉　乔宇佳	
封面设计：中联华文		责任印制：曹　净	

出版发行：光明日报出版社

地　　址：北京市西城区永安路 106 号，100050

电　　话：010-63169890（咨询），010-63131930（邮购）

传　　真：010-63131930

网　　址：http：// book. gmw. cn

E - mail：gmrbcbs@ gmw. cn

法律顾问：北京市兰台律师事务所龚柳方律师

印　　刷：三河市华东印刷有限公司

装　　订：三河市华东印刷有限公司

本书如有破损、缺页、装订错误，请与本社联系调换，电话：010-63131930

开　　本：170mm×240mm

字　　数：263 千字　　　　　　印　　张：14.5

版　　次：2025 年 2 月第 1 版　　印　　次：2025 年 2 月第 1 次印刷

书　　号：ISBN 978 - 7 - 5194 - 8559 - 7

定　　价：89.00 元

前　言

AI时代的到来让所有人都感受到了来自不确定性的强烈冲击。一些曾叱咤风云的行业领袖风光不再，一些曾生机勃勃的产业急剧萎缩，环境的不确定性能彻底颠覆原有的市场环境及行业格局。在这样的时代背景下，组织如何通过变革与创新保持领先或"弯道超车"甚至"换道超车"是企业家面临的最严肃的挑战。事与愿违的是，一些昔日巨头在组织变革与转型中因过慢、过晚、方向错误等原因迅速崩掉，基业未必都能长青，选择并非都能卓越，变革失败率居高不下是一个"残酷的事实"。但也有一些企业，同样在迫切需要变革且任务复杂的情境之下，机警、敏锐地洞察组织内外部环境中变动的线索并准确地识别甚至创造出机会，并依据企业家自身的担当合理部署做出有效的变革决策。对少数获得变革成功的"幸运儿"来说，警觉是一种重要的能力，也是变革发生的必要条件。

新技术冲击下的机会与威胁蔓延在各个行业与不同层次，一些重大的变革往往发端于微不足道的细节之中。因此，组织对内外环境中的机会、威胁或不连续线索具有警觉是非常重要的研究主题。与越加频繁发生的实践所不同的是，目前关于警觉性的研究集中于高管个体层面且局限于新创企业中的机会识别与开发过程，现有研究很少将其应用于公司其他成员上或者延展到组织/公司层面。近年来，一些学者提出对战略变革而言，团队或组织的警觉集合会比基于个人层面的单一警觉更相关，但这些学者并未按照规范流程进行组织警觉概念的开发，而仅限于理论思考或直接将个体警觉的特征应用于组织之上。

通过文献回顾和对实践现象的归纳，本书提出以下研究问题：

（1）组织警觉如何生成？具有怎样的内涵结构？

（2）在不确定环境下，组织警觉如何作用于组织变革？

（3）组织警觉构念基于创业警觉，创始人的创业警觉水平与企业的组织水平一致吗？组织警觉的提高，是否会促进企业为应对市场环境变化而加快组织变革？如果是，应当如何有效培育企业的组织警觉？

　　为回答以上问题，我们共开展了以下三项研究。

　　研究一通过历时性的纵向案例研究（2006—2018 年）来探索组织警觉这一新构念的结构维度，并运用对比式案例复制逻辑来刻画组织警觉是如何推动组织变革这一过程的。我们选取了一个具有独特性、启示性的极端案例开展研究，即通过在组织内部主动建立与现有销售部门存在局部功能替代的新部门以应对互联网带来的不确定性冲击的工业制造商研华为研究对象，该公司对组织内外部环境变化的线索异常敏感，持续地进行多种多样的销售组织变革的尝试。通过对案例材料进行叙事分析、探索式编码，结合组织学习动态过程框架，本书组织多层次理论、认知理论和注意力基础观等提出了组织警觉的内涵结构，并通过对微观行动者的警觉过程特征进行分析，刻画了组织警觉的生成机制。

　　随后，我们使用扎根理论对案例各阶段中"从警觉到变革"的过程进行编码分析，通过纵向迭代的方式使得到的概念与范畴逐渐饱和，共得到 18 个范畴、42 个概念、751 个自由节点。在每个阶段中我们使用典范模型对范畴进行关联，得到四条故事线，再依据原样复制和差别复制逻辑，将其归纳融合成一个既能阐述案例现象又具有理论解释意义的过程模型，从而打开了组织警觉如何推动组织变革的"黑箱"。

　　研究一结论总结如下：组织警觉是一个多维构念，其三个维度为多点关注、跨层互动和敏锐判断（命题 1）。组织层警觉通过"个体—团队—组织"的多点关注、跨层互动和敏锐判断的正向路径生成，同时也由"组织—团队—个体"反向路径进行警觉扩散，生成与扩散的"双环"在组织变革情境下将被激发，两种行为之间的循环互动使组织警觉呈现出持续变化的动态性特征（命题 2）。组织警觉通过改变高层决策者的机会或威胁认知而促使组织使用计划型变革路径制订变革方案并推行实施（命题 3）。同时，组织警觉通过激发行为者发挥能动性、通过实践偏移与业务流程变革等进行机会创造并引发持续性关联型变革行动，从而使组织的变革路径呈现出涌现型特征（命题 4），并且，环境的不确定性特征越明显，组织警觉越可能促进组织的涌现型变革行为（命题 5）。在深入讨论了实践偏移的触发过程中，我们发现在生态位重叠与分离导致的互依关系非均衡状态下，中基层行动者被组织警觉推动形成不同的机会认知或威胁认知，从而采用与战略定位时设计的战略轨迹不相同的行动策略（反应型策略、前摄型行动策略、防御型行动策略、参与型行动策略），因此导致改革方案的实践偏移（命题 6）。而隐喻式目标则提供了实践活动的"想象空间"，助推行动主体产生警觉性从而实现实践偏移（命题 7）。同时，当组织运行中存在隐喻式目标时，警觉性能激发中层管理者对组织目标进行独立于高层管理者的意义阐释与意义构建，从而推动涌现型组织变革出现（命题8）。

研究二进行了组织警觉概念的量表开发（2019—2020年），基于 Churchill①的量表开发流程，结合纵向案例编码分析得出的组织警觉特征维度，进行了规范化的量表开发与验证。通过对四家规模不一、在过去几年中主动进行变革的成熟企业的高层管理者和中层管理者进行半结构化访谈，结合理论文献，并在专家小组的建议下形成初步测量题项。通过大规模调查问卷获得280份有效样本，由此通过 SPSS 和 AMOS 软件进行探索性与验证性因子分析，最终得到包含三个因子十个题项的信度效度良好的组织警觉测量量表。

研究三回答了创业警觉、组织警觉与组织变革的关系的问题（2021—2022年），我们采用要素理论视角，选取广东省返乡创业的高职大学生创业者及其创业团队为调查对象，通过大规模调查问卷获得218份有效样本。除了成功验证质性研究得出的命题3～5，还得出如下结论：返乡创业情境下，高层管理者的创业警觉对企业组织警觉的生成具有正向作用；企业组织警觉正向促进计划型组织变革行动；企业组织警觉正向促进涌现型组织变革行动；组织警觉正向促进创业理论学习；组织警觉正向促进创业实践学习；创业理论学习正向促进计划型组织变革行动；创业实践学习正向促进组织变革行动；创业理论学习在组织警觉与计划型组织变革行动之间起中介作用；创业实践学习在组织警觉与计划型组织变革行动之间起中介左右；环境不确定性正向调节组织警觉与涌现型组织变革行动的关系。

在返乡创业这一情境下，高组织警觉的创业者善于将个人警觉扩散到组织，将自身的创业警觉突破个体，迁移为整个团队的组织警觉。因此，提高高职创业者个体的创业警觉，将直接促进其所在企业的组织警觉提升。此外，乡村振兴所面临的复杂多变的新形势与市场机会将激发高组织警觉企业的涌现型变革行为；企业的创业学习行为有助于企业跨越组织警觉到有计划地变革行为的鸿沟。最后，我们针对返乡创业的高职学生创业者及其团队，就如何培育组织警觉、提高组织变革有效性提出建议。

本书对警觉理论研究领域的贡献在于：（1）提出了组织警觉概念的内涵结构，并通过规范的量表开发与验证程序获得了一套测量工具，为后续研究提供了概念基础和测量基础。（2）推动了变革情境下的警觉理论由静态研究走向动态研究。

---

① CHURCHILL G A. A Paradigm for Developing Better Measures of Marketing Constructs ［J］. Journal of Marketing Research, 1979, 16 (1): 64 73.

　　本书对组织变革理论领域的贡献在于：（1）通过刻画组织警觉如何作用于组织变革行动的过程，不仅确认了组织警觉是组织变革的逻辑起点，还发现了警觉促进组织变革实施的两条不同路径，即"顺势而适"的计划型路径和"因势而创"的涌现型路径，确认了环境不确定性在这一过程中的调节作用，打开了警觉如何触发组织变革的黑箱。（2）将组织警觉理论与组织变革理论相结合，把组织中的行动者个体的警觉性纳入变革情境考量，从微观层面解释了变革实践中个体的行为和目标如何以及为何偏移的问题。（3）案例研究发现中层管理者的警觉将促进其对组织目标进行独立的意义构建从而在组织变革中发挥战略性贡献。在这一过程中，中层管理者从被动接受变革的翻译者和代理人转变为主动推动变革形成的决策者，这一发现提供了对变革中的中层管理者身份的新认知。

　　本书对创业理论领域的贡献在于：（1）警觉性是返乡创业高职大学生胜任力的重要构成。在乡村振兴背景下，学历层次为高职的创业者虽然存在着社会资源、知识结构和理论素养等短板，但善于将个人警觉扩散到组织，即创业者善于传播其独特的认知心理图式和思维方式，将自身的创业警觉突破个体，迁移为整个团队的组织警觉。因此，提高高职创业者个体的创业警觉，将直接促进其所在企业的组织警觉提升。（2）在存在高度市场环境不确定性的环境下，例如，乡村振兴战略下返乡创业的企业所面临的多变政策与市场环境，高警觉的组织更容易出现涌现型组织变革行为，有助于企业抗击不确定性风险并获得良好的市场表现。（3）创业学习行为有助于企业跨越组织警觉到有计划地变革行为的鸿沟。

目 录
CONTENTS

第一章

绪论

第一节　研究背景

我们赢了所有对手，却输给了时代。时代抛弃了你，连声再见都不会说。

——大润发前董事长黄明瑞①

一、现实背景

（一）经营环境的不确定性加剧传统企业变革

改革开放迈入第四十个年头后，中国企业面临的问题从提高产能、增加生产效率转换到应对结构性过剩下的去产能、调结构、转型升级，以及新技术推动下的网络化、信息化、平台化与智能化等。在产业转型的历程中，所有人都感受到了来自不确定性的强烈冲击，一些曾叱咤风云的巨头风光不再，一些曾生机勃勃的产业急剧萎缩，这种不确定性能彻底颠覆原有的市场环境及行业格局。耳熟能详的案例有：柯达公司在"胶卷时代"到"数码时代"的进程中因反应迟钝而破产，在移动通信领域辉煌了近 20 年的诺基亚在面对 iPhone 从技术和产业生态上改变了智能手机的冲击时的反应失当（当年诺基亚的技术人员曾向高层建议触屏技术在未来会被广泛应用，智能触屏手机将会成为流行趋势，但被高层管理者以"客户不会喜欢被手指频繁点击而污染的屏幕"而拒绝），仅仅两三年的时间就江河日下。

传统企业正在进入"不连续变革"之中，这种"不连续"主要来自两方

---

① 2018 年 1 月 30 日，在阿里巴巴收购高鑫零售（旗下拥有欧尚和大润发两个品牌）36.16%股权准备试水"新零售"后，号称"陆战之王"的大润发董事长黄明端辞任时发文。

面：一是新的技术手段更新加快，甚至屡屡出现"破坏性创新"从而颠覆某个行业。如 AIGC（人工智能生成内容）的兴起，不仅改变了传统内容创作的模式，还深入影响了企业的生产流程、管理模式乃至市场策略。

二是企业面临的市场环境变化更加频繁，稳定不变的市场不复存在，前景越来越难以预测。2017 年年底，大润发被阿里巴巴集团收购，在传统零售业内号称"陆战之王"的大润发前董事长黄明端感叹道："这个时代，有时候你根本不知道你真正的对手在哪里。"不确定性具有更复杂、更多维、更不可预测的特点①，在不确定的环境中创造未来，这是对今天的企业家和管理者最大的挑战。在这种不断变化的动态复杂环境之中，企业应当如何针对环境做出战略调整和组织结构变化以适应新的发展，这是管理理论和企业实践中所面临的一个非常重要的课题。

（二）提升警觉性是应对不确定性环境的必然要求

改革开放之后的这代本土企业家，许多都是在没有资源基础的情况下自主创业建立商业版图的，其关键成功因素主要在于对环境中的有利机会保持机敏和迅速反应。然而，在不连续变革的新经济环境下，面对层出不穷的新概念、新技术、新的制度环境和市场机制，尤其是在互联网转型的大浪潮中，组织要实现变革创新与可持续发展单单只靠企业家个人过去的经验和决策方式是不够的，机警、敏锐地洞察组织内外部环境中变动的线索并准确地识别甚至创造机会是一种重要的能力，也是变革发生的必要条件。

《战略变革探索》② 一书中提到尽管许多组织都通过持续变革来维持竞争力，但变革项目的成功率却不足 30%。组织变革的难题是不可能只依靠"灵光一闪"（eureka moments）或一个模型就能够全部解决的，变革是永不止息的变化，具有持续性特点。保持并提升警觉是在不确定环境中有效实施组织变革的必然要求，具有警觉性的组织将会更快地捕捉并深入理解内外环境变化中的信号与线索，帮助判断当下的现实并预测未来，从而做出具有前瞻性的行动选择与布局。随后在实践中更新并完善组织变革的路径，通过实施变革构建核心竞争力，并以此形成连贯的动态竞争优势。

---

① 查兰. 求胜于未知：不确定性变革时代如何主动出击变中求胜［M］. 杨懿梅，译. 北京：机械工业出版社，2015：18-23.

② BALOGUN J, HAILEY V H, JOHNSON G, et al. Exploring Strategic Change［M］. London：Pearson Education, 2008.

二、理论背景

在当今不确定的商业环境下，许多研究表明组织变革越加频繁，组织变革越容易失败，"残酷的事实是，70%的变革都会失败"①，这个数字在2012年攀升至93%②。外界环境的变化会影响组织生存，因为其可能会改变构成组织竞争优势来源的能力和资源基础，并降低企业绩效水平。任何组织想要获得长期成功地生存都需要具备一个重要前提，即预测事件以及适应市场条件的能力，能够快速响应市场需求并跟上环境变化的步伐十分重要。在各种新技术、新商业模式的冲击下，如何应对环境变化已经成为管理学界和实业界共同关注的重要问题。

组织变革是组织科学领域的焦点研究问题，我们总结了现有的综述文章，包括组织内部对变革的准备③，组织变革的驱动因素如何与组织变革运行过程相联结④，持续的先前变革行动和环境如何驱动组织变革⑤，等等。我们发现现有研究更加关注变革诊断之后的环节，如组织成员如何应对以及变革过程控制等，但诊断之前的环节如原始变革设想如何激发以及组织变革方案的形成过程等得到的关注不足。学者Bielinska-Kwapisz将激发组织变革的原因归纳为前序变革的数量、变革的时间间隔以及周边环境，这未将组织变革过程中起主要作用的因素——人（管理者与执行者）纳入。组织变革领域的研究呈现出"管理者主义"的研究导向，即大多是从具有决策权的变革发动者的视角看待变革，通常把员工视为变革的执行者与被动接受者，并且，在关于组织变革驱动因素的讨论中，更多为关注外部宏观环境中的情境、内容等因素，内部驱动因素如员工如何促进变革形成等需要质性研究的内容却较为缺乏。

① BEER M, NOHRIA N. Cracking the Code of Change [J]. Harvard Business Review, 2000, 78 (3): 133-141.
② DECKER P J, DURAND R, MAYFIELD C O, et al. Predicting Implementation Failure in Organization Change [J]. Journal of Organizational Culture, Communications and Conflict, 2012, 16 (2): 39-60.
③ HOLT D T, VARDAMAN J M. Toward a Comprehensive Understanding of Readiness for Change: The Case for an Expanded Conceptualization [J]. Journal of Change Management, 2013, 13 (1): 9-18.
④ WHELAN-BERRY K S, SOMERVILLE K A. Linking Change Drivers and the Organizational Change Process: A Review and Synthesis [J]. Journal of Change Management, 2010, 10 (2): 175-193.
⑤ BIELINSKA-KWAPISZ A. Triggers of Organizational Change: Duration, Previous Changes, and Environment [J]. Journal of Change Management, 2014, 14 (3): 405-424.

现有理论中将"人"的因素视为战略选择和行为以及企业绩效的前因变量的是高阶理论①,其基础假设是人的有限理性,认为高管团队会基于对具体组织情境的洞察做出个性化的意义解读和战略选择,从而影响组织绩效。高层管理者的年龄、价值观、经验、社会资本等个性特征和高管团队的声望、合法性、行为整合等特征将共同决定管理者的认知模式,从而影响组织战略的形成和运行。沿袭了高阶理论的研究思路,在不确定环境下的组织变革的重要来源是企业高层主管对环境中潜在的机会的感知与掌控,这将使组织保持灵敏性以迅速识别变化并抓住机会从而获得新的竞争优势。② 一些研究者提出高层管理者对机会的警觉度将会推动并加速组织有效变革和成长。因此,企业如何在变动的环境中发现和把握机会并有效驱动变革是对传统组织的认知的一个挑战。这要求组织必须对环境的变迁和竞争者行动保持关注从而快速并准确地识别未被满足的需求,通过制定相关的战略行动来应对从而获得增长,对组织中的高层决策者来说,必须警觉微量变动引致的累积性影响。

警觉研究广泛存在于神经学、医学和生物学领域中,一些研究发现警觉与一般状态下的唤醒并不相同③,它是一种不间断的准备状态,时刻保持警觉以应对根据警示信号已知的即将到来的刺激④。基于警觉的注意力分配是注意力朝向和执行控制的前提。从神经学上的警觉意义来说,个体的知觉加工速度以及视觉的意识阈限都会受到自身警觉的调控⑤,因此行动者的警觉差异将会对认知和行为产生影响⑥,比如,研究发现车间员工的警觉差异会形成他们不同的认知控制过程。

① HAMBRICK D C, MASON P A. Upper Echelons: The Organization as a Reflection of Its Top Managers [J]. Academy of Management Review, 1984, 9 (2): 193-206.
② CHEN M J, MILLER D. Competitive Dynamics: Themes, Trends, and a Prospective Research Platform [J]. The Academy of Management Annals, 2012, 6 (1): 135-210.
③ RAZ A, BUHLE J. Typologies of Attentional Networks [J]. Nature Reviews Neuroscience, 2006, 7 (5): 367-377.
④ POSNER M I, FAN J. Attention as an Organ System [M] //POMERANTZ J R. Topics in Integrative Neuroscience: From Cells to Cognition. Cambridge: Cambridge University Press, 2008: 31-61.
⑤ FINKE K, MATTHIAS E, KELLER I, et al. How Does Phasic Alerting Improve Performance in Patients with Unilateral Neglect? A Systematic Analysis of Attentional Processing Capacity and Spatial Weighting Mechanisms [J]. Neuropsychologia, 2012, 50 (6): 1178-1189.
⑥ DEGUTIS J M, VAN VLEET T M. Tonic and Phasic Alertness Training: A Novel Behavioral Therapy to Improve Spatial and Non-Spatial Attention in Patients with Hemispatial Neglect [J]. Frontiers in Human Neuroscience, 2010, 4: 60.

在企业管理领域中警觉概念被应用于创业管理理论，并与机会识别紧密联系。在创业研究学者的共同努力下，创业机会识别被视为新创企业的价值创造过程的起点以及重要环节逐渐成为热门研究主题。在不确定环境下发生的变革中，如何识别剧烈变化的外部环境已经成为企业经营管理的中心业务，其中起到主体作用的"人"的因素尤其重要。Kirzner 阐释了机会是如何被偶然发现的，将创业者警觉定义为平衡自由市场经济的重要协调因素。① 警觉的企业家时刻关注着市场，在特定的时间内通过警觉地搜寻信息来发现其他人未发现的信息，而这样的机会缺口一旦出现，企业家立马会通过调配资源将隐性机会具体化并创造价值，通过这一开发利用过程获得利润。机会缺口存在的前提是市场的非均衡状态，一部分企业家因为具有警觉性特质从而能够发现这样的创业机会。Tang 将这种警觉性特质定义为企业家主动关注与所求目标有关的各种信息的倾向，是一种特殊的感知，具体包括未满足的市场需求、顾客提出的问题以及如何对新资源进行组合等。②

但是，创业者警觉的狭隘之处在于，它有助于新创企业对新的商业机会的识别和开发，但不确定性环境应该包含机会和威胁两方面。机会在《现代企业管理辞典》③ 中被解释为"具有时间性的有利情况"，在创业机会的研究领域中，学者们对创业机会的起源持有本体论和认识论两种观点，前者认为机会是独立于创业者而客观存在的，对于所有人都是可以获得的，不具有专有性。而后者则认为机会并非客观存在，创业者的解释和判断等主观行为建构了机会的形成。④ 新创企业对成长性有要求，因而对机会格外关注，但以往的研究多是基于本体论进行机会识别，而建构视角的研究还有待深入。

但是，对成熟组织来说，尤其是经营环境不确定性高的企业，（内外）环境威胁也是重要关注点。《现代企业管理辞典》中将环境威胁定义为"环境中某一不利的趋向或变动对企业形成的挑战，企业如果不能采取有效的对策，则可能导致某项产品、某种品牌的失败，甚至整个企业的停滞或破产。威胁对企业而言，其存在是客观的、经常的，但这并不等于说对任何环境威胁企业都必须认

① KIRZNER I M. Competition and Entrepreneurship [M]. Chicago：University of Chicago Press, 1978：23-24.
② TANG J T, KACMAR K M, BUSENITZ L. Entrepreneurial Alertness in the Pursuit of New Opportunities [J]. Journal of Business Venturing, 2012, 27（1）：77-94.
③ 李国杰. 现代企业管理辞典 [M]. 兰州：甘肃人民出版社, 1991.
④ WOOD M S, MCKINLEY W. The Production of Entrepreneurial Opportunity：A Constructivist Perspective [J]. Strategic Entrepreneurship Journal, 2010, 4（1）：66-84.

真对待。事实上，威胁对企业的影响程度是不同的。对于重大威胁应当认真对待，而对无足轻重的威胁则不必花费太多的人力物力对待。若不问威胁大小，一律认真对待，那么企业就难于保证有更多的精力去利用市场机会开发新产品，开拓新市场"①。

学者 Tang 认为，警觉性是一种能够大大增加产生并实体化新想法的灵敏度的概念，包含三个维度：一是系统化地或非系统化地扫描环境并搜索有用信息；二是将先前不相关的信息有效地联结或碎片组合起来；三是能够评估和判断新点子的。这三个维度互相补充作用并给了警觉者得以识别真正有效的商业机会的基础。在不确定环境下，成熟组织必须对市场的竞争动态保持高度警觉。目前，从行动者的警觉性如何影响或推动组织变革策略实施的研究较少。一些学者将不确定性笼统地称为"机会"，但并不是所有的都是机会，其中也蕴含着威胁和方向不明的变化，目前个体层面的警觉性研究还没有从机会警觉延伸到关注环境变化与威胁的变革警觉。此外，创业者通过发现机会并采取行动去实现它们驱动产品和需求在市场化条件下达到均衡②，发现创业机会早已被视为企业家的核心能力之一。许多学者就"机会是被发现的还是被创造的"进行了深入讨论③，但学者们在这一本源问题上尚未达成一致，这为我们在实践领域探求警觉性的问题带来了挑战和困惑。

第二节　研究问题

为了应对互联网环境带来的机会和挑战，互联网转型是当前制造业等传统企业转型升级中面临的重大变革难题。关于这一主题的研究遍布于企业生产运营的各个环节④，但在关注具体的职能研究如业务流程再造、人力资源管理变革、财务结算流程的优化促进等之外，在战略和组织结构变革及演进途径的研究中，一些学者从宏观层面进行的演化研究已引起重视，例如，吉峰等学者从

---

① 李国杰. 现代企业管理辞典 [M]. 兰州：甘肃人民出版社，1991：189.
② VALLIERE D. Towards a Schematic Theory of Entrepreneurial Alertness [J]. Journal of Business Venturing，2013，28（3）：430-442.
③ ALVAREZ S，BARNEY J B. Entrepreneurial Discovery and Alertness [J]. Wiley Encyclopedia of Management，2015，3：159-173.
④ 冯雪飞，董大海，张瑞雪. 互联网思维：中国传统企业实现商业模式创新的捷径 [J]. 当代经济管理，2015，37（4）：20-23.

环境与变革交互的外部视角出发将传统企业互联网化转型路径概括为"环境—企业能力—组织变革—企业转型"①，蔡雨阳等以供应链中的物流、信息流、资金流为分析对象讨论了电子商务对企业管理模式的影响②。谢康等采用多案例研究方法，发现企业互联网转型的路径由突破组织惯性和形成新惯例两个阶段构成。③ 从总体看，这些变革研究偏于笼统，仅以几个要素间简单的交互或线性关系来说明，未能细致入微地解释组织变革的内在机理。从研究内容上，这些研究主要集中于变革的后端环节，在"互联网+"冲击这一不确定环境下成熟组织生成变革动机、确定变革方向并形成变革方案等前端环节目前尚缺乏细致的讨论。

在上一节中，我们列举了昔日巨头在组织变革与转型中因过慢、过晚、方向错误等原因迅速崩掉，但也有一些企业，同样在迫切需要变革且任务复杂的情境之下，机警、敏锐地洞察组织内外部环境中变动的线索并准确地识别甚至创造出机会，并依据企业家自身的担当合理部署做出有效的变革决策。对少数获得变革成功的"幸运儿"来说，警觉是一种重要的能力，也是变革发生的必要条件。

从源头上追溯，警觉是一个在广义的战略决策中存在的概念。简单/初创企业与复杂/成熟企业的运行机制并不相同④，基于创业者个体的警觉在初创企业中的作用路径是较为直接明确的，而成熟企业的警觉是在与既有资源、组织结构和流程的互动中产生效应，过程并未明晰。由于"基业长青"的希冀，成熟企业需要警觉来机敏地变革与创新。近年来，一些学者提出对战略变革而言，

---

① 冯雪飞，董大海，张瑞雪. 互联网思维：中国传统企业实现商业模式创新的捷径 [J]. 当代经济管理，2015，37（4）：20-23；吉峰，张婷，巫凡. 大数据能力对传统企业互联网化转型的影响：基于供应链柔性视角 [J]. 学术界，2016（2）：68-78，326.

② 吉峰，张婷，巫凡. 大数据能力对传统企业互联网化转型的影响：基于供应链柔性视角 [J]. 学术界，2016（2）：68-78，326；蔡雨阳，黄丽华. 电子商务环境下的组织变革和管理创新 [J]. 科技导报，2002（4）：35-38.

③ 谢康，吴瑶，肖静华，等. 组织变革中的战略风险控制：基于企业互联网转型的多案例研究 [J]. 管理世界，2016（2）：133-148，188.

④ 席酉民. 企业集团发展模式与运行机制比较 [M]. 北京：机械工业出版社，2003：165.

团队或组织的警觉集合会比基于个人层面的单一警觉更相关①②，但这些学者并未按照规范流程进行组织警觉概念的开发，而仅限于理论思考或直接将个体警觉的特征应用于组织之上。

通过文献回顾，我们发现"警觉"构念在创业者个体层面上被明确界定，被视为创业活动的起点。③ 近年来，一些学者提出对战略变革而言，团队或组织的警觉集合会比基于个人层面的单一警觉更相关④，但这些学者并未按照规范流程进行组织警觉概念的开发，而仅限于理论思考或直接将个体警觉的特征应用于组织之上。

"互联网+"时代的机会与威胁蔓延在各个行业与不同层次，一些重大的变革往往发端于微不足道的细节之中，高层管理者往往无法察觉，而中基层员工直接与客户打交道，能够直接感知到客户价值需求的变化。⑤ 因此，在"互联网+"背景下的传统企业的变革与转型实践中，中基层员工对内外环境中的机会、威胁或不连续线索具有警觉是非常重要的研究主题。与越加频繁发生的实践所不同的是，目前关于警觉性的研究集中于高管个体层面并且局限于新创企业中的机会识别与开发过程，现有研究很少将其应用于公司其他成员上或者延展到组织/公司层面。⑥

基于此，本书认为在不确定的动荡环境下，信息具有分布式、嵌于互动行动中等特征，单靠高层管理者个体的注意与识别已无法对线索进行有效识别和加工以至于产生组织层面的结果，他们在具体业务上的敏锐度远不及中基层员工，将警觉概念从高层管理者"下沉"并"扩散"形成组织层构念非常有必

① MONTIEL-CAMPOS H. Understanding Employees' Entrepreneurial Alertness: The Role of Creativity and Support for Creativity [J]. Academy of Entrepreneurship Journal, 2018, 24 (1): 1-16.

② ROUNDY P T, HARRISON D A, KHAVUL S, et al. Entrepreneurial Alertness as a Pathway to Strategic Decisions and Organizational Performance [J]. Strategic Organization, 2018, 16 (2): 192-226.

③ SHANE S, VENKATARAMAN S. The Promise of Entrepreneurship as a Field of Research [J]. The Academy of Management Review, 2000, 25 (1): 217-226.

④ SIMSEK Z, LUBATKIN M H, VEIGA J F, et al. The Role of an Entrepreneurially Alert Information System in Promoting Corporate Entrepreneurship [J]. Journal of Business Research, 2009, 62 (8): 810-817.

⑤ 王凤霞，夏爽，陈亚娟. 中基层员工主导型公司创业过程研究：基于腾讯公司的探索性案例设计 [J]. 科技进步与对策, 2018, 35 (12): 107-116.

⑥ REZVANI M, LASHGARI M, FARSI J Y. Organizational Entrepreneurial Alertness Framework in Opportunity Discovery [J]. Academy of Entrepreneurship Journal, 2018, 24 (2): 1-12.

要。另外，警觉是组织变革的触发动力，但"如何触发"这一过程现有研究尚未给出系统回答。除了高管的其他警觉来源如何作用于变革未被讨论，因此当我们将组织警觉的概念纳入变革研究中时，各层级的行动者都可能因警觉而将促进主观能动性发挥作用，从而采取多种多样的意义构建方式与变革行动，这将为探究变革的内部动力以及变革类型提供微观分析视角。因此，针对变革中的成熟企业进行组织警觉概念开发，并深入剖析其警觉在变革中的情境特征、生成机制与作用路径具有重要的理论和现实意义。

结合以上分析，本书聚焦于三个研究主题：

一是组织警觉如何生成？具有怎样的内涵结构？

二是在不确定环境下，组织警觉如何作用于组织变革？

三是组织警觉构念基于创业警觉，创始人的创业警觉水平与企业的组织水平相一致吗？提高组织警觉，是否会促进企业为应对市场环境变化而加快组织变革？如果是，应当如何有效培育企业的组织警觉？

第三节 哲学基础与研究视角

一、逻辑基础：实证主义和诠释主义

实证主义的研究方法假设社会事实客观存在，且变量能被识别、关系能被测量，其研究目的指向普遍的结论，或进行因果解释和预测，主张以科学方法建立经验性的知识。与之相反的是诠释主义的研究方法，其前提假设认为事实是社会建构的，变量是复杂的、相互影响的并且很难被测量的。其存在论（ontology）基础是将现实世界看作人类对于不同行为与状况的解释的产物，亦即现实世界的真相是由人的思想主观构建出来而不是客观且唯一的。认识论（epistemology）主张对于复杂世界的认知是通过研究生活在这个世界中的人群的经验以及观点而实现的，研究者应该深入现实生活去领会并且通过科学化的手段及语言去解释并重建这些概念与含义。诠释主义的研究目的指向特定情境下的结论，用以理解和解释某些特别的现象。[①] 表1-1解释了两种研究范式的异同。

---

① SALE J E M, LOHFELD L H, BRAZIL K. Revisiting the Quantitative-Qualitative Debate: Implications for Mixed-Methods Research [J]. Quality and Quantity, 2002, 36 (1): 43-53.

表 1-1 实证主义和诠释主义研究的不同倾向

	实证主义研究方法 （定量研究）	诠释主义研究方法 （定性研究）
假设	社会事实有一个客观存在 变量能被识别并且关系能被测量	事实是社会建构的 变量是复杂的、相互影响的且很难被测量的
研究目的	普遍的结论 进行因果解释 预测	特定情境下的结论 理解 解释
研究方法	以假设或理论开始 使用正式的研究工具 实验 演绎法 成分分析 寻求常模 将资料简化为数字 在写作中使用抽象的语言	可能在研究结果中进行假设或提出理论 研究者本身就是研究工具 自然主义方法 归纳法 探索模式 寻求多元的解释和复杂性 尽量少使用数字 在写作中使用描述性的语言
研究者的角色	与被试分离 客观描述	个人卷入 共情式理解

来源：作者根据相关资料①整理。

在案例研究中，本书以诠释主义为哲学基础，采用以案例分析为主，结合扎根理论方式的质性研究，尤其是对研究现象进行深入的整体性研究，使用描述性语言从原始资料中形成结论和理论。通过与研究对象互动，通过洞察各变量间复杂的、相互影响的机制，在特定情境下对其行为和意义建构进行解释性理解。

在量表开发与关系检验中，本书以实证主义为哲学基础，其本体论为客观主义，通过量化研究进行变量的识别与关系的测量，对诠释主义所建构的命题进行验证，扩大研究结论的适用范围。

---

① 来自 Carol Hsu 于 2015 年 11 月 7 日在中山大学承办的第九届中国企业管理案例与质性研究论坛上的主题报告 "Qualitative Case Studies：Role of Theory and Empirical Data Analysis"。

二、研究视角：要素理论和过程理论

管理学中的研究者常常采用要素理论视角分析变量之间的相关关系，比如，企业的研发投入经费越高可能导致创新绩效越高，这是一种静止的研究视角，强调各变量之间的因果关系以及解释水平；与之相反，过程理论采用动态发展的研究视角来追踪某个具体现象中各要素随着时间变迁的发展过程，比如，事件 A 激发了企业的行动 B，随后导致了结果 C[①]，该视角关注事件发生的时间先后顺序[②]。与要素理论中的变量通常可量化所不同的是，过程理论中的事件、活动、选择等研究对象往往难以测量，因为后者并不十分关注变量间的解释程度，而是聚焦于事件、活动、选择等的发生序列，过程理论视角下的前因事件是后果事件的必要条件，即后果事件发生的前提一定是前因事件发生了，但前因事件并不一定会导致后果事件的发生。

要素理论可以解释组织变革过程中的要素间因果关系，但同时也忽略了可能存在的很多有意思并且十分重要的方面，过程理论的研究视角能够真实、全面、细致地反映组织在实际运行过程中发生的事件、采取的管理活动和做出的选择，从而为研究者的洞察提供基础，揭示复杂的组织现象中所包含的模式和机制。[③]

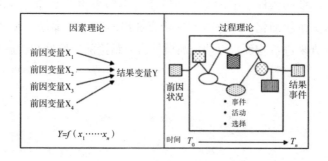

图 1-1　要素理论和过程理论对比

来源：根据黄江明等[④]整理。

①　LANGLEY A. Strategies for Theorizing from Process Data [J]. The Academy of Management Review, 1999, 24 (4): 691-710.

②　VAN DE VEN A H, POOLE M S. Alternative Approaches for Studying Organizational Change [J]. Organization Studies, 2005, 26 (9): 1377-1404.

③　毛基业，陈诚. 案例研究的理论构建：艾森哈特的新洞见：第十届"中国企业管理案例与质性研究论坛（2016）"会议综述 [J]. 管理世界，2017 (2)：135-141.

④　黄江明，李亮，王伟. 案例研究：从好的故事到好的理论：中国企业管理案例与理论构建研究论坛（2010）综述 [J]. 管理世界，2011 (2)：118-126.

　　过程研究的"多变性"会加大过程识别和解释的难度，完整的过程数据分析需要做到：识别与检验不同事件、活动之间的时序关系以及过程整体的时序模式；解决不同时间断点、跨越多重时间的事件。Langley 归纳了叙事分析、扎根理论、定量化、备选模式、可视化图式、时序区间和综合策略七种策略应用于过程数据的分析。①

　　本书在质性研究中，组合使用了以上多种策略：（1）通过叙事分析梳理了整个案例故事的开始、中间和结尾，形成事件链并辨别出焦点行为以及行为者。（2）利用时序区间将整个案例故事分解为四个阶段，由于时序区间要求根据事件和活动的连续性进行分段而非基于理论预测，本书的时序区间划分在分界点上呈现出了明显的间断性特征。本书通过对不同时序区间的建构的过程进行复制和对比，找寻更深层次的解释机制。（3）扎根理论包含开放式编码、主轴译码和选择性译码，本书中（第四章）通过对原始数据的扎根，形成精简的概念和范畴，自下而上构建理论。（4）定量化研究在阶段一的应用在于将分阶段的扎根得到的"范畴"进行量化统计，横向对比不同范畴出现的频次以及纵向对比同一范畴在不同阶段出现的频次。（5）可视化图式，这是一种更为抽象的编码形式，本书通过可视化图表生成了包含理论解释的"过程示意图"。

　　同时，在后续的实证主义的量化研究中，本书采用要素理论视角，使变量可测量、因果关系明细化。本书将质性研究提出的结论"命题"要素化，采用大规模样本调查来进行验证，以期提高质性研究结论的一般性和普适性。

---

① LANGLEY A. Strategies for Theorizing from Process Data ［J］. The Academy of Management Review, 1999, 24 (4): 691-710.

第二章

理论回顾

第一节　警觉相关研究

本书使用 Citespace Ⅲ 对警觉相关研究进行回顾与整合，我们选择 Web of Science（WOS）数据库以及中国知网（CNKI）为数据源。首先，设定检索条件，题名为"Alertness"&"Enterprise"／"Corporate"／"Organization"（二次搜索中文题名为"警觉"和"企业"／"公司"／"组织"），年份为"所有"，类型为"Article"（学术论文，剔除评论、报纸文章等不符合学术规范的文献）；其次，利用研究者的专业知识，通过人工方式进一步排除与主题无关的文献；再次，下载作者、标题、来源出版物、摘要、参考文献字段，建立本研究的文献数据库，共计 313 篇中英文文献，其中 289 篇以创业警觉为研究主题，13 篇主题是心理学中的警觉认知试验，11 篇与神经科学的警觉测试有关。最后，笔者根据结果对创业警觉进行综述。

一、创业警觉的界定

机会识别被当作企业家行为过程的起点，关于机会的研究在过去的 20 年中得到蓬勃发展。[①] 早在 1958 年，马奇和西蒙结合古典经济学理论，提出机会发现是在有限理性条件下搜寻的结果。而后通过不同途径和工具识别新建企业的

---

① SHORT J C, KETCHEN D J, SHOOK C L, et al. The Concept of "Opportunity" in Entrepreneurship Research: Past Accomplishments and Future Challenges [J]. Journal of Management, 2010, 36 (1): 40-65.

行动过程也同样受到关注。① Shaver 等把开发新事业的机会识别定义为个体进行的有意识的系统搜索、识别和处理信息的过程，因此从信息识别和加工视角认为机会识别依赖于独特的信息处理能力。② 所以，创业警觉这个概念，被应用于解释为什么一些人能够比另外一些人更容易去发现机会。

创业警觉（又称创业者警觉、企业家警觉）的概念最早发源于经济学，由奥地利经济学派代表学者之一 Kirzner 于 1973 年提出用以解释机会认知，即个体不经过刻意搜索就能够警觉地发现非均衡市场上出现的盈利机会并迅速做出反应的能力，从根本上阐释了创业警觉性特征是平衡自由市场经济的重要协调因素。随后这个概念在他的研究中被不断发展和修正：1979 年 Kirzner 补充强调这种机会可能是被其他人所忽视的；1985 年他提出企业家警觉被认为是一种能够注意到被忽视的机会的能力，是人的一种有目的性的倾向，可以帮助形成未来图景；1997 年更新为"一种对现有的，但迄今仍未被发掘的机会的接受态度"；2008 年将其定义为"企业家保持的一种对潜在的、尚未出现的、可能即将发生的事物的敏感"。由始至终，Kirzner 对创业警觉的界定都是在基于其能推动市场均衡化过程之上的讨论。奥地利经济学派对警觉的界定呈现如下特点：认为机会客观存在于世界之中，等待被创业者发现，并且创业者只能找到已经存在，但目前尚未被发现的机会，机会只能被识别而不能被创造。因此创业者无法进行信息搜寻，只能等待机会主动前来将他们唤醒，并且，创业者不应具有专业的先验知识结构，否则，他们可能会积极主动搜寻机会，而非被动等待。③

许多学者认同并深化 Kirzner 的创业警觉性概念：一些定义中普遍认为知觉和发现那些具有潜在商业价值的初始创意，需要创业者具有敏感性和洞察力，这种能力被视为创业警觉④；创业警觉区别了创业者与非创业者，也是影响创业

① LUMPKIN G T, DESS G G. Enriching the Entrepreneurial Orientation Construct：A Reply to "Entrepreneurial Orientation or Pioneer Advantage"［J］. The Academy of Management Review, 1996, 21（3）：605-607.

② SHAVER K G, SCOTT L R. Person, Process, Choice：The Psychology of New Venture Creation［J］. Entrepreneurship Theory and Practice, 1992, 16（2）：23-46.

③ MCCAFFREY M. On the Theory of Entrepreneurial Incentives and Alertness［J］. Entrepreneurship Theory and Practice, 2014, 38（4）：891-911.

④ GAGLIO C M, TAUB R P. Entrepreneurs and Opportunity Recognition［M］//CHURCHILL N C, BIRLEY S, BYGRAVE W D, et al. Frontiers of Entrepreneurship Research. Wellesley, MA：Babson College, 1992, 12：136-147.

机会识别的重要因素①。另一些定义中创业者警觉被视为一个心理图式②，通过该图式可以保持创业者对不均衡的市场信息进行浏览与搜索的敏感性，并且当出现与图式不相匹配的信息时，创业者能够快速反应做出调整。

Baron 等将创业者警觉定义为一种综合的认知能力，其基础是个体的认知能力特征（如高智商或创新能力）和已有的认知结构（如事例或经验原型），综合这二者形成对市场环境、产业政策、先进技术或竞争动态等多方面的变迁获得机会认知，企业家基于此提出能够满足市场和客户需求的创业行动，最终推出具有创新性的产品或服务。③

虽然创业警觉性的研究呈现逐年增长的趋势，但是其研究主要集中在对警觉性前因的分析、机会警觉性对机会识别与利用的情况以及机会警觉性与企业快速成长的关系等方面。

我们对 313 篇核心文献使用 Citespace Ⅲ 进行关键词频统计，显示共产生了287 个关键词，表 2-1 显示了排名前二十的关键词及频次，可以看出机会、发现、信息、搜寻、识别、认知等在创业警觉性的研究中占据了重要位置。创业警觉性研究围绕着机会的发现与识别进行，尽管创业者警觉已经从机会发现中被单独概念化，且开始与环境信息搜寻行为联合，但它往往还是被认为是一种敞开发现机会的心理态度。④

表 2-1　文献计量：创业警觉性排名前 20 的关键词

排名	关键词	频次	排名	关键词	频次
1	警觉性 alertness	144	11	认知 recognition	112
2	发现 discovery	127	12	知识 knowledge	111
3	机会 opportunity	123	13	创新 innovation	110

① FRESE M. The Psychological Actions and Entrepreneurial Success：An Action Theory Approach [M] //BAUM J R, FRESE M, BARON R A. The Psychology of Entrepreneurship. New York：Psychology Press, 2007：151–188.

② GAGLIO C M, KATZ J A. The Psychological Basis of Opportunity Identification：Entrepreneurial Alertness [J]. Small Business Economics, 2001, 16 (2)：95–111.

③ BARON R A, ENSLEY M D. Opportunity Recognition as the Detection of Meaningful Patterns：Evidence from Comparisons of Novice and Experienced Entrepreneurs [J]. Management Science, 2006, 52 (9)：1331–1344.

④ BUSENITZ L W. Research on Entrepreneurial Alertness：Sampling, Measurement, and Theoretical Issues [J]. Journal of Small Business Management, 1996, 34 (4)：35–44.

续表

排名	关键词	频次	排名	关键词	频次
4	绩效 performance	123	14	组织 organization	109
5	机会识别 opportunity identification	121	15	导向 orientation	107
6	创业精神 entrepreneurship	121	16	增长率 growth	104
7	信息 information	116	17	先验知识 prior knowledge	103
8	识别 identification	116	18	不确定性 uncertainty	101
9	搜寻 search	114	19	决策制定 decision making	99
10	机会认知 opportunity recognition	112	20	企业的创立 venture creation	98

资料来源：作者整理。

随后我们通过 Modularity Q 指标和 Si-lhouette 指标进行计量，列出影响力最大（被引用频次、中心度值大于 0.1）的文献排序，它们往往涵盖了这个领域的研究焦点及知识基础，见表 2-2。

表 2-2　文献计量：创业警觉领域代表性文献

被引频次	中心性	作者	题目	期刊来源
161	0.34	Gaglio & Katz	The psychological Basis of Opportunity Identification：Entrepreneurial Alertness	*Small Business Economics*
147	0.29	Shane & Venkataraman	The Promise of Entrepreneurship as a Field of Research	*Academy of Management Review*
111	0.26	Baron	Opportunity Recognition as Pattern Recognition：How Entrepreneurs "Connect the Dots" to Identify New Business Opportunities	*The Academy of Management Perspectives*
108	0.15	Minniti	Entrepreneurial Alertness and Asymmetric Information in a Spin-Glass Model	*Journal of Business Venturing*

续表

被引频次	中心性	作者	题目	期刊来源
101	0.14	Alvarez & Barney	Discovery and Creation：Alternative Theories of Entrepreneurial Action	*Strategic Entrepreneurship Journal*
98	0.10	Tang，Kacmar & Busenitz	Entrepreneurial Alertness in the Pursuit of New Opportunities	*Journal of Business Venturing*

资料来源：作者整理。

表 2-2 中，Gaglio 和 Katz 也是奥地利学派的学者，他们认为企业家的机敏性对其创业机会识别和开发都起着重要作用，机会识别是一种独特的企业家行为，但也并不是具有高机敏性的人就一定会抓住创新机会，它的过程和动态性仍然未明确。其中可能包含了他们维持现状的动机，会导致对识别的创新机会视而不见。作者将创业警觉作为一种独特的感知和信息加工过程，被持认知视角的研究者向机会识别过程研究推进。该文章重点提出了系统化和概念化研究创业者警觉与机会识别的研究方向。

Shane 和 Venkataraman 挑明了先验知识的重要性，通过对创业者的研究，总结并提出了创业者更关注与机会识别相关的先验知识，并且先验知识会在技术开发、机会识别、机会开发三方面影响机会的发现。Baron 提出创业者如何为开创新事业识别机会？一个可能的是，基于人类认知视角，他们通过自己获得的认知框架在不相关的事物或趋势中建立联系。换句话说，他们用认知框架去连接技术、市场、政府政策和其他因素的变化中的点（connect the dots）。他提出了三个对机会识别产生影响的因素：对机会的积极搜索、警觉性、市场或行业的先验知识。该文采用认知视角，认为是认知水平的差异导致一些人可以发现机会，而另一些人不能。Minniti 认为创业者识别机会也有可能会受到其周围创业者数量的影响，探讨了警觉性和不对称信息在创业决策制定中如何发挥作用，并使用自旋玻璃模拟技术对个体创业决策模型中的警觉性和环境中的可用信息进行动态模拟。结论证明在信息非均匀分布的情况下，高创业警觉性会引发更多的创业行为。Alvarez 和 Barney 的文章表明，创业机会独立存在于企业家的感知范围之外，只是等待被发现吗？还是机会是由企业家自己创造的？这篇文章详细描述了创业机会的识别理论和创造理论，并认为在企业动态发展的情境下机会发现将逐渐升级为机会创造。Tang 等的文章是一篇实证研究，包含了三个警觉要素：浏览和搜索（scanning and search）、联系和联结（association and connection)、评估和判断（evaluation and judgment），并且开发了一个 13 项的量表。

二、创业警觉的研究视角

结合 Citespace Ⅲ 运行出的文献聚类网络（见图 2-1），根据聚类结果，本书将创业警觉的研究主要概括为市场可均衡化、社会认知理论和创业行动理论三个视角。

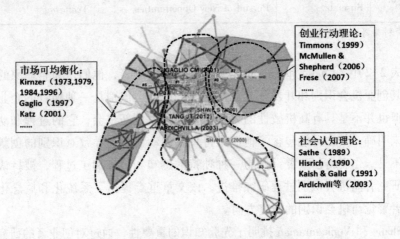

市场可均衡化：
Kirnzer（1973,1979, 1984,1996）
Gaglio（1997）
Katz（2001）
……

创业行动理论：
Timmons（1999）
McMullen & Shepherd（2006）
Frese（2007）
……

社会认知理论：
Sathe（1989）
Hisrich（1990）
Kaish & Galid（1991）
Ardichvili等（2003）
……

图 2-1　创业警觉的文献耦合网络图谱

系统梳理相关文献：现有的创业警觉研究起源于市场可均衡化理论视角，奥地利学派主张非均衡论，强调最好的社会秩序来自自发秩序，注重市场本身的作用。Kirzenr 的创业警觉概念在市场可均衡化的视角下被提出，认为企业家能够警觉地发现现有市场中存在的选择、协调过程中的缺陷，企业家是机会识别者，并能够进行错误消除，促使不均衡的市场机会进行流动平衡。其他奥地利学派学者在市场可均衡化视角下对创业警觉的概念与内涵进行深化，但仅限于理论层面的论述，加重了创业者对市场机会的注意和感知。后续许多学者自称以 Kirzenr 的市场可均衡化为研究基础进行警觉研究，如 Klein[①]、Valliere 等，但在研究中仅部分沿袭奥地利经济学派对警觉定义的特征：机会是被识别而非创造；机会识别是无意识的而非主动搜寻；警觉者不应具有专业的先验知识结构，一些学者的研究与 Kirzenr 的本源定义甚至相悖。我们将沿袭奥地利经济学

① KLEIN K J, KOZLOWSKI S W J. From Micro to Meso: Critical Steps in Conceptualizing and Conducting Multilevel Research [J]. Organizational Research Methods, 2000, 3 (3): 211-236.

派的警觉研究主要类型归纳为表 2-3。

表 2-3　沿袭奥地利经济学派的警觉研究主要类型

研究类型	主题归纳	作者及研究内容	
		年份	作者
沿袭 Kirzenr 的非均衡论，但在专业知识、是否主动搜寻等方面与原始定义有所区别	主动搜寻	1991	Kaish & Gilad
		1992	Herron & Sapienza
		2012	Tang, Kacmar & Busenitz
	先验知识结构	1992	Jacobson
		1996	Busenitz
		2000	Shane
沿袭 Kirzenr 的非均衡化思想进行实验研究，但未能找到具有高解释力的证据	/	2003	Demmert & Klein
		2005	Kitzmann & Schiereck
		2014	McCaffrey
沿袭 Kirzenr 的非均衡化思想，但存在机会发起与机会创造之争	机会发现（opportunity discovery）	1997	Busenitz & Barney
		1999	Klein
		2000	Mitchell et al
		2006	Baron & Ensley
		2011	Valliere
		2014	Brockman
		2016	Ma & Huang
		2018	Montiel-Campos
	机会创造（opportunity creation）	2001	Sarasvathy
		2007	Alcarez & Barney
		2011	Puhakka
		2012	Foss & Klein
	机会发现与机会创造二者并不冲突	2006	Baron & Ensley
		2007	Berglund
		2015	Caniels & Rietzschel

资料来源：作者整理。

由表 2-3 可见，市场可均衡化理论视角下的后续研究主要在创业者应该具有专业（先验）知识和具有主动搜寻行为这两方面对原始研究提出疑问，在机会是被发现的还是被创造的问题上，大部分研究沿袭了机会发现/识别的思路；而另一些学者认为警觉有助于创业者对机会的主观创造①，行动者个体的创造力（creativity）是警觉性的重要部分；也有一小部分学者认为二者并不冲突②。

以上专业（先验）知识和主动搜寻的讨论促使社会认知理论视角逐渐成为创业警觉研究的主流：个体特征、先验知识和环境的相互作用有助于创业者提高创业警觉的程度，同时创业警觉还与机会认知的方式、能力有关。认知视角下的研究导向是环境中现存的或有待开发的机会是如何被识别并成功商业化的，创业警觉在这一过程中与其他因素发生交互。图 2-2 列举了一个具有代表性的该类研究，Ardichvili 等学者通过实证研究得出创业者的个性特征（创造力和乐观程度）和先验知识（常识和行业知识，尤其是关于市场、顾客问题和服务方式的知识）将促进创业者的社会网络构建，如增加弱连接，有更多行动组方案，引入合伙人并建立内部圈子，从而提高企业家的创业警觉性，这种警觉与感知—发现—创造（机会）直接相关，再历经发展和评估等阶段，机会被放弃或者变为行动得以形成新事业（新建企业）。③ Hisrich 等学者④和苗青⑤的研究也表明警觉性的敏感程度与机会识别的概率呈现显著正相关。Brockman 等直接将创业警觉定义为一种认知能力，通过感知、模式识别和评价的认知过程正向影响机会的识别与开发过程。⑥ Schneider 通过设计四个刺激间隔和颜色分组的警觉试验进一步探讨了警觉与认知控制的交互作用。⑦

---

① SARASVATHY S D. Causation and Effectuation: Toward a Theoretical Shift from Economic Inevitability to Entrepreneurial Contingency [J]. The Academy of Management Review, 2001, 26 (2): 243-263.

② CANIËLS M C J, RIETZSCHEL E F. Organizing Creativity: Creativity and Innovation under Constraints [J]. Creativity and Innovation Management, 2015, 24 (2): 184-196.

③ ARDICHVILI A, CARDOZO R, RAY S. A Theory of Entrepreneurial Opportunity Identification and Development [J]. Journal of Business Venturing, 2003, 18 (1): 105-123.

④ HISRICH R, LANGAN-FOX J, GRANT S. Entrepreneurship Research and Practice: A Call to Action for Psychology [J]. The American Psychologist, 2007, 62 (6): 575-589.

⑤ 苗青. 创业决策形成的微观机制：因果模型检验 [J]. 科学学研究, 2009, 27 (3): 430-434.

⑥ BROCKMAN B K. Entrepreneurial Alertness in Opportunity Identification and Opportunity Development [J]. Journal of Business and Entrepreneurship, 2014, 26: 27-44.

⑦ SCHNEIDER D W. Alertness and Cognitive Control: Toward a Spatial Grouping Hypothesis [J]. Attention, Perception, & Psychophysics, 2018, 80 (4): 913-928.

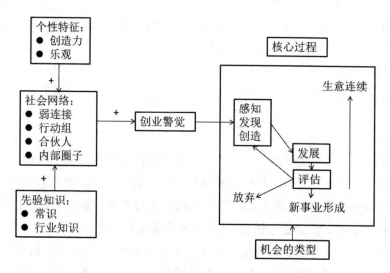

图 2-2 创业机会从发现到开发的过程模型

资料来源：根据相关文献①整理。

　　基于社会认知理论视角的研究聚焦于创业机会发现与识别过程中的警觉问题，以及创业警觉与创业情境特征、创业者个人特征、认知能力与动机、社会资本与网络等要素之间的交互关系。Gaglio 等认为警觉性是一种慢性心理图式，如果企业家具有较强的警觉性，他将对信息加工图式的关键特征表现极为敏感，从而将模糊情境中不符合现有图式的信息进行图式激活。② 该研究使得警觉性在组织变革研究中得到重视。Baron 将警觉性概括为高复杂性、高适应性的心智框架，有助于管理者跳出固有的思维模式。③ 但是，由于对图式内容和创业者的动态研究存在一些困难，认知视角下的研究停留在理论层面的较多。

　　认知视角是以机会理论为起源，在这之后创业行动理论逐渐成为主流，行动被视为创业最核心的内容④，创业行动的结果是市场份额的扩张和企业创新。与认知视角下只强调对不确定性的感知与理解不同的是，创业行动视角更强调

① ARDICHVILI A, CARDOZO R, RAY S. A Theory of Entrepreneurial Opportunity Identification and Development [J]. Journal of Business venturing, 2003, 18 (1): 105-123.

② GAGLID C M, KATZ J A. The Psychological Basis of Opportunity Identification: Entrepreneurial Alertness [J]. Small Business Economics, 2001, 16 (2): 95-111.

③ BARON R A. Opportunity Recognition as Pattern Recognition: How Entrepreneurs "Connect the Dots" to Identify New Business Opportunities [J]. Academy of Management Perspectives, 2006, 20 (1): 104-119.

④ MCMULLEN J S, SHEPHERD D A. Entrepreneurial Action and the Role of Uncertainty in the Theory of the Entrepreneur [J]. Academy of Management Review, 2006, 31 (1): 132-152.

在不确定的环境中识别和评价机会的意愿和能力，将其变为资源筹集、行动来使机会得到开发。采取行动是创业过程的核心环节，警觉的价值体现在能够通过识别和评价第三方机会，并采取行动及筹措资源使其转化为自己可开发的机会。① Tang 等基于创业行动理论将仅着眼于"机会"的警觉延展到其他创业要素，比如，创业资源和创业团队等②，Baum 等学者从资源拼凑的角度论述警觉性的作用③。

一些国内学者对大学生创业行动中的警觉生成与作用进行了探索，如李国彦等认为大学生的先验知识、社会网络和个体兴趣积极影响创业警觉性，并被创业政策部分调节。④ 王沛等按照是否采取创业行动将 570 位高校学生分为两组，比较得出创业警觉完全中介先验知识和创业机会发现。⑤

总的来说，基于创业行动理论视角的研究把行动要素引入创业警觉研究，拓展了创业警觉概念的外延，即由机会警觉拓展到了资源警觉和行动警觉。我们将创业警觉中的理论模型进行系统梳理，创业警觉往往被视为一个中间变量，我们将其前因和结果变量归纳如图 2-3。

① FRESE M. The Psychological Actions and Entrepreneurial Success：An Action Theory Approach [M] //BAUM J R, FRESE M, BARON R A. The Psychology of Entrepreneurship. New York：Psychology Press, 2007：151-188.

② TANG J T, KACMAR K M, BUSENITZ L. Entrepreneurial Alertness in the Pursuit of New Opportunities [J]. Journal of Business Venturing, 2012, 27 (1)：77-94.

③ FRESE M. The Psychological Actions and Entrepreneurial Success：An Action Theory Approach [M] //BAUM J R, FRESE M, BARON R A. The Psychology of Entrepreneurship. New Your：Psychology, 2007：151-188.

④ 李国彦，李南. 大学生创业者个体因素对创业警觉性的影响研究：基于社会创业政策的调节作用 [J]. 教育发展研究, 2014, 34 (19)：38-43.

⑤ 王沛，陆琴. 创业警觉性、既有知识、创业经历对大学生创业机会识别的影响 [J]. 心理科学, 2015, 38 (1)：160-165.

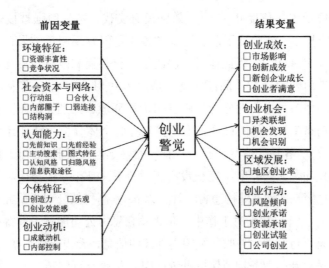

图 2-3　创业警觉研究框架归纳

资料来源：作者整理。

三、创业警觉的维度与测量

创业警觉的测量包括实验法和问卷测量法两种。

在实验法上，由于 Kirzner 对创业警觉的定义是个体不经过刻意搜索就能够警觉地发现非均衡市场上出现的盈利机会并迅速做出反应的能力，沿袭这一思路的警觉研究很难用调查问卷进行测量，因此一些学者采用实验法进行测量。以表 2-3 中提到的 Demmert 等学者沿袭 Kirzenr 的非均衡化思想进行警觉的实验研究但失败的设计为例：实验被试者被要求在一定时间内将 A 处桶里的水转移至 100 米外 B 处同样大小的桶里，被试者可以选择不同大小的搬运容器（但都比桶小），转移过程只能有一次。实验设计的等待被发现的机会是：放置各种搬运容器的台子翻过来就是最大的容器，但这一线索是隐藏的，等待被试者自己发现。该实验以失败告终，因为没有被试者发现这一隐藏机会。表 2-3 中总结的其他实验法都未能取得有效结果，目前尚无实验法可以成功测量 Kirzner 对创业警觉度的内涵界定。

在问卷测量法上，研究者开发了各种各样的量表。Kaish 等将其分为开放警觉性（创业者构想商业未来的时间）和阅读警觉性（创业者接触纸媒的频率）

并开发了相应量表（信度 0.62）①，效度没有交代，结果勉强被接受。Busenitz 收集了 124 个样本重新验证了前者开发的量表，但发现测量结果在两个维度上的信度仅为 0.55 和 0.3，因此他对一些题项进行替换和改良，最终形成的量表中开放警觉性信度为 0.52，阅读警觉性信度为 0.81。② Gaglio 等从心理学角度出发，使用心理图式将警觉分为正确感知市场环境、识别关键驱动因素、推断各要素间的动态关系。他们将具有不同警觉性的个体分类为精准评估型（警觉程度高且有效）、容易低估型（有一些有效的警觉但程度低）、错失良机型（有警觉但无效）和毫无兴趣型（完全没有警觉性）。③ Ko 等从警觉对象角度将警觉性分为信息警觉性和商业构想警觉性，以 65 家高科技公司为研究对象，共设计了七个题项：（1）在平时工作中，是否总在思考公司能够采取哪些新的商业计划；（2）是否持续关注并收集组织内外部的信息，希望获得某些灵感或启示；（3）是否总是对新的业务构想保持机敏；（4）是否有订阅杂志并坚持每天阅读的习惯；（5）是否有订阅报纸并坚持每天阅读的习惯；（6）是否有订阅期刊并坚持每天阅读的习惯；（7）是否有每天上网冲浪收集信息的习惯。④ 前三项构成"商业构想警觉性"，信度为 0.88；后四项构成"信息警觉性"，信度为 0.70。Li 等从组织学习视角分类分为并行思考（juxtaposing，意指在外界刺激物和个体的心理图式之间建立双向思考通道从而加强企业家的自我意识）、反向学习（unlearning，意指打破原有学习框架进行思考）、不断探索（prospecting，意指在外部环境具有不确定特征的情况下积极主动搜寻与未来发展有关的线索）、不断改进（embellishing，意指当发现某一细小线索后，将其放大并提炼出普遍特征，从而与组织中已掌握的信息进行联结）。⑤ 除了不断探索的信度为 0.6709 靠近可接受的边缘，其余三个维度的信度分别为 0.7511、0.7597 和 0.7394，这是目前接受度较高的创业警觉定义。Tang 等提出扫描搜索信息（主动扫描外部

① KAISH S, GILAD B. Characteristics of Opportunities Search of Entrepreneurs Versus Executives: Sources, Interests, General Alertness [J]. Journal of Business Venturing, 1991, 6 (1): 45–61.

② BUSENITZ L W. Research on Entrepreneurial Alertness: Sampling, Measurement, and Theoretical Issues [J]. Journal of Small Business Management, 1996, 34 (4): 35–44.

③ GAGLIO C M, KATZ J A. The Psychological Basis of Opportunity Identification: Entrepreneurial Alertness [J]. Small Business Economics, 2001, 16 (2): 95–111.

④ KO S, BUTLER J E. Alertness, Bisociative Thinking Ability, and Discovery of Entrepreneurial Opportunities in Asian Hi-Tech Firms [C]. Boston: The Babson Kauffman Entrepreneurship Research Conference, 2003.

⑤ LI Z N. Entrepreneurial Alertness: An Exploratory Study [M]. Berlin: Springer, 2012: 31–37.

环境中出现的新机会以及搜寻潜在的、被别人忽略的信息）、联结信息碎片（将不同的信息组合为具有连贯意义的信息并将原来的信息替代）、评估和判断（决定其机会信息是否可以反映出潜在的商机与利润）三个维度，各维度信度分别为 0.92、0.71 和 0.80。[①]

国内学者在创业警觉的开发上也进行了相应的探索，最早可追溯至苗青通过对 381 名企业家和 166 名中高级管理人员的两轮问卷的实证分析[②]，提出探求挖掘、敏锐遇见、重构框架三个维度共计 15 个题项，探求挖掘反映了创业者对各类商业信息的主动搜索，信度为 0.86；重构框架体现了心理图式的作用，意为创业者对惯性思维的舍弃从而能够在偶然间洞察出机会，信度为 0.82；敏锐预见表现了创业者对投资前景的前瞻判断，信度为 0.84，该问卷可解释方差变异在 24.24%～18.15%，累计解释了共计 62.13% 的变异，在后续实证研究中被较多使用。徐凤增以事件、物体、行为模式的信息敏感作为测量维度。[③] 随后徐亚平划分了两个维度：积极探索和开放思维。[④] 江洪等探讨了技术机会识别过程中的企业警觉度，分为企业家态度、企业所处社会网络和市场导向[⑤]，但前两者的信度较低，分别为 0.67 和 0.64。我们将采用问卷测量法的研究总结归纳为表2-4。

表 2-4　创业警觉的维度与测量

年份	研究者	维度	信度	题项数量
1991	Kaish& Gilad	开放警觉性	—	4
		阅读警觉性	0.62	5
2003	Ko & Butler	信息警觉性	0.7	4
		商业构想警觉性	0.88	3

① TANG J T, KACMAR K M, BUSENITZ L. Entrepreneurial Alertness in the Pursuit of New Opportunities [J]. Journal of Business Venturing, 2012, 27 (1): 77-94.
② 苗青. 基于规则聚焦的公司创业机会识别与决策机制研究 [D]. 杭州：浙江大学，2006.
③ 徐凤增. 创业机会识别与杠杆资源利用研究 [D]. 济南：山东大学，2008.
④ 徐亚平. 创业学习对创业机会识别的影响机制研究 [D]. 杭州：浙江大学，2011.
⑤ 江洪，许露，杜妍洁. 技术机会识别中企业警觉度探索性因子分析 [J]. 图书情报工作，2016, 60 (13): 118-125.

年份	研究者	维度	信度	题项数量
2006	苗青	探求挖掘	0.86	5
		重构框架	0.82	5
		敏锐遇见	0.84	5
2008	徐凤增	事件信息敏感	0.86	3
		物体信息敏感	0.72	4
		行为模式信息敏感	0.9	4
2011	徐亚平	积极探索	0.79	4
		开放思维	0.71	4
2012	Li	并行思考	0.75	3
		反向学习	0.76	3
		不断探索	0.67	3
		不断改进	0.74	4
2012	Tang, Kacmar & Busenitz	浏览和搜索	0.92	6
		联系和联结	0.71	3
		评估和判断	0.8	4
2016	江洪、许露和杜妍洁	企业家态度	0.67	3
		企业所处社会网络	0.64	3
		市场导向	0.73	3

资料来源：作者整理。

　　此外，一些国内学者从理论上提出了创业警觉的维度划分，但并未进行量表开发。如魏喜武提出创业警觉是个矢量，应该具有强度（警觉水平高低）和方向（针对不同创业方向产生警觉）两个维度①；屠佳认为创业警觉具有感知、记忆、反应、思维警觉性四个维度②。但这些研究仅限于理论思考，未有后续实证环节，说服力较为欠缺。

---

① 魏喜武. 创业警觉性研究前沿探析与相关命题的提出 [J]. 外国经济与管理，2009，31 (5)：8-14.

② 屠佳. 创业警觉性对创业机会识别的影响研究 [D]. 成都：西南交通大学，2012.

四、组织警觉

"警觉"构念在创业者个体层面上被明确界定，但现有文献很少将其应用于公司其他成员上或者延展到组织/公司层面。此外，目前大多数聚焦于领导者个体的警觉研究，范围局限于新创企业进行机会发现与开发的问题，对威胁、变化等要素缺乏关注，并且对变革警觉的情境特征、发展机制和路径也较少涉及。[①]

少数学者开始将警觉性概念拓展到高管外的其他员工上，Ma 等将创业警觉的概念拓展应用于所有员工，该研究将警觉性定义为机会识别过程中的关键要素[②]，使用 Ozgen 等[③]的三点量表进行测量：（1）在进行日常活动时，我能够发现关于身边潜在的新产品、新市场或新的组织方式的新创意。（2）在对新产品、新市场或新的组织方式的机会识别过程中，我具有特别的警觉和敏感度。（3）我不是很容易发现以上所提到的新机会。通过对 426 家电力行业全球外包供应商的实证研究，得出结论：积极利用已确定的机会的企业可以通过促进外部知识的获取来提高员工的警觉性，并且，组织基于机会的战略导向将会促进员工的警觉性，这种作用被技术知识获取、市场知识获取所调节。Montiel-Campos 将创业警觉从高层领导者拓展应用于中层管理者，该研究以创造力的两个被忽视的方面，即创造潜力和实践中的创造力为研究主题，通过对 278 家中型和大型组织的中层管理者发放调查问卷，得出结论：实践中的创造力调节了组织员工的创造潜力和警觉性的关系，这二者会让员工更具有警觉性从而识别变革机会。[④] 龙思颖把企业层面的警觉视为单维构念，定义为"企业搜索信息的频率"，并用"我们常与外界接触以获取新线索""我们对外界变化不敏感（R）""我们热衷于搜寻信息线索""我们通过订阅报纸、杂志、商业性出版物

---

① 胡洪浩，王重鸣. 创业警觉研究前沿探析与未来展望 [J]. 外国经济与管理，2013，35（12）：11-19.

② MA R, HUANG Y C. Opportunity-Based Strategic Orientation, Knowledge Acquisition, and Entrepreneurial Alertness: The Perspective of the Global Sourcing Suppliers in China [J]. Journal of Small Business Management, 2016, 54 (3): 953-972.

③ OZGEN E, BARON R A. Social Sources of Information in Opportunity Recognition: Effects of Mentors, Industry Networks, and Professional Forums [J]. Journal of Business Venturing, 2007, 22 (2): 174-192.

④ SIMSEK Z, LUBATKIN M H, VEIGA J F, et al. The Role of an Entrepreneurially Alert Information System in Promoting Corporate Entrepreneurship [J]. Journal of Business Research, 2009, 62 (8): 810-817.

等来定时获取新的商业线索""我们总是积极主动找寻这些新线索""我们时常使用互联网来获取新线索""当我们在信息搜索过程中时，总会留意新的经营理念"七个题项对该单维构念进行测量，得出企业层面的警觉将会正向影响组织的联盟能力及整合能力，从而加速组织的变革过程。①

另外，一些学者尝试将警觉概念从过去对新机会的敏感识别拓宽到对所有企业运行中的异常现象和潜在威胁的识别，也就是将局限于新创企业的警觉性延展到与之相对的成熟组织之中。从源头上追溯，警觉是一个在广义的战略决策中存在的概念，因此警觉性概念也应该被应用于成熟企业（无论企业寿命与规模），即从创业警觉到组织警觉，对战略变革而言，团队的警觉集合会比基于个人层面的单一警觉更相关。Simsek 等将组织信息系统警觉概念化成一个潜在的公司层构念，三方面因素将使其程度加强：一是战略性利用（strategic utilization），即公司用信息系统做出战略决策的频率；二是市场感知导向（market sensing orientation），即公司关注并收集的市场信息类型；三是用户主动性（user proactiveness），即组织成员识别、评估并理解"主动将市场信息贡献给信息系统是非常重要的事情"的程度。他们选取了 495 家中小型企业为研究对象，利用结构方程有效验证了以上三个要素。胡洪浩等在公司创业情境下讨论了组织警觉的问题，通过对一家连锁服装企业的系列组织变革举措与创业决策事件进行单案例纵向分析研究，讨论组织警觉的生成与演进机制，各环节中由组织制度、领导与成员互动等多个动力因素衔接。②

简单/初创企业与复杂/成熟企业的运行机制不同，基于创业者个体的警觉在初创企业（规模小，权利集中在高层）中的作用路径是较为直接明确的，而成熟企业的警觉是在与既有资源、组织结构和流程的互动中产生效应，过程并未明晰。但成熟企业由于"基业长青"的希冀，需要警觉来机敏地变革与创新。基于以上研究，本书认为需要以成熟组织为研究对象，进行组织警觉概念开发。

五、小结

总结警觉相关研究成果，特别是创业警觉的研究，我们发现有以下研究缺口。

现有文献中的警觉集中在企业的高层管理者上，作为决策者他们的警觉特

① 龙思颖. 基于认知视角的企业动态能力及其绩效研究 [D]. 杭州：浙江大学，2016.
② 胡洪浩，王重鸣. 公司创业决策中的组织警觉产生过程：一个纵向新零售案例研究 [J]. 商业经济与管理，2018（5）：28-39.

征将直接影响组织行为。但是，在不确定的动荡环境下，高层管理者在具体业务上的敏锐度远不及中基层员工，因此，将警觉概念从高层管理者"下沉"并"扩散"至组织整体非常必要。另外，现有警觉研究对象囿于新创企业，从生命周期阶段上看企业渴望通过某种有利可图的机会来构筑资源基础从而迅速获得竞争优势，因此警觉的结果变量包括机会发现、机会创造或者二者兼而有之。但是对生命周期阶段上其他状态的企业来说，警觉会带来竞争优势损失的威胁并采取行动与识别有利可图的机会同样重要。本书尽管详细综述了已有少数几篇关于组织警觉的研究，但要么是将创业警觉的概念直接应用于中层管理者上，要么是选取部分或全部已有的创业警觉概念的维度后直接将警觉组织改为企业。因此，开发一个多层次的、能应用于生命周期多阶段的警觉概念十分有必要。与初创企业的线性作用路径不同的是，组织警觉如何作用于变革行为也是一个需要详细探讨的问题。

第二节　组织变革

组织变革是组织研究的前沿领域和核心主题，也是战略管理领域内非常重要的研究课题。在动荡环境下，企业在日常运行中将会频繁地进行组织变革，因为组织需要持续调整战略、流程、结构和能力以适应外部环境需求从而维持自身发展。

研究者们从各种角度定义组织变革，过程观如 Michael 认为组织变革是组织为了适应外部环境变化而采取的调整活动以获得持续竞争优势的过程；Draft 认为其是组织采用新的思维模式或者行为模式的过程；Charle 等将其定义为通过改造、流程重组和创新的过程使组织获得新的竞争优势；Kubickova 等将其定义为一个连续的、模糊的、部分不可预测的过程，通过该过程组织能够应对外部市场和内部环境中的变化。行动观如 Recardo 认为组织变革是组织成员的行动变革，结果是与以前的行动不同；Luscher 等将其定义为组织提升短期竞争力和长期竞争优势所必需的战略行动。体系观如 Armenakiis 认为组织变革是包含变革情境、内容、行动和过程的复杂体系。惯例观如 Levy 等认为组织变革是在日常运作的惯例失效的情境下做出的调整，结果是形成新的惯例；王重鸣认为其是组织规则与功能方式的转换或调整。分类观如 McCann 将变革分类为科技、产品与服务、策略与结构、人员与文化变革；Robertson 等分类为组织安排、技术、社会和物理环境四大组织要素的变革；Garg 等分类为技术、组织结构、系统、战略以及文化的变革；Canato 分类为惯例、符号和结构的变革；Beckf 等分类为市场、正式组织规则和领导的变革。

一、变革动力

变革动力回答的是"组织为什么要变革"这一问题，现实研究发现变革往往并不起源于管理者的主观意图，许多学者认为外部环境形成了变革动力，具体来说包括政策环境、文化环境、人口数量和质量、经济环境、技术环境以及组织所处的行业中具体的竞争状况、顾客偏好变化等。①②

Jordan 认为组织变革动力来自内部，包括组织内部人事和经营权力系统的变迁以及组织发展过程中主导因素的变迁（如业务焦点转变）。警觉性也是组织变革的内部动力。③ 马颖楠等认为组织管理者和员工面对挑战和变化时发挥的主动性、对环境变化的感知力以及创新意愿都是变革内部动因。④ 王凤彬等结合中国五行学说，以情境、观念、模式、制度和人性五项要素构成的闭合螺旋式变革演化来说明组织变革的动力源，认为在特定情境下组织变革是系统自身驱动的产物。⑤ 与外部动因较为明确相比，变革内部动因中的影响因子及系数尚无定论。⑥

随着理论发展，组织变革动力的研究由简单的内外部划分过渡到系统性框架构建和检验阶段。Greenwood 等将组织内部动力源划分为使能动力和触发动力，组织外部动力（情景动力）分为市场情景和制度情景。他们认为外部情景动力将激发触发动力和使能动力，触发动力将直接导致变革，而使能动力为前者提供能力基础（见表 2-4）。

---

① BECK N, BRÜDERL J, WOYWODE M. Momentum or Deceleration? Theoretical and Methodological Reflections on the Analysis of Organizational Change [J]. Academy of Management Journal, 2008, 51 (3): 413-435.

② O'REILLY C A, TUSHMAN M L. Organizational Ambidexterity in Action: How Managers Explore and Exploit [J]. California Management Review, 2011, 53 (4): 5-22.

③ DIXON S E A, MEYER K E, DAY M. Stages of Organizational Transformation in Transition Economies: A Dynamic Capabilities Approach [J]. Journal of Management Studies, 2010, 47 (3): 416-436.

④ 马颖楠, 黄中梅. 组织变革综述 [J]. 特区经济, 2015 (4): 105-107.

⑤ 王凤彬, 郑腾豪, 刘刚. 企业组织变革的动态演化过程：基于海尔和IBM纵向案例的生克化制机理的探讨 [J]. 中国工业经济, 2018 (6): 174-192.

⑥ 汪芳. 路径依赖视角下组织变革推进过程研究 [D]. 厦门：厦门大学, 2017.

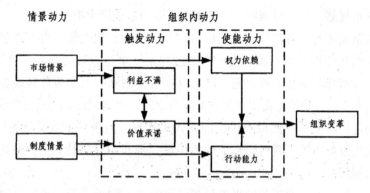

图 2-4 组织变革的动力模型

资料来源：根据 Greenwood 等①和相盛南②整理。

二、组织变革类型

组织变革类型可从多个角度进行划分。按变革内容可以分为战略变革、组织结构变革、网络结构变革、权利分布变革。按变革规模可以分为渐进式变革和革命式变革③；按变化频率可以分为不连续变革和连续变革④。按组织变革是如何发生的可以分为计划型变革、涌现型变革、权变型变革、选择型变革。本书主要研究内容是组织警觉如何影响到变革的发生，因此主要讨论最后这四种变革类型。

Lewin 提出的三段论"解冻—变革—重新冻结"是组织变革的经典模型，后续众多学者以此为基础进行细化，在这一经典视角下计划型变革形式受到广泛关注，呈现出自上而下、集中指令的特点。但在如今经营环境越发动荡的情况下，计划型变革遭受越来越多的批评，因为企业家很难用一种详细而具体的方

① GREENWOOD R, HININGS C R. Understanding Radical Organizational Change: Bringing Together the Old and the New Institutionalism [J]. The Academy of Management Review, 1996, 21 (4): 1022-1054.

② 盛南. 社会创业导向及其形成机制研究：组织变革的视角 [D]. 浙江：浙江大学, 2009

③ BATTILANA J, CASCIARO T. Overcoming Resistance to Organizational Change: Strong Ties and Affective Cooptation [J]. Management Science, 2013, 59 (4): 819-834.

④ DAMANPOUR F, WISCHNEVSKY J D. Research on Innovation in Organizations: Distinguishing Innovation-Generating from Innovation-Adopting Organizations [J]. Journal of Engineering and Technology Management, 2006, 23 (4): 269-291.

式进行变革规划，反而可能因为预见能力有限而造成巨大损失。①

　　涌现型变革与前者相反，其假设基础是，环境变化太快使得管理者很难快速有效识别并计划变革行动。由于变革过程是一个可以随时调整的持续过程，管理者应该将变革责任下放，把自己从以往的计划和控制的角色转换为支持和评估的角色②，一些学者提出了责任下放的方式，即通过对员工强调变革的重要性并鼓励他们对变革大胆发声讨论的方式来实现。但责任下放只是为"涌现"的出现提供发生土壤，现有研究依然集中在"涌现"这一特点上，缺乏其产生过程的机制解释。③

　　Burnes 将计划型变革和涌现型变革结合起来，发展成为一种复合的变革方式——选择型变革。④ 他将环境的动荡和稳定与变革的快速和慢速两个维度组合成一个四象限矩阵，管理者针对多样化的情景可以选择单一或组合的多种变革形式，因此其变革推进过程是介于计划型的自上而下和涌现型的自下而上的中间地带。Burnes 提出的选择型变革的核心是组织具有主动性，可以选择变革内容、方式和时间。

　　此外，Dunphy 等认为组织应该有一个权变模型来实现变革行动与环境和绩效等变量间的匹配，此模型以变革规模和变革领导风格两个层面构成组织变革策略的要素。⑤ 权变型变革方式的基本假设是，为了适应某种特定的环境，组织必须进行结构变革，权变理论强调权变因素对组织结构的影响。张奥等基于权变型变革进一步深化为参与进化型组织变革以及魅力转型组织变革。⑥

　　我们将四类不同的变革方式归纳为表 2-5，并总结了其与不确定环境的关系。

---

① RERUP C, FELDMAN M S. Routines as a Source of Change in Organizational Schemata: The Role of Trial-and-Error Learning [J]. The Academy of Management Journal, 2011, 54 (3): 577-610.

② LIVNE-TARANDACH R, BARTUNEK J M. A New Horizon for Organizational Change and Development Scholarship: Connecting Planned and Emergent Change [M] //WOODMAN R W, PASMORE W A, SHANI A B. Research in Organizational Change and Development. London: Emerald Group Publishing Limited, 2009: 1-35.

③ VAN DER VOET J, GROENEVELD S, KUIPERS B S. Talking the Talk or Walking the Walk? The Leadership of Planned and Emergent Change in a Public Organization [J]. Journal of Change Management, 2013, 14 (2): 171-191.

④ BURNES B. Kurt Lewin and the Planned Approach to Change: A Re-Appraisal [J]. Journal of Management Studies, 2004, 41 (6): 977-1002.

⑤ DUNPHY D, STACE D. The Strategic Management of Corporate Change [J]. Human Relations, 1993, 46 (8): 905-920.

⑥ 张奥, 姚梅芳, 董保宝. 高管机会警觉性、组织变革策略与企业绩效: 一个有调节的中介效应模型 [J]. 南方经济, 2017 (11): 125-142.

表 2-5 组织变革类型对比

	计划型变革		涌现型变革		权变型变革		选择型变革	
	年份	作者	年份	作者	年份	作者	年份	作者
主要贡献者	1951	Lewin	1985	Pettigrew	1993	Dunphy & Stace	1996	Burnes
	1991	Judson	1992	Kanter, et al.				
	1995	Kotter	1996	Kotter				
	1997	Cunnings & Worley	2005	Byr			2004	Burnes
	2003	Bamford & Forrester	2009	Livne-Tarandach & Bartunek				
变革特点	自上而下；集中指令强制性的；制订精密的变革计划；严格按照计划执行变革；对所有组织都友好的变革方式		自下而上；变革责任下移至全公司且期待个体间的合作；组织是一个开放且具有流动性的系统；讲政治和权利		存在变革方式与不断变化的环境相匹配的组合；每个组织都有适合它的最佳变革方式		可以选择变革内容、时间和方式；组织可以选择调整结构去适应环境变化或者控制环境和其他条件以适应组织	
假设前提	稳定的可预测的环境；变革需求明确；组织使用非常清楚的步骤从一个稳定的变革起点过渡到另外一个稳定的变革终点；雇员们都乐意变革		不可预测的动荡的环境；变革是对快速变化的环境的持续适应过程；所有员工都对变革负有责任		权变的环境；组织结构和绩效都是权变的		环境可以被操纵（组织可以选择改变环境）	
优点	长期建立起的、连贯且富有条理的变革路径		缓慢的变革累积；关注到变革的政治和权利维度		在每一个具体组织情境下都有最适合的组织行动准则		整合管理人员，进行决策并且可以对结果进行干预	
缺点	不适用于大规模变革、激进的结构性变革		需要排除与组织文化是否相关；变革路径不连贯		权变匹配过程较难；声称未选择情境变量		对于组织可以操纵环境的估计在普遍情境下过于乐观	

	计划型变革	涌现型变革	权变型变革	选择型变革
与不确定环境的关系	在需要短期、小规模、直接变革时有效	对快节奏的后续变革有效	依据情境匹配变革	自由选择；与环境变化紧密联系

三、组织变革中的行动者

以下我们将讨论组织变革中的三类行动者。

（一）高层管理者

高层管理者是高层管理团队（TMT）中的个体，他们在组织中承担战略决策职责，决定组织发展并影响组织绩效。不同学者对高层管理者的界定不尽相同，Amason 认为其是由首席执行官识别的参与决策的高层管理人员（平均规模3.5 人）。[①] Carpenter 等认为其是证监部门所要求披露的管理人员（平均规模6.5 人）。[②] 国内学者贺远琼等将董事长、总经理、总经理助理、副总经理、各职能部门总监、总会计师、总经济师、总工程师、党委书记（平均规模 10.99人）作为高层管理者。[③] 本书认为高层管理者通常指的是董事会成员及正、副总经理，以及其他共同参与顶层战略决策的总经理平级管理者，通常为 3~8 人。

Kotter 发现，成功的组织变革有 70%~90% 要归功于企业领导，其洞察力、敏锐性、聪明睿智往往被看作变革成功的第一要素。[④] 研究表明，作为个体的首席执行官的人格特征、任期[⑤]、领导风格[⑥]等对组织变革存在显著性影响。但是，由于战略制定等关键性决策往往是团队制定，对于高层管理者与组织变革关系的讨论往往置于"高阶理论"（Upper Echelons Theory）框架下，自 1984 年

---

① AMASON A C. Distinguishing the Effects of Functional and Dysfunctional Conflict on Strategic Decision Making: Resolving a Paradox for Top Management Teams [J]. Academy of Management Journal, 1996, 39 (1): 123-148.

② CARPENTER M A, GELETKANYCZ M A, SANDERS W G. Upper Echelons Research Revisited: Antecedents, Elements, and Consequences of Top Management Team Composition [J]. Journal of Management, 2004, 30 (6): 749-778.

③ 贺远琼，陈昀. 不确定环境中高管团队规模与企业绩效关系的实证研究：基于中国制造业上市公司的证据 [J]. 科学学与科学技术管理, 2009, 30 (2): 123-128.

④ KOTTER J P. Leading Change [M]. Boston: Harvard Business Review Press, 1996: 8-9.

⑤ 李金早，许晓明. 高阶管理理论及其完善与拓展 [J]. 外国经济与管理, 2008 (10): 8-16.

⑥ 荣鹏飞，苏勇，王晓灵. CEO 领导风格、TMT 行为整合与企业创新绩效 [J]. 学海, 2018 (1): 196-206.

Hambrick 和 Mason 在 AMR 上提出该理论后，研究重点由企业家个人的品质、认知和行为等个体特征与公司绩效等方面的关联转换为组织整个高层管理团队的传记性特征（年龄、任期、教育水平等）和心理特征与公司绩效、组织变革等方面的关联。其基本逻辑是，高层管理者会对其所面临的组织情境做出高度个性化的诠释和选择，其行为是年龄、价值观、受教育程度、经验、社会资本等个性特征的反映。此外，高管团队的声望、合法性、行为整合等特征也对组织运行有影响，高层管理者决定着组织战略的形成，也影响着组织中其他成员的行为（见图 2-5）。

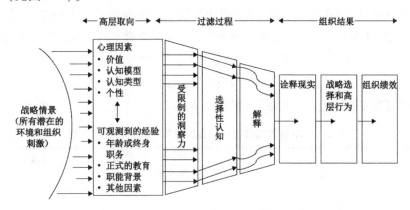

图 2-5　高阶理论与组织变革行为、组织绩效研究框架

资料来源：作者根据 Hambrick 和 Finkelstein 等①的研究整理作图。

（二）中层管理者

企业中层管理者指的是从事联结垂直性相关团体的活动，并对本部门工作承担责任的企业成员。他们负责制订具体的行动计划并核对相关的细节和程序，从而贯彻执行高层管理者做出的决策。企业的中层管理者包括但不限于部门经理、单位主管、地区经理等。高静美等将中层管理者严格界定为"至少拥有两个层次下属，又同时至少拥有两个层次上级的管理人员"②。

早期研究对中层管理者在变革中的作用持"无关论"，企业中层承担着企业中的"上传下达"信息与任务枢纽工作，并且对任务进行机械执行，并不直接创造价值，这源自对中层承担的"上传下达"的身份和作用的刻板认知。另外

---

① FINKELSTEIN S, HAMBRICK D C. Strategic Leadership：Top Executives and Their Effects on Organizations［M］. Bristol：West Educational Publishing，1996：23-24.

② 高静美，陈甫. 组织变革知识体系社会建构的认知鸿沟：基于本土中层管理者 DPH 模型的实证检验［J］. 管理世界，2013（2）：107-124，188.

一部分学者持"消极论",认为中层管理者对组织变革与创新存在潜在威胁,可能成为"蓄意破坏者"。① 中层管理者对变革行为的管理控制的不确定性也被认为具有负面影响。②

此外,更多学者在组织变革的理论和实践中证明中层管理者在变革中发挥积极作用。Bower 认为中层管理者是组织的变革中心(Change Agent),有助于营造创新变革的氛围并影响下级员工对创新的态度。Floyd 等认为中层管理者参与变革过程中的"想—决策"和"做—实践"两部分。胡宏梁等对一项电信公司的组织变革项目研究表明,在受到资助的 117 项提案中,由高层管理者发起的接近 80%宣告失败或未达预期,而中层管理者发起的提案 80%获得成功。③ Wooldridge 认为研究者有必要关注组织变革中中层管理者的作用,因为其为互不关联的行为者和部门提供了必要的"交互界面",中层管理者因此成为"变革代理人"(Agents of Change)。④ 持"积极论"的部分学者主张中层管理者在组织变革中应当发挥"战略性贡献"(见表 2-6)。

表 2-6 中层管理者在组织发展变革中的作用观点比较

作用类别	基本观点	观点起源	代表性研究	
			年份	作者
无关论	中层管理者承担着企业中的"上传下达"信息与任务枢纽工作,并且对任务进行机械执行和流程监督,确保"把事情做正确"而不是"做正确的事",因此并不直接创造价值	对权威组织中的中层管理者的身份和作用存在刻板认知	1989	Uyterhoeven

---

① WORRALL L, COOPER C. Managers, Hierarchies and Perceptions:A Study of UK Managers [J]. Journal of Managerial Psychology, 2004, 19 (1):41-68.

② HERZIG S E, JIMMIESON N L. Middle Managers' Uncertainty Management During Organizational Change [J]. Leadership & Organization Development Journal, 2006, 27 (8):628-645.

③ 胡宏梁, 陈旭东, 许小东. 中层管理者在组织变革中的角色研究 [J]. 管理现代化, 2003 (1):15-18.

④ WOOLDRIDGE B, SCHMID T, FLOYD S W. The Middle Management Perspective on Strategy Process:Contributions, Synthesis, and Future Research [J]. Journal of Management, 2008, 34 (6):1190-1221.

作用类别	基本观点	观点起源	代表性研究	
			年份	作者
消极论	中层管理者对企业组织创新具有某种潜在威胁，可能有抵制变革的动机	对管理者自利行为动机和管理行为的不确定性的担心	2004	Worral & Cooper
			2006	Herzing & Jimmieson
积极论	中层管理者作为"创新者""意义阐释者""变革代理人"，对组织演变、创新绩效可能存在积极影响	对管理者在组织变革中的角色、效应、机制的深入剖析	2002	Huy
			2004	Balogun& Johnson
			2011	Conway & Monks

资料来源：作者整理。

组织变革领域中产生了许多对中层管理者新的角色认知的研究，不同研究情境下的角色认知以及由此衍生的效应和机制分析存在一定差异，这是由于其所处的特殊层级位置赋予了不同的角色预期。Floyd 等将中层管理者定义为"创意者"角色，认为他们更容易发现组织和环境中的机会，提出具有价值创造潜力的变革方案。[①] Balogun 等认为中层管理者在组织变革中扮演"意义阐释者"（Sensemaking）的角色，从事实上塑造了变革。[②] 学者 Rouleau 等通过一项针对制衣企业的案例研究将中层管理者定义为战略变革的"解释者"和"推销员"，认为他们比高层更了解日常经营活动细节，更能够发现内外部环境中潜藏的机会从而提出更有价值的变革方案，而对比起基层又更有大局观。[③] Quinn 将中层管理者定义为"传达者"角色，由于中层管理者往往是在基层辗转工作多年后升任，其建立的非正式关系网络有助于变革方案获得基层群体支持，当然过程中中层管理者的语言柔术（verbal jujitsu）也将发挥作用。Huy 定义了四种中层管理者的身份："内部创业者""抽象战略愿景与实践执行的翻译者""下属与

---

① FLOYD S W, WOOLDRIDGE B. Middle Management Involvement in Strategy and Its Association with Strategic Type: A Research Note [J]. Strategic Management Journal, 1992, 13 (S1): 153-167.

② BALOGUN J, JOHNSON G. Organizational Restructuring and Middle Manager Sensemaking [J]. The Academy of Management Journal, 2004, 47 (4): 523-549.

③ ROULEAU L, BALOGUN J. Middle Managers, Strategic Sensemaking, and Discursive Competence [J]. Journal of Management Studies, 2011, 48 (7): 953-983.

同行的情绪管理者""延续与变革的平衡者"①。Chinyamurindi 的一项质性研究，通过对爱尔兰 5 家跨国公司的子公司内的 15 位中层管理者进行半结构化访谈，得出中层管理者是"竞争情报的生产者"，将通过对母公司和子公司传递信息而改变公司的竞争地位。高静美等将中层管理者定义为"意义给付者"，通过有意识的意义干预行为保证组织变革一致性的实现。②

（三）基层工作者

基层工作者指的是基层管理者与一线工作人员。基层管理者按照中层管理者制订的计划，具体组织人力去完成计划，工作以执行为主，如车间小组长。基层管理者是组织中最低层级的管理者，他们所管辖的仅仅是作业人员而不涉及其他管理者。他们的主要职责是给下属作业人员分派具体工作任务，直接指挥和监督现场作业活动，保证各项任务有效完成。一线工作人员即作业人员，只对自己的任务负责。

理解组织变革的一个基本框架是 Lewin 提出的组织变革"解冻（unfreezing）、变革（move）、重新冻结（refreezing）"三段论。基层员工在组织变革中的研究大多集中在变革环节，往往是讨论其面对变革的反应，实质内涵为个体对变革方案的抵制或支持行动。学者们对变革过程中的基层员工扮演的角色（抵抗变革或推进变革）、行为、态度等方面进行研究，例如，Wanberg 等认为基层员工在对变革做出反应中受到自尊心的影响。③

组织变革的实施过程需要一些观念和意义理解上的转变，现有研究关于去实践意义构建的管理者和基层雇员的研究呈现出较为狭隘的视角，即积极参与或消极抵抗。"在组织变革中，基层工作者往往表现出消极抵抗（对变革进行负面意义建构），而中高层管理者则致力于打消他们的抵抗（进行正面意义建构）"④，这已经成为一种被广泛接受的心理模式，但现实并非如此。管理者们尽管掌控着组织正式的运行系统，但员工具有能动性，因此他们可以有多种多样的意义构建并从中选择其一进行相应的行为回应——很可能是与中层管理者

① HUY Q N. How Middle Managers' Group - Focus Emotions and Social Identities Influence Strategy Implementation [J]. Strategic Management Journal, 2011, 32 (13): 1387-1410.

② 高静美，吴亚楠. 组织变革双元价值困境中的中层管理者"意义"干预影响研究：基于 H 制药公司（大连）工厂的案例研究 [J]. 南大商学评论，2016，13 (4): 71-98.

③ WANBERG C R, BANAS J T. Predictors and Outcomes of Openness to Changes in a Reorganizing Workplace [J]. Journal of Applied Psychology, 2000, 85 (1): 132-142.

④ DENT E B, GOLDBERG S G. Challenging "Resistance to Change" [J]. The Journal of Applied Behavioral Science, 1999, 35 (1): 25-41.

迥异的意义构建方式。① Sonenshein 对变革实施过程中基层员工的意义建构角色进行分析，他认为广泛考虑构建变革中意义的来源和类型将会影响基层工作者的话语分析，从而影响变革的实施。②

四、警觉与组织变革研究

警觉性概念在组织变革研究中也受到重视。如 Gaglio 在 2001 年就呼吁企业家应具备警觉性的三个要素：正确地感知市场环境、识别关键的驱动要素、推断因素间的动态关联性。③ Gaglio 以一个动态的心理图式激活过程来描绘警觉的内涵和功效，当"目的—手段框架"被打破时，新的创业机会被发现并由此产生变革行动，也就是说，警觉是变革行动的重要前因变量。但该文并未对这一命题进行验证（见图 2-6）。

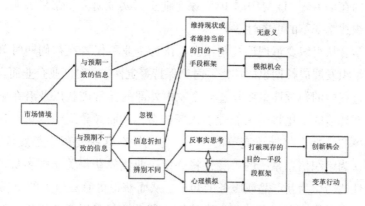

图 2-6　Gaglio 作为心理图式的警觉与变革行动

来源：根据 Gaglio④ 相关文献整理。

① BUCHANAN D, DAWSON P. Discourse and Audience: Organizational Change as Multi-Story Process [J]. Journal of Management Studies, 2007, 44 (5): 669-686.

② SONENSHEIN S. We're Changing—Or are We? Untangling the Role of Progressive, Regressive, and Stability Narratives during Strategic Change Implementation [J]. The Academy of Management Journal, 2010, 53 (3): 477-512.

③ KLEIN K J, KOZLOWSKI S W J. From Micro to Meso: Critical Steps in Conceptualizing and Conducting Multilevel Research [J]. Organizational Research Methods, 2000, 3 (3): 211-236.

④ GAGLIO C M, KATZ J A. The Psychological Basis of Opportunity Identification: Entrepreneurial Alertness [J]. Small Business Economics, 2001, 16 (2): 95-111.

组织变革是一项系统工程，包括：一是识别组织内部与外部的环境变化，二是借助科学的变革管理方法，三是分阶段对多个组织功能与结构进行适应性调整。一些研究组织变革的学者认为，组织变革的关键在于有效识别外部环境变化，包括技术创新环境和社会环境，而变革的具体过程又受到组织领导者、形态与结构、绩效和战略愿景等多个要素的共同影响。因此，取得变革成功的一个关键因素是时刻对组织内部与外部要素保持警觉。现有研究中关于警觉在组织层面上的结果变量集中在企业绩效上（见图2-3），从警觉性视角分析组织如何进行变革的研究较少，且大部分集中在对机会的敏锐感知这单一维度上。Beck 等对组织变革冲量进行了实证分析，通过对比分析三组典型类型的变革情境：市场定位变革、领导风格类型变革和正式的组织规则变革，得出结论警觉性和组织变革倾向在组织变革过程中发挥了重要作用。Dixon 等将警觉性视为组织变革的内在动力。① Li 对中国 1080 家企业进行实证研究，结果表明，警觉性提高了组织战略变革的可能性。②

一些学者从组织变革理论视角出发，认为企业不仅要在初创期时刻保持警觉性，在组织发展成长期也同样需要时刻保持警觉性。③ 对创业企业而言，其在组织变革过程中的警觉性主要是指对企业内外部的异常现状以及潜在威胁提升关注。外部环境的变化将会为企业引入新机会，从而导致组织变革。社会运动引起的效率和理性也将导致变革的发生，警觉性在这些变革中都发挥了作用。Simsek 等认为组织信息系统的警觉性将会使企业优先获得关于顾客价值、资源如何创造性地转化为新产品或服务的知识，从而获得更有竞争力的市场地位。④ 张奥等基于 208 份调查问卷认为：高管机会警觉性与组织变革规模、领导变革风格分别呈显著正相关。同时，警觉性正向作用于企业绩效，且警觉性通过变

① DIXON S E A, MEYER K E, DAY M. Stages of Organizational Transformation in Transition E-conomies: A Dynamic Capabilities Approach [J]. Journal of Management Studies, 2010, 47 (3): 416–436.

② LI Z N. Entrepreneurial Alertness: An Exploratory Study [M]. Berlin: Springer, 2012: 31–37.

③ HAVEMAN H A, RAO H, PARUCHURI S. The Winds of Change: The Progressive Movement and the Bureaucratization of Thrift [J]. American Sociological Review, 2007, 72 (1): 117–142.

④ SIMSEK Z, LUBATKIN M H, VEIGA J F, et al. The Role of an Entrepreneurially Alert Information System in Promoting Corporate Entrepeneurially [J]. Journal of Business Research, 2009, 62 (8): 810–817.

革领导风格对企业绩效的非直接性影响会受到竞争张力的正向调节。①

五、小结

从以上综述可以看出，组织变革的动力来自内部和外部，其中内部动力的机制不明，现有研究从简单的内外部动力划分过渡到系统性框架构建和检验。在组织变革的类型上，学者依据组织变革是如何发生的将其分为计划型变革、涌现型变革、权变型变革、选择型变革四种。后两种变革形式与组织与环境的交互关系有关，前两种变革方式是自上而下和自下而上的两种极端方式。组织变革中的行动者中，高层管理者直接制订变革行动计划，一些研究发现中层管理者能承担变革代理人的工作，而基层工作者通常被视为变革接受者与执行者。本章第二节总结了警觉在组织变革中发挥了作用，但该话题的讨论主体仍然是高管警觉性，一些研究验证了高管个体的警觉与组织变革之间的线性关系，却并未对如何影响这一过程进行说明。此外，高管以外的其他警觉来源如何作用于变革被未被讨论，因此当我们将组织警觉的概念纳入变革研究中时，各层级的行动者都因警觉而将促进主观能动性从而采取多种多样的意义构建方式与变革行动，这将为探究变革的内部动力以及变革类型提供微观分析视角。

此外，实践中的残酷现实是，组织变革失败率非常高。Byr 将其总结为缺乏一个有效的变革框架，因此鼓励更多的质性研究进行深入挖掘。② 我们的研究中案例企业显示出涌现型变革的特征，但现有关于涌现型变革的研究集中在"涌现"这一特点上，缺乏其产生过程的机制解释。

第三节 理论视角

一、组织多层次理论

Klein 等认为组织多层次理论（multi-level organizational theory）跨越了不同

---

① 张奥，姚美芳，董堡定. 高管机会警觉性、组织变革策略与企业绩效：一个有调节的中介效应模型 [J]. 南方经济, 2017 (11)：125-142.

② GUIETTE A, VANDENBEMPT K. Dynamics of Change Recipient Sensemaking in Realizing Strategic Flexibility：A Competence-Based Perspective [M] //SANCHEZ R, HEENE A. A Focused Issue on Building New Competences in Dynamic Environments. Malaysia：Emerald Group Publishing Limited, 2014；145-191.

的组织行为和绩效层次，可用于描述个人、二元关系、团队、业务、公司和行业等的组合，可以连接微观（个人、团队）与宏观（组织、环境和战略）研究。① 与以往仅仅针对个体层面的研究相比，组织多层次理论复杂又严谨，能够尽可能地去捕捉真正组织运作中的嵌套复杂性。多层次理论的基本观点是，微观现象嵌于宏观环境之中，并且宏观现象的产生往往源自微观要素的交互和动态发展。②

Klein 等勾画了如何开展一项组织多层次理论的研究：首先，从成熟理论开始，通过仔细识别和定义关键构念。构念界定包括详述和理论论证该构念的本质及其所处的层次。其次，要构建能够说明这些构念之间关系的理论模型。多层次研究中的假设具有层次性，也就是说关系并非简单的正或负向影响，而是包括单一的、跨层次直接影响、跨层次调节或多层次同源性。最后，使用样本对构念以及假设的模型进行验证。

二、组织动态学习过程

组织学习是一个动态过程，不只是因为学习是随着时间在不同层次上发生的，也是组织中二元性问题不断拉锯的结果。Crossan 等提出的组织动态学习过程（organizational dynamic learning process）框架揭示了"个人—团队—组织"三个层次间的互动式学习与演进过程，包括直接感知（intuiting）、解释说明（interpreting）和制度化（institutionalizing）三个阶段，由前馈（个人到团队再到组织）和后馈（组织到团队再到个人）两种传递模式构成动态的组织学习过程③，如图 2-7 所示。

---

① KLEIN K J, KOZLOWSKI S W J. From Micro to Meso：Critical Steps in Conceptualizing and Conducting Multilevel Research［J］. Organizational Research Methods, 2000, 3（3）：211-236.

② REZVANI M, LASHGARI M, FARSI J Y. Organizational Entrepreneurial Alertness Framework in Opportunity Discovery［J］. Academy of Entrepreneurship Journal, 2018, 24（2）：1-12.

③ CROSSAN M M, LANE H W, WHITE R E. An Organizational Learning Framework：From Intuition to Institution［J］. The Academy of Management Review, 1999, 24（3）：522-537.

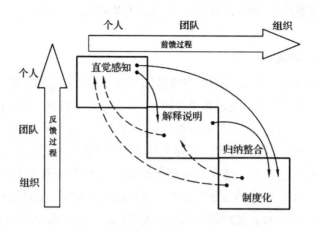

图 2-7　Crossan 等的组织动态学习过程框架

组织的二元性（ambidexterity）问题是组织学习领域的经典悖论，前馈过程代表了探索式学习，因最终结果是创新形成了新的制度，而后馈过程代表了利用式学习，由组织层面的制度下沉而更新个人行为，解决组织问题。该框架平衡了双元性问题。动态学习过程框架在过去的二十年中得到较好的发展与应用，使得研究者们能够应用此整合的框架来打开组织学习过程中的不同层次。①

三、活动基础观

战略管理理论中"安东尼—安索夫—安德鲁斯"范式被视为经典，其基本观点是：战略决策由位于权力中心的高层管理者制定并实施和控制，这一范式被广泛接受并应用于资源基础观等研究中。在这一范式中，基层员工处于边缘地带所以其意见往往很难向上传达。2002 年欧洲高级管理研究所在瑞典斯德哥尔摩举行研讨会，主题是边缘层活动对企业战略的影响，活动基础观（activity-based view）被提出以替代资源基础观的主导地位。后者的假设是，不同企业在资源禀赋上具有差异并且资源是不能自由流动的，因此这种资源差异才能引致竞争能力的差异，而活动基础观对这一假设提出颠覆性意见，认为在新的市场竞争环境下，资源市场将具有更多的开放性与流动性，由活动创造的价值大于资源的价值，企业竞争优势的来源是不同微观活动聚合所创造的价值。远离权力中心的微观层次员工的活动将影响组织的业务取向与战略进程，因此应当给

---

① HISLOP D, BOSUA R, HELMS R. Knowledge Management in Organizations：A Critical Introduction［M］. Oxford：Oxford University Press，2018.

予组织中低层业务部门的日常活动中的细节与实践更多关注。①

四、战略实践观

从2000年开始，研究者们对战略是如何被行动者实施的话题产生兴趣，组织研究逐渐向情境化的战略过程研究转移。② 战略即实践这一概念促使研究者们将兴趣聚焦于一个战略过程是如何通过具体的微观行动实现的。③

管理是一项社会实践过程，需要关注微观层面的个体能动性与宏观层面的社会因素影响。近年来，研究者对理解战略的实践过程的兴趣与日俱增，即"战略制定、规划、实施和其他与战略思考和行动有关的实际活动中究竟发生了什么？"④ 2018年3月，战略管理领域顶级期刊 *Strategic Management Journal* 发布了一期名为"战略过程与实践：对话与交集"的专刊，一些学者通过研究实践者的叙事手法、可视化信息的意义构建和对关键演讲进行话语分析等来解构战略过程。

战略实践观（strategy as practice，一些学者译为"战略即实践"）是在西方现代社会理论"实践转向"（practice turn）的背景下兴起的，包含了一套在理论基础和本体论上与以往研究范式迥异的假设。举例来说，实践理论假设情境化的行动和社会结构是互相建构的，知识嵌于实践活动之中因而人的能动性与非人的实体（如组织）的能动性不可分割。个体的活动嵌入在宏观网络实践之中，所以战略实践观的一个核心主题是如何将社会结构和个体能动性联系起来解释人们的行动。战略实践观的研究者们关注的是微观与宏观现象的关联，并且更聚焦于微观层次的实践与行动（如话语、会议、操作工具等）。⑤

战略领域"HOW"的问题在传统过程研究学派中被表述为制定和实施，在实践学派中被表述为"活动"和"实践"。由于组织变革实践现象呈现出不同组织层次上随着时间而变化的特点，因此采用深度的历时性纵向案例研究是十

---

① 卜金涛. 基于边缘层活动的战略决策模式 [J]. 南京财经大学学报, 2005 (3): 69-72.
② VAARA E, WHITTINGTON R. Strategy-as-Practice: Taking Social Practices Seriously [J]. The Academy of Management Annals, 2012, 6 (1): 1-52.
③ WHITTINGTON R. Greatness Takes Practice: On Practice Theory's Relevance to "Great Strategy" [J]. Strategy Science, 2018, 3 (1): 289-365.
④ GOLSORKHI D, ROULEAU L, SEIDL D, et al. Cambridge Handbook of Strategy as Practice [M]. Cambridge: Cambridge University Press, 2015: 11-14.
⑤ JARZABKOWSKI P, BEDNAREK R. Toward a Social Practice Theory of Relational Competing [J]. Strategic Management Journal, 2018, 39 (3): 794-829.

分适当的选择。① "实践"的含义是"被行动者共同认可的做事方法","且随着时间惯例化"②，因此，实践是被一遍遍重复并改善以增强适应性的活动系统。

Kouame 等对如何将微观层次的实践行动与过程同组织层面的结果联结起来这一战略实践观的研究挑战做了回应，答案是实例化研究（instantiation）。实例化研究非常需要深入民族志和实时数据中去捕捉微观层面现象中的交互与演进，以及它们是如何共同嵌入在不同的组织层次之中的，因此，Kouame 和 Langley 推荐研究者们采用一个或极少量的案例作为研究对象进行深度分析。

战略实践观存在的问题是，学界认为只有当其能够深刻洞察组织中低层次（个人和团队）的实践过程和结果是如何引致组织层面的战略、组织能力、组织行为和绩效等的变化，该研究才是有价值的。③ 但是，要完成这类过程和机制的研究，必须依赖于较小的样本和特殊情境的质性研究，如上面提到的实例化研究，这又引发了结论的稳健性和普适性限制。④

五、小结

在纵向案例研究过程中，首先，本书选择组织多层次理论和组织动态学习过程相关理论对组织警觉的生成机制进行解释，主要原因基于以下几点：一是组织警觉是多层次的构念，应该重点关注多层次的个体—团队—组织，而非仅单一层次的个体。二是该视角强调多个不同层次主体间的互动行为，并建立了前馈和后馈路径进行跨层次联结，研华的组织警觉具有双向扩张的特点，符合该框架的双向学习特征。三是组织学习过程包含一系列事件、活动和行为，讨论框架涉及个体认知、行动与内外环境等多要素间的互动。结合本书的研究数据，以组织多层次理论为理论视角，组织学习过程框架十分适合解释案例现象。

其次，本书选择活动基础观与战略实践观为理论视角对组织警觉与组织变革的影响机制进行分析，这是由案例内容决定的，研华自述以"摸着石头过河"的方式进行组织变革，在历时性阶段分析中，多次变革呈现了由操作实践引领

① KOUAMÉ S, LANGLEY A. Relating Microprocesses to Macro-Outcomes in Qualitative Strategy Process and Practice Research [J]. Strategic Management Journal, 2018, 39 (3): 559-581.

② VAARA E, WHITTINGTON R. Strategy-as-Practice: Taking Social Practices Seriously [J]. The Academy of Management Annals, 2012, 6 (1): 1-52.

③ JOHNSON R B, ONWUEGBUZIE A J, TURNER L A. Toward a Definition of Mixed Methods Research [J]. Journal of Mixed Methods Research, 2007, 1 (2): 112-133.

④ SZULANSKI G, PORAC J, DOZ Y L. Strategy Process: Introduction to the Volume [J]. Advances in Strategic Management, 2005, 22: 13-35.

了战略变革、组织结构变革、流程变革的特点，这是一个由微观（个体和团体）层次的活动与实践引致宏观层次结果（组织结构变化、战略变化等）的过程，表现出了战略即实践的特点。因此，采用活动基础观和战略实践观进行分析是十分符合的。

第四节　本章小结

规范的科学研究必须建立在对以往文献的回顾基础之上。本章第一节我们利用 Citespace Ⅲ 对警觉研究（企业管理领域）进行文献计量，通过提取关键词、代表性文献及绘制文献耦合性图谱，总结出创业警觉的理论内涵和结构的演化脉络，并归纳出市场可均衡化、社会认知理论和创业行动理论三个研究视角，随后详细总结了创业警觉的维度与测量，包括实验测量和问卷测量两种方法。通过文献回顾，我们发现目前对企业管理领域的警觉研究集中在创业者警觉的个体层面，警觉研究对象囿于新创企业。对于组织中其他层面的个体的警觉研究和针对企业生命周期其他阶段如成熟组织的警觉研究十分缺乏，已有少数几篇关于组织警觉的研究，要么是将创业警觉的概念直接应用于中层管理者上，要么是选取部分或全部已有的创业警觉概念的维度后直接将警觉组织改为企业。因此，开发一个多层次的、能应用于生命周期多阶段的警觉概念十分有必要。

警觉可以促进组织变革，第二节中我们回顾了组织变革理论以及其与警觉的关系研究。组织变革的动力既可能来自外部也可能来自内部，但内部动力是如何促进变革的机制解释不足，现有研究更是从简单的内外部动力划分过渡到系统性框架构建和检验。我们总结了计划型、涌现型、权变型和选择型四种不同的变革方式及其与不确定环境的关系。随后界定了三类组织变革中的行动者：高层管理者、中层管理者和基层工作者，并分别综述了现有研究中三类行动者在组织变革中的作用。高层管理者如何发起、推动和管理组织变革被广泛研究，其中 Hambrick 和 Mason 提出的"高阶理论"吸引了大量的研究者，自成一派。Currie 等认为在如何创造组织变革的讨论中，学者们集中精力研究高层管理者的作用，对中层管理者重视不够。① 学者 Wooldridge 等评论高阶理论对组织行为的作用效应研究中忽略了中层管理者在其中应该存在的中介和调节作用，由此导致结论不稳定甚至彼此矛盾。② 中层管理者在组织变革中扮演的关键"战略贡献者"角色开始引起学界注意，但仍缺乏对其机制与效应的深入研究。由于中层管理者的角色认知具有强烈的"情境嵌入性"，在特定情境下的运行机制并不相同，该领域需要大量深入的质性研究。此外，近年来基层员工对组织变革的反应与作用机制也得到讨论。基层员工在变革的前端环节（unfreezing）能发挥作用吗？在变革进行中（move）除了抵抗、促进或意义阐释等行动方式，还有其他"战略性贡献"未被发现吗？这些都是需要运用案例事实来发掘的问题。最后，总结警觉在组织变革中发挥了作用。互联网时代的机会与威胁蔓延在各个行业与不同层次，一些重大的变革往往发端于微不足道的细节之中，高层管理者往往无法察觉，而中基层员工直接与客户打交道，能够直接感知到客户价值需求的变化。因此，在"互联网+"背景下的工业企业转型实践中，中基层员工对内外环境中的机会、威胁或不连续线索具有警觉是非常重要的研究主题。与越加频繁发生的实践所不同的是，目前关于警觉性的研究集中于高管个体层面并且局限于新创企业中的机会识别与开发过程。通过文献回顾和对实践现象的归纳，我们发现警觉与组织变革的研究存在以下问题：一是该话题的讨论主体仍然囿于高管警觉性，高管以外的其他行动者的警觉如何作用于变革未被讨论。二是现有研究验证的是高管个体的警觉与组织变革之间的线性关系，并未对如何影响这一过程进行说明。

通过文献回顾与分析，本书将研究问题界定为：

（1）现有管理学领域内关于警觉的研究囿于初创企业中的创业者个体警觉，在不确定环境下，警觉概念应是多层次的，能够应用于生命周期多阶段的组织警觉。那么组织警觉是如何生成的？具有怎样的内涵结构？

（2）组织警觉如何作用于组织的变革？其影响机制、过程如何？

（3）组织警觉构念基于创业警觉，创始人的创业警觉水平与企业的组织水平相一致吗？提高组织警觉，是否会促进企业为应对市场环境变化而加快组织

---

① CURRIE G, PROCTER S J. The Antecedents of Middle Managers' Strategic Contribution: The Case of a Professional Bureaucracy [J]. Journal of Management Studies, 2005, 42 (7): 1325-1356.

② WOOLDRIDGE B, SCHMID T, FLOYD S W. The Middle Management Perspective on Strategy Process: Contributions, Synthesis, and Future Research [J]. Journal of Management, 2008, 34 (6): 1190-1221.

变革？如果是，应当如何有效培育企业的组织警觉？

　　为了回答这些问题，我们在第三节中介绍了组织多层次理论、组织动态学习过程、活动基础观和战略实践观四个研究视角，其中组织多层次理论和组织动态学习过程所提供的"多层次的个体—团队—组织"和"正馈—反馈双环"对应的是组织生成机制的研究，而活动基础观和战略实践观则是由案例内容呈现出的操作实践引领变革的特点决定的，通过结合该视角下的实例化研究（instantiation）方法，本书将丰富微观（个体和团体）层次的活动与实践引致宏观层次结果（组织结构变化、战略变化等）的质性研究。

第三章

纵向案例分析

本章我们使用过程研究方法中的叙事分析与时序区间对研华纵向案例进行初步分析。以重大变革方案出现为节点，我们将研华 2006—2018 年销售组织的变革划分为四个时序区间，并按照"环境变动线索—个体—团体—组织变革（行为/方案/过程）"的逻辑框架对每一个时序区间内的案例材料进行叙事分析，通过描述性的语言还原从警觉到组织变革的过程中的关键事件、行动者的思考与活动等，为进一步厘清行为中的逻辑连接提供分析基础。

第一节　纵向案例数据收集与分析

一、案例选择依据

本书选择单案例纵向研究，并非方法学的选择，而是研究内容的选择。案例分析方法能提供更为包容和多元化的研究视角和方法，更有利于理解迄今为止企业成长研究中被忽视的一些方面[1]，以及探索研究变量之间的动态性关系[2]。本书第一阶段的研究是组织警觉如何生成，并如何影响组织变革，是如何（how）的质性而不是多少（how much）的量化问题。对于此类问题的研究，"以单一案例为基础做深度理论探索"在研究方法上是一种适当的选择。此外，由警觉导致的组织变革实践随着时间在各个不同的组织层次上呈现出复杂变化的特点，这种多层次的、影响作用交织复杂的现象十分适合使用历时性的深度

① LEITCH C M, HILL F M, HARRISON R T. The Philosophy and Practice of Interpretivist Research in Entrepreneurship: Quality, Validation, and Trust [J]. Organizational Research Methods, 2010, 13 (1): 67-84.

② 殷. 案例研究：设计与方法（原书第 5 版）[M]. 周海涛，史少杰，译. 重庆：重庆大学出版社，2017.

纵向案例进行分析。

选择研华作为研究对象是因为该案例具有极端性、独特性、启示性特征，具体原因有以下四方面。

一是作为工业制造业企业，研华是典型的传统组织，如何适应网络经济时代进行变革具有不确定性。研华对外部环境变化有着较高的警觉性，率先建立在线业务部门，通过电话和互联网方式来服务客户，该做法在工业控制领域内具有"领先一步"和"成效卓越"的特点。传统工业品制造型企业"主动出击"迎合互联网变革的成功范例和深入研究都非常稀少。借助研华这样一个典型企业的实践来做探索性的深度案例研究，具有很好的适恰性。

二是研华的工业电商之路的探索并不是一蹴而就的，从最初设立与原有销售部门具有局部功能替代性的新部门，在价值双元的追求中通过双经营系统达到开发与创新的平衡，到将新部门转型为并列的销售组织引发不同渠道之间的直接竞争，再到将二者重新融合探索新的合作之路。正如研华人员自述的"我们是摸着石头过河"，这一变革过程是持续、反复和探索性的。以往研究中警觉性的动态特征往往被忽视，研究者们聚焦于对静态的警觉状态进行差异对比，而非动态跟踪验证，所得结论缺乏说服力。本书借助对研华案例在2006—2018年，由警觉引发的组织变革持续、动态发生过程的研究，通过对其演进历程的分阶段比较分析，可以建立起有启发意义的过程模型，从而推动警觉理论由静态研究走向动态研究。

三是不同于创业者警觉聚焦于企业集群、单个企业的"横截面"研究，组织警觉更倾向于部门层面以及更微观的基础——个人层面的"历时性"研究。建立和发展线上业务，势必会与传统的线下业务之间产生竞争与合作的关系，组织警觉如何推动这一变革过程？研华案例中不只高层管理者，中层管理者和基层工作者同样呈现出了警觉性特征，并且不同层次的警觉有效地推动了组织变革的发生。这将有助于警觉研究从单一层次的个体研究迈向多层次的组织研究。

四是研华公司台北总部领导者以及大陆区高管十分乐意为本书提供实质性支持，除了提供大量公司内部材料、允许研究人员实地观察等，每当公司因敏锐观察到内外部环境变动而构思新的销售组织变革之时，总会及时知会研究人员使其可以及时地对当前时点的现实状况进行准确记录和追踪，甚至通过远洋电话与身在台北的高层管理者及时沟通。课题组与研华公司的良好建交为本书的数据质量提供了有效保证。

二、案例研究步骤

图3-1概括了本书对研华案例研究的步骤。本研究的起点是判断研华具有高度的组织警觉从而在不确定性环境下主动地、积极地、持续地进行组织变革。这一现象具有独特性和启发性，从而进入情境。随后围绕研华组织变革与演进过程中的警觉进行全面调研，强调保持访谈信息的广度和覆盖面。访谈使用5W1H提问法，即针对某一事件，询问实事件内容（what）、发生时间节点与时间段（when）、地点（where）、所涉人员（who）和过程（how）。

第一轮访谈后，随着研究深入，通过与理论文献对比碰撞，案例中逐渐涌现出了组织警觉这个新概念，与组织变革存在某种机制不明的关联。因此我们收窄了研究主题，利用Python语言抓包研华在线商城的在售货品信息，并研读对研华变革的公开报告，重新拟定半结构化的访谈提纲，进入下一轮相关度更高的调研访谈。我们使用Nvivo对访谈稿进行分解，标注节点并进行三轮编码，在归纳演绎环节再通过图表化和绘制过程模型等方式得出结论，使理论精练。

上述数据采集、分析与归纳演绎三个步骤是交替迭代进行的，本项研究本身也是一个不断演化的过程，逐渐从原始资料中产生结论和理论。这不只是因为研究过程中研华的组织警觉被持续激发、变革处于一直往前运行状态，还因为数据收集与分析并不是两个完全隔离和具有鲜明前后顺序的过程，理论研究应该坚持将数据收集与数据分析相互嵌套、交错进行，以提高数据收集的针对性和理论研究的深度。①

---

① 王凤彬，李东红，刘月宁，等 . "竞争"还是"合作"：组织中局部功能替代性部门间冲突的动态演进：基于研华大陆区线上业务的纵向案例研究［J］. 管理世界，2015（12）：146-171，188.

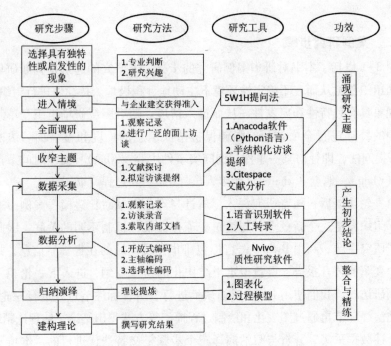

图3-1　纵向案例研究步骤、方法与工具

三、数据收集过程

课题组从2010年至今共对研华进行了六轮调研访谈（见表3-1），多数访谈地点在研华北京总部（仅第四轮访谈远赴研华上海分公司所在地），同时收集多种数据来源以形成三角测量。访谈研华高层管理者、中层管理者和基层工作者（三类人员的划分标准见第二章）共67人次，共计约80.5小时访谈录音，形成约73.8万字访谈文本，并获得各类公司文档若干。

本项研究从2010年年初获得研究准入许可得以持续对公司的在线组织变革历程进行跟踪研究，并在每个重大变革节点得以对所涉及的关键人物进行面对面式的访谈。从2010年至今，调研访谈过程共计六轮，受访人员包括研华大陆区总经理、大陆区副总经理、研华总部在线业务部门协理、研华总部全球渠道部总经理、研华总部全球渠道部副总经理、研华品牌与公共关系经理，自动化事业群大陆区总经理、智能系统事业群华北区业务总监、历任研华直效行销部经理和在线销售业务人员、线下业务部门主管等，共计67人次。

表 3-1　六轮访谈情况简要统计一览表

时间	高层管理者/人次	中层管理者/人次	基层工作人员/人次	时长/分	转录文稿字数/万字	访谈内容
2010 年 9—10 月	2	11	2	1106	16.4	研华销售组织发展历史、直效行销部设立动机、警觉性来源；变革方案提出后的问题、解决方法、方案更新
2013 年 5—8 月	2	12	9	1457	22.3	重组设立在线销售部的变革动机、警觉作用机制
2014 年 9—11 月	1	5	2	577	9.2	运行中的变革方案调整；组织警觉的表现形式和新一轮变革的构想
2015 年 8 月	2	4	3	461	8.2	"融合发展"的变革方案的动机、实施过程和效果
2016 年 6 月	1	2	1	318	5.4	回溯历次变革中的警觉，变革过程中的问题以及应对
2017 年 7—9 月	2	4	2	910	12.3	各部门、各层级当前的警觉作用物以及对未来的构想
总计	10	38	19	4829	73.8	

在访谈之前，课题组成员都需要准备与访谈相关的问题作为访谈提纲。我们主要采取了半结构化访谈，使用具有清晰结构和比较固定结构的问题，然后由被访谈者针对这些结构良好的问题进行回答。每次访谈最短 30 分钟，最长 3 小时。在每次访谈中，至少同时有 3 位研究人员参与访谈，其中 1 人负责根据访谈提纲进行有弹性的提问，1 人负责记录，1 人负责辅助提问，以形成研究人员三角形。在每次调研后，我们列出需求清单，研华非常配合地提供了大量书面或电子版的一手变革资料，当资料有所缺失时，我们会通过邮件联系补齐。

此外，笔者深入研华的工作日常，全程参与研华和渠道商的协议大会，以研华工作人员的身份参与上海工业控制行业博览会等，多方面挖掘组织中各层次员工对于内外部环境变化的看法以及对自身行为的构想。此外，通过数个完整的工作日观察员工日常的工作状态，记录线上销售员的工作内容、上下级之间的正式和非正式沟通、纠纷、冲突处理的态度和过程等，并在员工用餐等较为轻松的非正式访谈中获取多方面的研究信息。另外，笔者通过关注研华官方微信，与十几名相关员工互加微信，通过关注其朋友圈发布与转发的研华实时资讯更及时地了解组织动态。最后，通过研读关于研华的学术研究和实践评论文章，收集新闻报道、高管公开讲话视频，等等，在七年多的时间里，课题组尽可能从多种不同途径获得丰富的研究资料，以满足理论研究对"三角证据"的要求：先后通过分层次、分阶段、多渠道的方式获得研究数据。

以上我们介绍了本书的纵向案例资料收集的两种途径：一是调研访谈所获得的一手数据资料，包括访谈记录和公司提供的各类工作文档、工作邮件等。二是通过观察、参与日常工作收集的非正式资料，以及通过公开网站、书籍、相关报道和微信号等方式获得的二手资料。一手数据的获得为研究者和研究对象之间进行互动沟通提供了天然桥梁，消除了研究对象的敌意，进而能够捕捉研究对象更为深层次的信息。一手数据往往是储于关键管理者或决策者头脑当中的重要资料，本书将其作为案例研究的主要分析资料，下面我们将详叙调研过程。

（1）首轮访谈发生在 2010 年 9 月—10 月，访谈对象为研华线下销售部门（包括大客户部和渠道部门）的负责人、新建立的线上部门负责人以及制定变革决策的研华大中华区总经理、兼管线上和线下部门的副总等。我们除了始终坚持在组织理论领域探究研华组织变革与演进中所蕴含的理论问题，并无其他预设前提或者研究假设。再加上出于对未来有可能以此案例为样本对更多管理问题开展研究而进行访谈资料储备的考虑，课题组在访谈中特别强调保持访谈信息的广度和覆盖面，尽可能获取关于研华大陆地区组织演进、各层级员工的警觉特征甚至整个公司发展的资料，并未有意识地去收窄研究的主题。

（2）研华在 2011 年年底增设了客户关系发展部门，因此在线业务处于高速发展之中，但由于较频繁的人事变动，直到 2013 年才申请到大规模调研机会。第二轮访谈前后历时四个月，笔者有机会参加了研华大陆地区的线下渠道工作交流会。通过对各个层级的警觉者、变革相关者的调研，较详细地回溯了直效行销部增设子部门后又被重组的全过程，并刻画了当前阶段的警觉激发情境和变革成果。此轮访谈后，笔者通过阅读录音文字稿和访谈过程中从研华获得的内部文档资料，并再次阅读访谈之前收集的公开资料，与课题组成员开展头脑风暴，对研华的警觉特征有了初步认识，再把研究问题聚焦到"组织警觉在变革中的作用机理"，进而开始了研究主题聚焦性的案例素材再研读和相关文献初步收集工作。

（3）对于所选定的研究主题，笔者发现已有访谈信息广度有余而深度不足，遂决定开展新一轮资料收集工作，特别是联系研华以争取第三轮访谈的机会，从而在 2014 年 9 月得以补充访谈。令人兴奋的是，研华在线组织此时又发生了大变动，我们正当其时地进入变革第一线，并得以记录该轮变革的全过程。我们远赴上海观察研华在工业博览会上的营销活动（如何获得客户名单并将线上流量导入），并得以采访新上任的大陆区总经理 HCL，对该轮变革发起动机、过程、预期等做了详细访问。

（4）2015—2017 年，笔者持续收集研华的变革信息，根据现状拟定、调整调研提纲，每年对研华（北京）进行一轮回顾性的访谈。由于此时课题组已与研华建立了良好的互信关系，每当公司因敏锐观察到内外部环境变动而构思新的销售组织变革之时，总会及时知会研究人员使得我们可以及时地对当前时点的现实状况进行准确记录和追踪，甚至通过远洋电话与身在台北的高层管理者及时沟通。因此课题组得以正当其时地记录下"横截面"式的警觉发生、组织状态与变革行为，并对之前的研究开展补充性和印证性的访谈，对于研究过程中仍然存在疑问的一些案例细节进行查漏补缺和再确认，诸如一些事件发生的具体时间、参与其中的人员等。

附录 1 显示了本研究六轮访谈的所有对象，出于保守公司商业秘密及尊重受访人员个人隐私权的考虑，这里以字母编码受访人员姓名，并列出其受访时在公司的职位以及访谈主题。表格中将受访人员在公司中的层级标记为高层管理者（全球和区域总经理）、中层管理者（事业群总经理、区域副总经理、区域品牌经理、渠道部经理、直效行销部经理、在线业务部经理）、基层工作者，并且将中层管理者中的销售力量分类为线上和线下。

四、访谈数据及文档资料的编码

在录音转录文字上，早前我们请专业速记公司逐字逐句整理出访谈录音的文字稿，2014 年后开始使用"录音啦"语音识别软件，之后再亲自听录音进行校对和修正。录音总长度为 4829 分钟，文字稿约为 73.8 万字。本书按时序将访谈转录文字编码为 A1～A67，见表 3-2。

表 3-2 访谈记录统计与编码

访谈时间	姓名	录音时长（分）	文档长度（字）	编码	访谈时间	姓名	录音时长（分）	文档长度（字）	编码
2010. 09. 02	QNC	56	8995	A1	2013. 07. 27	BCZ	64	10187	A35
2010. 09. 02	YHZ	56	9135	A2	2013. 07. 27	CSH	41	5321	A36
2010. 09. 02	CSH	45	5521	A3	2013. 08. 02	TF	70	11110	A37
2010. 09. 10	QNC	124	19010	A4	2013. 08. 02	HYM	110	17050	A38
2010. 09. 10	YW	45	7411	A5	2014. 09. 03	BCZ	97	15142	A39
2010. 09. 10	YHZ	124	19442	A6	2014. 09. 03	HYM	77	12104	A40
2010. 09. 10	DJB	54	7123	A7	2014. 09. 03	ZPW	54	8433	A41
2010. 09. 10	YZ	43	6231	A8	2014. 09. 03	ZY	61	9124	A42
2010. 10. 09	CSH	101	15773	A9	2014. 11. 07	XHX	53	9584	A43
2010. 10. 09	YW	44	5321	A10	2014. 11. 07	HCL	87	14759	A44
2010. 10. 10	QNC	169	23893	A11	2014. 11. 07	YMQ	61	8812	A45
2010. 10. 10	YMQ	94	14714	A12	2014. 11. 07	YW	87	13571	A46
2010. 10. 10	GXZ	52	8436	A13	2015. 08. 03	YYW	34	5810	A47
2010. 10. 10	BCZ	67	9121	A14	2015. 08. 03	YMQ	56	11123	A48
2010. 10. 10	ZPW	32	4212	A15	2015. 08. 03	YW	41	6123	A49
2013. 05. 17	HYM	32	5478	A16	2015. 08. 03	BCZ	67	10601	A50
2013. 05. 17	DJB	32	5341	A17	2015. 08. 03	HCL	54	9821	A51
2013. 06. 06	BCZ	30	5110	A18	2015. 08. 03	CBZ	34	5767	A52
2013. 06. 06	HYM	30	5242	A19	2015. 08. 04	ZPW	52	9312	A53
2013. 06. 06	DJB	30	5157	A20	2015. 08. 04	CSH	51	8821	A54
2013. 06. 06	YZ	30	5247	A21	2015. 08. 04	XMY	72	13912	A55

续表

访谈时间	姓名	录音时长（分）	文档长度（字）	编码	访谈时间	姓名	录音时长（分）	文档长度（字）	编码
2013.06.06	CSH	41	5221	A22	2016.06.27	HCL	142	25773	A56
2013.06.06	YHZ	41	4412	A23	2016.06.27	BCZ	71	13122	A57
2013.06.08	XMY	83	13105	A24	2016.06.27	QNC	64	8712	A58
2013.06.08	YZ	83	12973	A25	2016.06.27	CBZ	41	6123	A59
2013.06.09	TF	47	5413	A26	2017.07.29	YHZ	161	14549	A60
2013.06.09	YZ	43	7134	A27	2017.07.29	HCL	116	18321	A61
2013.07.03	ZPW	101	15617	A28	2017.07.29	CBZ	65	8812	A62
2013.07.03	YMQ	62	10100	A29	2017.07.31	HYM	144	20112	A63
2013.07.03	HYM	54	6521	A30	2017.07.31	QNC	89	12111	A64
2013.07.11	YHZ	188	28440	A31	2017.08.06	BCZ	169	21312	A65
2013.07.22	XYF	50	8229	A32	2017.09.25	CSH	105	20820	A66
2013.07.27	YYW	141	21585	A33	2017.09.25	XMY	61	7123	A67
2013.07.27	CBZ	54	8727	A34	总计		4829	737767	

在每次调研时，我们均向研华索要访谈中涉及的相关内部工作文档，得到积极配合。在持续的跟踪过程中，我们积累了大量历时性的一手文档资料，包括七类：董事长、总经理内部报告与讲话，培训资料，规章制度，部门工作底稿范例，总结报告，电子邮件范例，信息系统截图。本书按照不同数据分类将其编码为 Bi［i∈（a, j），n（n∈（1, 21）］，见表3-3。

表3-3　内部一手资料收集与编码

数据分类		数量	示例	编码
内部文档资料	董事长、总经理内部报告与讲话	5	大中华区总经理CEO《迎接2.0时代的到来》《研华：开启工业物联网战略的新征程》报告	Ba1~Ba5
	培训资料	13	《我的一天——电话销售分享》《研华行销策略变革》	Bb1~Bb13
	规章制度	9	直效行销部商机分转规则、客户属性判断规则、AOnline业绩奖金管理办法	Bc1~Bc9
	部门工作底稿范例	21	在线业务部年度工作计划、新进员工培训计划	Bd1~Bd21
	总结报告	10	部门年度工作总结	Be1~Be10
	电子邮件范例	7	线上部门和线下部门发生冲突后业务人员申请上级主管仲裁的个案沟通往来邮件、线上部门的业务员和客户及线下部门业务人员沟通的个案邮件	Bf1~Bf7
	信息系统截图	5	线上部门使用的IT系统Siebel中的信息截图	Bg1~Bg5
	战略计划	4	直效行销部发展战略计划	Bh1~Bh4
	公司简介（分阶段）	3	对外展示公司目标、组织结构、业务范围等的PPT	Bi1~3
	观察记录资料	1	研华代理商工作大会（公司高管对代理商的认识、建议与期待等）	Bj1

本书广泛收集的二手数据包括通过公司主页收集了研华对外发布的新闻信息、研华高管所接受的媒体专访，如董事长 KZL 在接受媒体《经理人》专访时的发言，渠道事业群中国区总经理 HCL 和线上直效行销部总经理 HYM 在接受媒体专访时的发言等；借助谷歌和百度搜索引擎、中国资讯行数据库、中国知网数据库、中国管理案例共享中心收集了研华的其他新闻报道、研究报告、研究论文与案例等。本研究并未将二手数据编码，其主要作用是作为"多来源的方式"对研究数据进行相互补充、交叉验证与修正，为案例分析提供辅助与支持。企业二手数据和出版物等数据可以在一定程度上避免印象管理、自我夸大、回溯性释义等带来的偏差，见表3-3。①

---

① EISENHARDT K M, GRAEBNER M E. Theory Building from Cases：Opportunities and Challenges［J］. Academy of Management Journal, 2007, 50（1）：25-32.

表 3-4　外部二手数据来源与内容

收集方式	数据内容
研华公司主页	公司发布的公告、新闻、产品展示
台湾证券交易所 （股票代码 2395）	年度报告、重要公告
搜索引擎	记者访谈、证券分析师报告、新闻报道等
中国资讯行数据库	关于研华的各种案例、研究报告等
中国知网数据库	
中国管理案例共享中心	
中国工控网	研华 CEO 开设的专栏，发布其对研华战略、 管理等的思考随笔

在数据处理上，研究人员首先将访谈转录文字稿导入 Nvivo，对所有相关资料进行系统梳理，从原始数据中找出所有与研究主题可能相关的事件、观点等，向项目中添加节点分类，摘录相应的字段、图表等，并制作访谈信息卡片与表格，绘制图表。之后的研究中，本书利用 Nvivo 强大的查询功能进行文本分析和发掘编码。

五、案例研究信度与效度

Yin 提出在案例研究的不同阶段都应采用相应的策略来提高研究的规范性，规范性包括对案例研究信度、内部效度和外部效度的保证。[1] 信度是指研究中的一致性，即研究结论的可再现性；内部效度是指变量间关系的有效性，比如，因变量与自变量之间因果关系的有效性；外部效度则考量通过研究特定情境下特定样本所得出的研究结论的普适性。

本书使用"资料三角形"和"研究三角形"两种证据三角形方式。"资料三角形"是在调研过程中，对同一个变革中的细节问题，以分别访问多方当事人为对比辨别，并询问相关知情人加以印证。此外，本书的数据来源不只是涵盖了变革经历者面对面访谈、内部历史工作文档总结，还包括大量印证性的二

---

① YIN R K. Case Study Research：Design and Methods［M］. London：Sage Publications，Ltd，2009.

手数据。采用多种证据来源，形成证据链，并与证据的主要提供者对案例研究报告草案进行检查、核实。"研究三角形"指的是研究人员的结论相互印证。本案例自2010年第一次调研开始即以课题组的方式运行，在资料分析与编码阶段，由笔者与另一位研究者分别进行编码，最后将编码结果进行对照，经讨论后得出一致结论。随后，其他的评估人员（课题组成员）扮演"挑战者"，不断对结论发问，笔者担任"辩护者"，根据数据和理论进行解释，最终课题组成员对结论表示认可。

为提高案例研究的建构效度，减少受访者偏差，本研究从多个来源收集数据，主要采用了半结构化访谈、文献资料查阅（研华公司官网公开资料信息、产品宣传手册、公司网络营销的相关网页、公司年报、会议记录等）、实地观察（产品样品、公司内人际互动、物品摆放、参加公司的年会）三种不同的数据收集方法，以实现"三角测量"，并通过访谈对象对研究结果的反馈增加效度。

第二节　案例简介

于1983年在台湾创立的研华科技，是全球嵌入式计算机与工业自动化领先品牌，专注于自动化、嵌入式电脑、智能服务三大市场。2016年全年营业收入80.34亿元人民币，员工8000多名，业务覆盖亚太、北美、欧洲等23个国家或地区，工业计算机（IPC）销量全球排名第一。在中国大陆设有44个分公司和办事处，66个售后服务站，拥有超过100家经销商合作伙伴。研华产品线丰富，品类超过800多种，并且参与客户定制类产品设计，通过系统整合解决方案。组织结构按产品类型划分为以自动化群组系统整合商为主的工业自动化事业群（IA）、以生产工业设备的设备制造商为主的嵌入式电脑事业群（EC）和生活自动化及与个人生活有关的智能系统事业群（ISystem）三大事业群，下一级再按区域划分子部门。各事业群所涉及的产品如图3-2所示。

工业自动化事业群（IA）	嵌入式电脑事业群（EC）	智能系统事业群（ISystem）
● WebAccess+ Solutions ● 电力与能源 ● 工业通信 ● 嵌入式无风扇工业电脑 ● 设备自动化 ● 研华工业平板电脑及人机界面 ● 远程I/O模块 ● 自动化控制器 ● ……	● IoT边缘智能服务器 ● 工业主板 ● 嵌入式PC ● 嵌入式单板电脑 & MIO单板 ● 嵌入式模块化电脑 ● 数字多媒体 ● 无风扇嵌入式工控机 ● 研华工业显示解决方案 ● ……	● Compact 系统 ● Network Platforms ● Blades & Adapters ● 插槽式单板电脑 ● 工业电脑机箱 ● 工业服务器及存储 ● 视频解决方案 ● 数据采集（DAQ）与控制 ● 智能交通系统 ● ……

图 3-2 研华三大事业群及其主要产品

　　研华公司于 1992 年进入大陆，与台湾工业品交易市场不同的是，许多大陆客户要求长账期、短货期，并存在关系交易的"不透明采购"行为，这样的市场环境造就了"渠道为王"的生态环境，由大型的渠道代理商积压货品以满足快速出货要求，并提供资金周转账期。台资公司研华迅速适应了经营环境，建立渠道部门与外部渠道代理商对接，成为最主要的销售力量。随着公司在大陆逐渐站稳脚跟，研华内部又组建了大客户部，直接负责大中型城市的特大型和大型客户，配备强有力的技术支持和营销团队，发掘客户并提供面对面的定制化服务。而渠道业务部负责大中型城市其他客户及其他城市、乡镇等的各类客户，提供标准化的产品与技术支持，见表 3-5。

表 3-5 研华大陆区销售组织变革大事记

时间	大事记
1983 年	研华公司（总部）成立于台湾
1987 年	产品开始销往中国大陆及国际市场，在旧金山成立第一个海外办公室
1992 年	正式进入中国大陆，成立研华科技（大陆）公司
2000 年	设立大陆区电话中心，设有北京、深圳、上海三个接听点
2003 年	大陆区将 Siebel 数据库技术引入客户管理系统中，用于客户信息的数据化记录，并进行销售人员的客户跟踪记录、业绩追踪等管理。同时，大陆区各产品事业群内销售业务部拆分为大客户部和渠道业务部
2006 年	创设带有在线营销与销售功能的 DMF 组织，设立其目标为：品牌推广>大客户培养>订单交易>提供解决方案

时间	大事记
2009 年	为了解决线上线下部门因业绩分配而起的冲突，提出部门间利益分享的跨界合作激励政策（Crossover）
2010 年	在 DMF 部门中增设负责电话外呼的客户关系发展子部门，与 DMF 部门中原有的在线销售员以及线下部门的销售员们形成直接竞争对抗的关系
2011 年	撤销客户关系发展子部门，DMF 被重组为 AOL 部门，设立其目标为：订单交易>品牌推广>大客户培养>提供解决方案
2013 年	引入兼具"推式"和"吸式"营销的信息系统 Unica，在 AOL 中成立商机分派子部门。同时试行渠道联盟计划（AECP），试图促进组织内多种销售渠道的融合，后以失败告终
2014 年	调整 AOL 部门目标，从单纯的产品销售型业务组织转回为营销与销售并重，在组织结构上进行变革，将独立建制的 AOL"打散"，融入区域事业部之中成为矩阵式结构
2015 年	进一步强调 AOL 应当承担培育商机的"养鱼"职能，督促在线销售员更多外呼并增加考核其外呼时长，建立"呼高"（Call high）机制促进组织产出向行业深耕方面发展
2016 年	营销方式由原来的按事业部将产品分门别类转变为以行业为基本单元进行产品组合销售。同时，尝试在第三方 B2B 平台中华商城售卖部分产品，但收效甚微
2017 年	CEO（3 位）轮值"共同治理"，弃用 Unica，引入以大数据和人工智能技术为内核的 API 信息系统

我们以重大变革方案出现为节点，将研华线上业务的发展过程分为四个时序区间，如图 3-3 所示（黑色加粗框内是重大组织变革事件）。

第一阶段（2006—2009 年）：DMF 前期，研华董事长 KZL 在《长尾理论》[①]的启发下，意识到公司只服务了 80∶20 法则中 80%的主要客户，而其余 20%的"长尾客户"具有订单金额小、数量繁多但地理位置分散或偏远等特征而不容易被销售业务员照顾到。为了服务这些"无远弗届"（Far & Wide）[②] 客户，KZL

---

① 安德森. 长尾理论［M］. 乔江涛，译. 北京：中信出版社，2006.
② 无远弗届出自《尚书·大禹谟》，意为不管多远之处，都能够到达。用该词形容服务的客户群体，是由研华公司自己提出的。

又创设了兼具营销和销售功能的直效行销部（Direct Marketing Force，DMF①），下设行销策划、在线销售（Esales）和客户关怀管理（Customer Care Representative，CCR）三个子部门。DMF要求线下业务部门将客户名单上交统一管理，所有售前咨询或售后服务的需求电话都以CCR为唯一入口，经CCR过滤再转接至相关部门。这是一个具有互联网思维的举动，即通过网络和电话线突破地域限制汇集订单。在这个阶段，新设立的DMF更多地扮演售后服务部门的角色。这一阶段中出现了不同部门关于业绩分成的争议与冲突，通过提出的跨界合作（Crossover）的变革方式得以解决。

第二阶段（2009—2011年）：DMF后期，由于线下业务部门上交客户名单不积极，DMF部门中增设了客户关系发展（E-coverage）子部门，主动外呼进行商机挖掘，并且争取到去"唤醒"公司 Siebel 系统中"沉睡"两年以上客户的权利。该阶段出现的问题是，按照流程规定，DMF销售人员发掘到的商机必须按照分转规则分配给相应线下部门，但往往二者配合不及时而使商机丢失。在DMF销售人员的强烈要求下，不久后产品销售权也被赋予该部门，使其成员除发掘与分转商机还背负着销售业绩指标。该阶段中DMF以"营销"功能为主。

第三阶段（2011—2014年）：AOL前期，研华撤销DMF重建为Aonline在线销售部门（以下简称"AOL"），DMF大部分的营销功能被剥离出去成立了一个单独的中立部门"商机分派代表"，而AOL则变为一个销售组织（包括自己做单和协助线下获得订单以业绩分成），以直接增加销售收入为主要业绩导向。在这个阶段中，在线销售员单独"做单"的权利进一步被放大，线上部门可以在线销售公司90%的产品品种，并对每位在线人员进行销售业绩的考核。不同于DMF"助攻"的定位，AOL扮演更多销售业务部门的角色，该阶段中线上业务部门销售业绩急速增长。但涌现出来的问题是，高层管理者希望AOL扮演"鱼塘"的角色，将具有潜力的小商机（小鱼）养成大商机（大鱼），但是AOL在销售业绩压力的刺激下，往往只顾眼前利益抢单子自己做了，杜绝了"养鱼"的可能。这一阶段中，AOL由于背负销售业绩指标需要获得更多有效商机，但线下部门不愿意共享客户名单以及不情愿将系统中的"沉睡客户"分享造成双方冲突，研华通过引入信息系统 Unica 进行商机挖掘与育成方式的变革解

---

① 研华为台资企业，管理者习惯于中英文夹杂命名（如部门命名、战略命名、具体绩效分配方案命名都有中英文夹杂的特点），本书保留了研华实际使用的部门简称命名方式。

决了此问题。

第四阶段（2014—2018 年）：AOL 后期，由于线上业务部门销售收入增速放缓，高层管理者认为在线业务若继续高速发展将蚕食线下渠道部门的利益，造成较大的冲突，从而将单独建制的在线部门重新"融入"线下的区域事业部中，使每一个线上销售员都要接受线上业务部门和区域事业部门的双重考核，组织结构上变回双线汇报的矩阵式结构。此次变革让 AOL 回归到营销职能，在选定的细分领域里帮助线下业务部门获取更大的定制化订单，深耕行业以提供解决方案，AOL 从上一阶段的销售业务部门转为垂直市场深耕的协同部门。

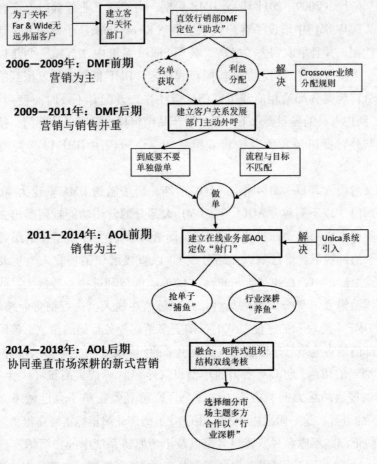

图 3-3　研华在线销售组织演进示意图

来源：作者自制。

第三节　DMF 前期（2006—2009 年）：新部门的温和建立

Chia 通过意义构建将来自外部环境中的变动事件按照是否对组织发展有利分为机遇（opportunity）、挑战（threat）、二者兼而有之（both）或二者皆无（neither）四类。[①] 此处我们从道家哲学[②]出发将"opportunity"译为"机遇"，强调其客观存在而非主观判断的属性。机遇指的是一种有利的条件和环境，不涉及行为者主体。如前所述，由于本书研究对象是成熟组织，环境中的变动事件在外部和组织内部都有可能发生，因此本书构建了"机遇—挑战—环境"三维框架对组织运行中内外部出现的现象/事件（下面将其称为"线索"）进行分类，共八个类别：外部挑战、外部机遇、外部危机并存、外部无效线索、内部挑战、内部机遇、内部危机并存、内部无效线索，如图 3-4 所示。

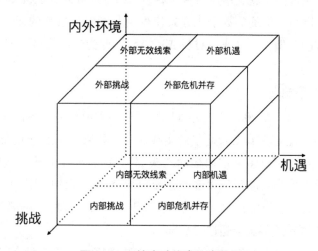

图 3-4　环境变动线索分类依据

---

① CHIA R. Discourse Analysis Organization Analysis［J］. Organization, 2000, 7（3）: 513 - 518.

② 《史记·老庄申韩列传》中，孔子问理于老子，老子对曰："君子得其时则驾，不得其时则蓬雷而行。"此处"时"指机遇，即客观条件的成熟与否，是否具有有利的条件和环境，可以理解为忽然遇到好的境遇，是客观存在的。机会与机遇不同，是客观存在的主观判断，机会是被主观构建的，行为者发现或创造的机会，指的是行为者在某种客观的机遇中识别出"我可以采取某种行动从而获利"，是可以明确操作的、有利可图的商业机会。

一、环境变动线索

在 DMF 前期，环境中的有效线索如下：

线索 I：研华作为工业电脑的领导者，进入中国的前十几年，由于技术溢价高，作为主打产品的"工控机"利润丰厚。近年来，由于技术进步以及同类竞品变多，利润逐渐变薄，公司需要找到新的盈利增长点，必须在产品、商业模式和管理各方面不断创新（来自材料 A6，A8，Ba1）。此为外部挑战。

线索 II：大客户部与渠道业务部的销售成本高，并且外部的渠道代理商的销售额占比更大，不利于公司的长远发展（来自材料 A1，Bj1）。此为内部挑战。

线索 III：eBay、腾讯拍拍网、阿里巴巴、淘宝网等众多网上商城开始兴起，发力 B2C 和 C2C 模式。研华 CEO 认为，工业互联网时代将要来临，如果研华不提前布局，等别人做了就会落后（来自材料 A2）。此为外部危机并存。

线索 IV：网页、电话等数字化方式使得企业能够用较低的成本服务地理位置偏远、分散的小型客户（来自材料 A3，A5）。此为外部机遇。

二、个体警觉

如上一节所述，在 2006 年安德森发布《长尾理论》专著后的几个月，研华董事长 KZL 加以学习并且结合研华的实践认为：如果用正态分布曲线来描绘顾客分布，过去企业家较多关注曲线的"头部"，而将处于曲线"尾部"需要更多的精力和成本才能关注到的大多数人或事忽略。在网络时代，由于关注的成本大大降低，人们有可能以很低的成本关注正态分布曲线的"尾部"，关注"尾部"产生的总体效益甚至会超过"头部"。

其想法得到总经理 CSH 先生的支持，希望 DMF 一方面为没有照顾好的小型客户提供"不出门"的服务，另一方面解决靠业务员做行销成本高的问题。CSH 总经理也认为，研华的最重要的产品"工控机"利润逐渐降低，公司必须采取变革措施来找到新的盈利增长点。基于内外部种种线索，董事长 KZL 认为存在这样一种机会：通过互联网和电话等数字方式，服务广泛存在的、偏远的、分散的"无远弗届"客户，从而获得利润增长（见图 3-5）。

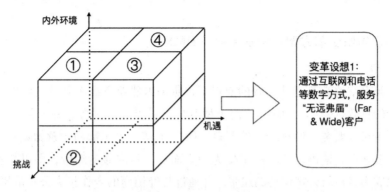

图 3-5　DMF 前期：从线索到变革设想①

三、团队警觉

在董事长 KZL 的鼓动下，当时负责大中华区 DMF 创建工作的 YW 经理（现任研华品牌行销总监）及其上司研华中国区总经理 CSH（现任研华总经理）对研华先期已在美国实行的网络销售（网上商城）、中国台北地区的电话销售和中国大陆的电话中心三种实践做法进行了比较，在综合各自优长的基础上，5月在台北召开的由各大区域经理人参加的"Leap Camp"行动，对 DMF 的创建方式、组织架构、工作流程、职责分配以及与其他部门的合作等进行了为期四天的"头脑风暴"式讨论，通过该过程，高管团队充分认识到构建数字营销部门的重要性。此外，公司聘请 IBM 为大陆区成立线上部门提供咨询服务。在对 DMF 创建的行动方案进行了四轮的讨论与修正后，DMF 基本成型。

从个体对环境中的机遇与挑战的注意，到获得集体的共同认知，中间需要一个良好的信息沟通与传递渠道。案例中董事长 KZL 对这种沟通起到了极大的促进作用，例如，在内部读书会上分享《长尾理论》，积极向其他高层管理者传递自己的理念。员工评价他是"一个特别勇于创新的人，喜欢接触新事物"（A6，YHZ），"总是鼓励我们往前冲，大胆尝试"（A5，ZY）。这些评语，加之 KZL 在研华内部实施的种种创新之举，体现了研华董事长对新事物和新思想具有开放精神和包容心。这是促进警觉从个体扩散到团队的重要因素之一。

---

① 图中①代表线索 I，②代表线索 II，依次类推，后同。

四、组织变革方案：设立新部门 DMF

（一）战略定位

2006 年，在内部达成一致的前提下，研华组建业务组织和营销组织两种功能混合的直效行销部（DMF），向小型客户提供更好的服务，并期望通过 DMF 模式创新对一般客户形成最好的覆盖。DMF 下辖三个子部门：营销策划、客户关怀代表和在线销售，其职能定位为四方面：一是沟通的纽带，即以扎实的产品知识成为客户与公司沟通的纽带，并通过与经销商的合作扩大公司的影响力；二是中小客户的开发者，要求在线销售人员手中保持每年至少 300 个客户的数量，且能持续成交的小型客户数量在 50 个以上；三是大客户成长的摇篮，要求积极主动帮助大客户业务部照顾沉睡的客户，同时开展与大中型客户、区域业务的合作计划，培养良好的小型客户并将其转化为大中型客户；四是整体解决方案的执行者，要能够为客户提供行业整体解决方案，培养具备多产品销售的能力（见图 3-6）。

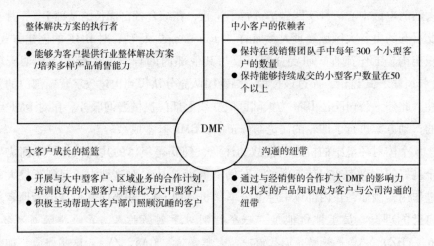

图 3-6 DMF 前期的战略愿景

在这些职能的优先序上，DMF 对电话或网络商机的开发与分转负有主要责任，线上销售处于相对次要的地位。研华高层用足球队的比喻来形容 DMF 的战略定位"公司的销售组织是一支足球队，你们的任务是助攻，只要帮（线下）事业部把产品卖出去就行了"（A15，CSH）。由于新设立的 DMF 中处于核心位置的子部门——客户关怀代表 CCR，前身是公司的"电话中心"，是依附于线下业务部门而存在的组织，其主要职责为响应和接转客户通过 800 专线打入的电话，除快速回应客户技术、业务咨询等电话，该部门开始记录新客户的信息，并按照行业、区域原则转给相应的销售人员，这与客户关怀代表的工作一脉相承，这使得后者能够加速去承担更多营销职能而达到"助攻"的战略定位。

初创的 DMF 在营销方面主要是借助同打入电话或者在网上提出交流的客户做深度对话来寻找商机，主要负责以下四类客户：一是边远区域的客户；二是渠道业务部因技术薄弱而照顾不好的客户；三是大客户部业务员手中忙不过来的客户；四是客户管理数据库中沉睡的客户。而且，对于符合上述要求的小型客户，DMF 可以由内设的在线销售部直接完成交易，对于新发掘的大中型客户商机则不能直接交易，必须分转给大客户业务部或渠道业务部去完成交易。分转的商机数和营业额（包括所属在线销售部的销售业绩和分转给线下大客户业务部、销售业务部的商机所形成的销售业绩），成为公司对 DMF 部门及人员考核的关键绩效指标。

为了保护线下部门的利益，研华将新设立的 DMF 部门定位为"助攻"，以保障线下部门的利益为先。除了将分转的商机数作为重要的绩效考核指标，并为 DMF 建立价格监控机制，还要确保 DMF 的产品标价不低于线下部门的标价。例如，研华要求 DMF 的报价为产品推荐成交价的 1.12 倍，最低成交价不得低于推荐价的 0.95 倍。

（二）业务流程设立

初建的 DMF 设立了如下工作流程，如图 3-7 所示，当客户打进电话后，DMF 中的客户关怀代表通过判断：是售前咨询还是售后咨询？该客户在公司的 Siebel 数据系统里面是否存在购买记录？客户信息是否真实？过滤之后得到新客户，再通过表 3-6 的分转标准，将其分转给大客户、渠道部或在线销售部。

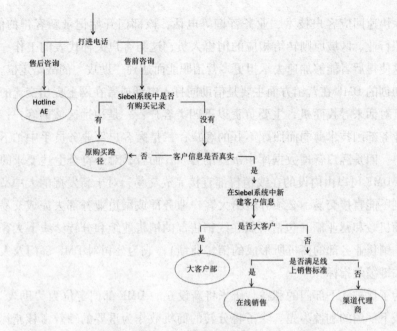

图 3-7　DMF 与线下业务板块的合作机制

来源：作者依据资料（A3；Bc1）绘制。

中国大陆一直以来行销盛行，"渠道为王"，在 DMF 组织创设后，在已有成规模的渠道布局的地区（如华北区），两者之间的业务冲突就时常发生，而在渠道布局较为一般的地区，这种业务冲突就较少。要使 DMF 取得良性发展，就必须解决与渠道商及公司内部业务部门的配合问题。为此，研华总部在设计 DMF 流程及建立完善客户数据库等工作中，特别关注了如何区分和确认渠道部门的新老客户，客户确定后如何分转商机以及由此产生的销售业绩分成等事宜。

针对前期客户信息未在数据库中备案的情形，研华通过将客户属性判断标准制度化，强调一切"依照事实来评判"的原则，促使忙于做业务的销售人员也要当天及时录入所联络客户的具体信息（包括单位名称、地址、行业属性及所属业务类别、联系人姓名和电话等）。对于长时间没有更新信息的客户，研华给出了"沉睡客户"的概念——线下部门在过去两年内没有更新 Siebel 中信息的客户，若被 DMF 发掘出商机，视同新客户。这些规范都起到了帮助清晰界定客户归属的作用。

表 3-6　DMF 划分客户属性的标准及业绩共享 Crossover 法则

客户属性		判断方法	处理原则
大客户	新的	行业知名公司；特殊产品目标客户；销售额（IA >= 20w/年，EC>=30W/年）；单次需求数量（IA >= 100 台/件，EC>=50 台/件）	在 Siebel 系统中建立活动和商机，在线销售员和大客户销售员协同合作；3~6 月的跟踪，大客户团队判断其不符合标注，退回给在线销售员作为渠道客户处理；大客户和渠道客户 Crossover 业绩共享
	已有的	根据 Siebel 系统中大客户记录；代理商报备的大客户记录	购买的产品（如销售额、数量）与大客户部的要求一致，分给原所属的大客户部；相反，则分转给相应的渠道部门
渠道客户	新的	Siebel 系统中无记录；Siebel 系统两年以上无活动	在线销售员直接出货；若出于需要样品测试、账期等原因要求渠道配合，在线销售员 esales 直接与代理商业务合作取得订单，业绩 100% 属于 esales；若需要区域销售业务配合，按照 75%：75% 或 75%：50% 等方式业绩共享
	已有的	客户有固定购买渠道；Siebel 系统中有标注经销商属性	分转相应的渠道业务处理，更改客户属性为渠道，并建立商机与跟踪反馈

资料来源：根据内部文档资料 Bc3 整理。

（三）人员配置与学习

DMF 是一个单独的组织建制，共有客户关怀代表（5 人）、在线销售（2 人）、行销策划（2 人）。其中客户关怀代表由公司原来的话务员担任，他们承担接听电话的第一关口。由于话务员对行业客户背景了解不足，"话术"技巧不够，往往会出现分转错误，可能把一个大客户业务部或者渠道业务部人员的商机转给了其他人员。正如总经理 CSH 所说："接听电话的人员要在与客户短时间对话中鉴别出是原有客户还是新增客户，曾经与哪个业务部门打过交道等，这仅靠流程规定还不够，更需要员工的经验积累"（A1，CSH）。因此，研华调整了 DMF 员工的应聘条件，要求其专业背景必须是计算机专业、电子或电气专业背景，或者有相关的工作经验，同时乐于与客户沟通和学习产品相关知识。这种要求的改变，使得 DMF 新员工能用更快的速度学习"话术"增强销售技巧和增加行业客户背景知识。

(四) 互补性资产配置

互补性资产 (Complementary Assets) 的概念来自 Teece 的 PFI 模型①，指代在新技术的商业化过程中除了技术的其他互补性因素，比如，分销和服务等，在这里我们指代企业为了实现某项具体变革而投入的其他隐性资源。研华为了保证"设立 DMF"这项创新变革能够实现，除了构建数据系统、在线商城等技术性资产，最显著的互补性资产是高层管理者的战略重视和工作支持，大中华区总经理 CSH 将其比喻为"尚方宝剑"，他说："我们给了 DMF 很多自主权，他们可以自己提怎么考核，也让他们可以直接去要求线下部门配合工作，把名单交出来。我跟 DMF 主管说，我给你一把'尚方宝剑'，你要去使用它"(A41，YHZ)。总经理 CSH 经常跨越层级地将 DMF 主管 YHZ 叫去办公室谈工作，通过这种隐性暗示表达了对 DMF 的重视程度，促使心里并不十分情愿的线下业务的主管们支持 DMF 的商机分转工作，并且，线下销售主管们因为 DMF 前期人员工作不熟练而屡屡犯错投诉到总经理 CSH 处，他往往息事宁人地压下来，并不把这种抱怨的压力传递给 DMF 部门，而是鼓励他们努力提升以消除这种错误。(A41，YHZ)"线下销售人员就是有一种排斥和抵触情绪，我也经常听说他们在老板面前告我们的状。老板是站在全局的，你告就告呗，他知道怎么回事，老板是很支持我们去做这种创新的工作的"(A60，YHZ)。总体来说，高层表达的战略重视与支持，为作为新生事物的 DMF 的初期成长提供了隐性保障。

(五) 电子商务网站与信息系统

研华建立了网上销售商城 Estore (网址 http://buy.advantech.com.cn/)，但由于工业产品的技术属性，以及行业客户不习惯网上直接购买的支付习惯问题，潜在客户往往是先浏览网站信息，再拨打热线电话进行购买。同时 DMF 要求业务销售员将原先与他们联系购买的客户信息交由客户关怀代表统一处理，线下业务销售员不得再直接与客户发生交易。

研华 80% 以上产品在 Estore 上被详细展出，所有"无远弗届"客户或在互联网新时代下销售习惯发生变化的顾客，都可以通过 Estore 这个统一入口与研华的线上销售员取得联系。此外，研华将 Estore 与 Siebel 数据库技术和客户信息管理系统相连接，使得 DMF 员工可以高效快速地判断客户属性、新建购买活动并进行客户跟踪记录、业绩追踪等管理，这阶段中通过向该数据系统中导入线

---

① TEECE D J. Profiting from Technological Innovation: Implications for Integration, Collaboration, Licensing and Public Policy [J]. Research Policy, 1986, 15 (6): 285-305.

下业务已有的部分客户信息而逐渐提升其完备性。

五、变革行动中的调整：建立利益共享机制 Crossover

DMF 主管 YHZ 在日常运营中发现，尽管 DMF 部门对既定的业务流程和工作标准做到了很好执行，但大客户业务部并没有按工作流程中的"信息反馈"规定，主动给提供了商机信息的 DMF 部门反馈有关客户成交情况的信息。而这个"信息反馈"明明是作为一条规则被写入了流程的具体规定中，可是为什么大客户业务部不配合呢？她在听取了大客户业务部销售人员及其主管的反映后，发现现有业绩分成规则中存在让合作部门感到分成比例低的"不公平"问题。

研华总部规定，对于 DMF 发到并转给线下部门的商机，二者按照 50：50 进行业绩分成。DMF 在运行后，线下部门并不情愿把原有的小型客户转由 DMF 负责，当时 DMF 的主管 YHZ 说："他们认为我们就是很轻松地打打电话，最后做成的订单就要分走一半业绩，心里不情愿"（A6，YHZ）。大客户业务部和渠道业务部对此怨言颇多，认为线下部门在达成和完成交易过程中的贡献更大。面对上述冲突，研华意识到中国大陆与全球其他市场不同，一直以来行销盛行、渠道为王，要使 DMF 取得良性发展，就必须解决与渠道商及公司内部业务部门的配合问题。于是 DMF 总部根据各区域需要修订了业绩分成指南，进行了第一次调整：DMF 分转商机给大客户业务部而实现的订单，DMF 与大客户业务部业绩分成比例为 25：75；DMF 分转商机给渠道业务部而实现的订单，DMF 与渠道业务部业绩分成比例为 75：25；DMF 直接完成的小型客户订单，业绩全部归 DMF 部门。但这只是在数字上进行的调整，依旧是合作两方分成比例合计数为 100%。这一管理逻辑导致有关方面产生"零和"博弈的思想，使相关业务部门之间合作的积极性问题难以很好解决。

DMF 主管 YHZ 试图改进相关部门间关系，主动多方了解促进合作的激励机制，她了解到公司对新行业的业务出台了一个促进"跨界合作"（Crossover Collaboration）的激励机制，觉得应该对改进 DMF 部门与区域渠道商和大客户业务部的关系有参照价值，于是向主管大陆区 DMF 的研华中国大陆区副总经理 QNC 提出了体现"跨界合作"原理的业绩分成新规则，以便促进线上线下部门间的合作，共同赢得订单。QNC 通过与总部高管沟通、协商，使这一新规则很快成为公司大陆区"管理报表"的核心内容，得到了许可和执行。

QNC 提出的分成新规则是：第一，对于 DMF 销售代表推荐的潜力大客户，如果成单，12 个月内成交金额的 50% 划归 DMF 销售代表，75% 划归大客户销售代表；第二，对于 DMF 销售代表分转渠道部门并需要配合处理的，如成单，

DMF 销售代表和渠道商销售代表各划 75% 的业绩；第三，对于 DMF 销售代表直接出货的客户，100% 业绩归 DMF 销售代表。可以看出，与常规的会计报表要求业绩分成比例的合计数为 100% 不同，第一种、第二种情况下的业绩分成比例合计数分别为 125% 和 150%。允许中国大陆区以这种独特的"管理报表"（Management Quota）形式，对销售业绩进行核算并计发奖金，从公司总部的立场来说要多付出其中超过 100% 部分的分成，这是一笔额外的开支，但时任中国大陆总经理 CSH 认为，"业绩总计超过 100%，公司多付出了一部分成本，可是这促进了内部合作"（见表 3-7）。

表 3-7 DMF 业绩分成指南调整过程

类别	识别流程	第一次调整后业绩分成	第二次调整后业绩分成
DMF 分转商机给大客户业务部而完成的订单	DMF 商机→大客户业务部订单实现的订单由大客户业务部录入数据库中，注明大客户业务部和 DMF 两个部门代码（商机→订单：12 个月）	大客户业务部：DMF 75%：25%	大客户业务部：DMF 75%：50%
DMF 分转商机给渠道业务部而完成的订单	DMF 商机→渠道业务部订单实现的订单由渠道业务部录入数据库中，注明渠道业务部和 DMF 两个部门代码	渠道业务部：DMF 25%：75%	渠道业务部：DMF 75%：75%
DMF 直接完成的小型客户订单	DMF 商机→ DMF 订单	100%	100%

资料来源：根据内部文档资料（Bc4，Bc5）整理。

第四节 DMF 后期（2009—2011 年）：增设子部门

一、环境变动线索

在 DMF 后期，环境中的有效线索如下。

线索 V：公司外部经销商对 DMF 有抵触，不愿意分享自己所掌握的大批客户信息，即将客户名单录入 Siebel 系统中（来自材料 A7，A8，Bj1）。此为外部挑战。

线索Ⅵ：公司内部大客户部和渠道部的销售人员营销能力强健，DMF 的营销实力相比较弱，加之按规定报价要比线下部门高，因此 DMF "助攻" 业绩惨淡，线下部门并不看重他们（来自材料 A2，A4，A5）。此为内部挑战。

线索Ⅶ：DMF 接到客户主动呼入的电话或者主动在网上发起的需求交流较少，未能够有效发挥作用（来自材料 A8，A12）。此为外部挑战。

线索Ⅷ：IBM 公司的 "ibm.com" 全球销售及流程管控体系具有竞争力，可以借鉴（来自材料 A3，Ba2，Bb3）。此为外部机遇。

二、个体警觉

在渠道经销商的抵制下，其所掌握的大批客户信息并未进入研华的客户关系管理系统之中。研华管理高层最初的设想是：线下部门逐步把手中掌握的客户信息录入公司的客户关系管理系统之中，以此作为在线部门在接触客户和发掘商机过程中判断客户 "新" "老" 属性的依据，甚至借此降低经销商将客户带走的风险。但线下部门的业务人员普遍把手中掌握的客户信息视为自身所拥有的独特资源和优势所在，认为一旦进入系统为公司所共享，自身很可能会丧失存在的价值。因此，尽管 DMF 已成立多年，线下部门的工作人员对此项工作采取了消极应对的做法，这使得在线部门和线下部门之间围绕客户 "新" 与 "老" 性质认定而出现的冲突长期存在，且并未得到实质性的解决。

董事长 KZL 敏锐察觉到销售组织间的暗流涌动，在从研华内部无法获得更多客户名单的情形之下，KZL 意识到大陆区 DMF 业务员仅仅借助客户打入的电话或在网上提出的交流要求来发掘商机的做法是 "守株待兔"，主动性太差（A3，CSH），由此开始考虑主动向外拓展寻求商机（见图 3-8）。

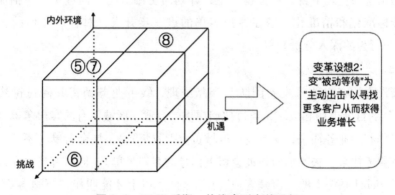

图 3-8 DMF 后期：从线索到变革设想

三、团队警觉

DMF 部门是公司大力扶持的新事物，在发掘商机、支持线下部门发展、促进公司业务增长方面应该做多种尝试，这是在董事长 KZL 的推动下高层管理者与销售部门经理达成的共识。董事长 KZL 关于 DMF 变革的设想得到了时任总经理 CSH 的支持，于是他们在深入讨论后主动向外寻求变革提议。在 IBM 公司咨询团队的建议下，董事长 KZL 注意到 IBM 公司的 "ibm.com" 业务营运模式有着一套独特的规范，可以帮助 DMF 升级改造，于是准备引入 IBM 的这套全球销售及流程管控体系，以帮助建造新一代的 DMF 组织。

四、组织变革方案：设立 DMF 新子部门（客户关系发展）

（一）功能定位

2009 年 7 月，研华有关人员开始正式与 IBM 接触，随后 IBM 派出顾问到研华对 DMF 创建工作进行指导与咨询。2010 年 1 月，研华在原有 DMF 系统中增添了电话呼出功能，同时增设了 "客户关系发展团队"，对外招聘了 10 名销售人员，依照行业为主、区域为辅原则分设了 3 个团队，客户关系发展团队成为 DMF 中员工数量最多、战略地位最高的核心子部门。随后，研华 DMF 总部制定了未来三年的发展蓝图和愿景，即 DMF 全球销售额达到 1.5 亿美元，使 DMF 成为工业自动化和网络平台业务领域与大客户业务部、渠道业务部具有同等重要的三大销售力量之一，以每年 45% 的营业成长率，成为研华下一阶段成长的动能，并且成为品牌销售模式的主力军、研华新产品导入市场和获得认证的第三方产品销售的主要平台。业务运作上，计划向更细节的方向进军，包括流程的进一步标准化和精准化，潜在客户名单的进一步开发，对客户评估的精确化（即客户行为的深入分析）等。

（二）业务流程变化

新设立的客户关系发展团队与产品经理、线下业务销售共同讨论决定要 "攻克" 的目标市场和区域，通过他们提供的行业、区域所有的客户名单（不一定与研华有过业务往来，从行业或区域黄页上收集到），展会名单（不一定与研华有过业务往来，去参加研华展会留下信息的客户名单），同时客户关系发展团队搜寻 Siebel 系统中的 "沉睡客户"（原来两年以上才能叫作 "沉睡客户"，现在缩短为一年）并自己在网上收集可能有购买意向的客户信息，以上这些汇集生成可以外呼的客户名单。

接下来，产品经理就产品的设计理念、应用场景等提供培训，线下业务销售员提供行业培训以及自己的成功案例、交流经验等。DMF 中的行销策划团队从线下业务销售处获得产品的配型、基准报价等，制作电子传单并"广撒网"式向前述名单中的所有客户发送。随后在线下业务的帮助下，对名单里的客户属性初步标注，将名单分配给团队成员并制订外呼计划。客户关系发展团队按计划外呼后，除了自身有月度考评和情况总结，每周还会安排至少 30 分钟与线下业务销售交流情况，以改进合作。在这样的交互过程中，线下业务销售对DMF 的"助攻"地位认可度增强，甚至当有新产品推出时，会主动找到线上业务人员进行培训，以期获得更好的电子营销效果。

与 DMF 前期线上与线下业务的合作局限于流程前端的客户名单提供、流程后端的商机简单分转不同的是，客户关系发展团队的引入使得 DMF 与线下业务销售、非销售端的产品经理在确定目标市场、电子营销、制订外呼计划等环节有更多交互活动（见图 3-9），并促使线下销售每周与外呼团队进行总结交流，流程上的协调与合作性得到增强。

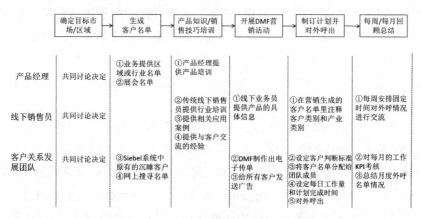

图 3-9　客户关系发展团队外呼工作流程

资料来源：根据内部文档资料（Bb2，Bb9，Bd3）整理。

与上一阶段相比，DMF 不再"守株待兔"式地获取商机，而是主动联系和寻找客户。这一重要的"呼出"功能，主要由新设立的客户关系发展部门承担。功能完善后的直效行销部不再像组建初期那样"守株待兔"，等待客户打来电话后再开展业务，而是由新设立的客户关系发展部门主动打出电话联系和寻找客户，挖掘商机。挖掘到的大中型商机分转给线下的大客户业务部或渠道业务部，由它们继续跟进；小型客户商机转给 DMF 内部的在线销售部跟进。发掘到的商机数和实现的销售额，成为公司对 DMF 部门及人员考核的关键绩效指标。这样，DMF 就由先期的被动响应客户转变为主动开拓市场，从而成为以面向中小型客户从事市场营销和电话销售活动为主的营销组织。研华规定，DMF 的基本宗旨是：成为企业与客户沟通的纽带，不断促进中小客户在线交易订单的成交，并挖掘潜在客户。

最终，业务流程升级后的 DMF 发掘的商机量显著增长，甚至发掘出一些金额较大的商机，线下大客户业务部和渠道业务部从 DMF 那里得到的商机数量和质量都获得了提升，DMF 给线下部门的业绩以不容忽视的实际贡献。另外，DMF 努力以自身对线下部门主动而真诚的支持赢得对方的信任。一个例子是，2009 年 11 月，DMF 在发掘客户商机中发现了某钢铁公司对研华高效能无风扇嵌入式工控机产品的需求，在多次联系后该公司最终选定 UNO-3282 产品。之后，DMF 把该商机转给大客户业务部推进后续的投标等工作。不久，DMF 进一步挖掘发现，该公司还对研华的交换机和安防系统有需求，而且已经拟订了在 2010 年春节后的机房建设计划，并将筹建 2000 万吨产能的基地，存在对研华产品的诸多需求。初步洽谈后，DMF 再次将该公司的商机分转给大客户业务部。以上所述的 DMF 的努力逐渐得到了回报，线下部门也开始主动向 DMF 提供一些潜在客户的信息。例如，线下部门把掌握的山东、东北等多个区域的客户信息资料提供给 DMF，由 DMF 去发掘商机，DMF 发掘到商机后又分转给了提供信息的渠道部门。

但是，DMF 流程的升级改造也带来了新的问题：第一，在 DMF 部门看来，自身是公司大力扶持的新事物，在发掘商机、支持线下部门发展、促进公司业务增长方面发挥了重要作用。在线下部门看来，线上部门的价值很小，以往所分转的商机，绝大多数没有任何价值，重要的商机基本都是线下部门自己发掘的。第二，DMF 工作人员想方设法获取客户信息并主动联络客户以发掘商机，在客观上减少了线下部门发掘商机的潜在机会。第三，线下部门仍然不肯积极地把手里掌握的小型客户信息录入 Siebel 数据库中，"新""老"客户认定出现分歧的个案有所增加。在这种情况下，公司管理高层一再强调要保护线下部门及相联系的外部经销商的利益，并强调促进线上部门与线下部门之间的合作是公司非常重要的战略。如 CSH 在内部表示："研华希望做大的同时不伤害经销商的利益"，要"想办法使 DMF 不会和现有业务冲突"，当初 DMF 建立时"设计的着眼点不仅是不伤害经销商，而且还要保护经销商"。BCZ 表示："我们追求与渠道伙伴的合作共赢。"

（三）"Know-How"知识学习

客户关系发展团队接受了较全面的产品知识、行业知识、销售技巧的培训。学习是一个动态过程，DMF后期的密集培训方式不只使其在知识储备上获得提升，多方知识的融合，成功案例经验的复制，更有助于提升"经验曲线"，线上业务员在一定时间内获得的技能或知识的速率增加，其中最显著的，是能够更快地学习到Know-How型知识。

研华的工业自动化产品不像消费电子产品那样，客户买来就能直接使用，而是需要研华的应用工程师（AE）来提供产品安装及其相关服务。有经验的DMF人员，可以根据客户电话咨询有关产品及服务的询问方式和内容，确定客户的类别。如果客户在对话中显示其对要购买的产品型号不是很了解或者不确定以哪几种型号产品组合来安装更为合适，那么，DMF人员可以判断该客户可能是新客户，并以自己的专业知识帮助客户确定应该配置何种型号的产品或需要哪些产品的组合，同时给出合理的报价。如果客户询问时产品型号已经很明确，或者对特定型号产品的了解已经很深入，则说明该客户或者是老客户，或者曾经咨询过，此时就要注意报价不能伤害这一客户原有所有者的利益。也正是因为DMF人员具有这种长期积累形成的Know-How产业知识，客户专属销售才可以开展，客户也才会觉得与你的在线沟通是有价值的。

学习能力的增加使得DMF在动态竞争中获得优势，一个例子是，当DMF工作人员通过各种渠道获取客户信息并"主动联络"以发掘商机后，线下部门会因倒逼而共享更多的原本独自掌握的客户信息，从而使得DMF的业务范围显著扩大。

（四）开拓客户名单

DMF后期研华增设的外呼团队采用多种方式来开拓客户名单，包括通过区域、行业名单，展会获得客户名单，使用垂直信息搜索软件"卓讯云客宝"（企业信息垂直搜索引擎，收录700多家商务、行业、黄页、人才等网站，信息量涉及全国3000多个县级市7000多家行业的企业黄页，可辅助企业商机查询、企业名录搜集）"广撒网"式获得大量可能会发生购买行为的客户信息。但是这种粗放的外呼行为获取到的有效商机数并不多。

同时，将原来规定的Siebel系统中两年以上没有活跃的客户为"沉睡客户"时间缩短为一年，线上部门维护的"沉睡客户"数量增多，从已与公司发生过购买行为的客户中获得商机要比外呼新客户获得商机更容易。研华高层对缩短"沉睡时间"的看法是："大客户部应该至少每个月都要有一些业务拜访之类的动作，如果你超过一年都没有任何维护，那任何销售员都可以来做这个客户，这个客户就不再归属于你。我们把沉睡时间缩短是为了给大客户部压力,让他们不会懈怠客户关系维护,是一种管理手段"(A44,HCL)。

(五)互补性资产配置

DMF后期管理层通过增加两类互补性资产的资源位势来护航DMF部门的获利,一是强调企业"利他"文化,研华高管坚持DMF组织运行中需要遵循一个基本的原则,那就是保护"播种者""耕耘者"的利益,不允许新创DMF部门光做"收割者"。二是通过建立价格监控机制,确保DMF推出的产品标价不低于渠道商的标价,也就是说,设法使各方给出的价格趋于合理化,既不希望客户从在线销售部门拿到不合理的买价,也不希望伤害到渠道部门的利益。例如,一个客户在美国佛罗里达州迈阿密通过研华在线销售系统给香港的在线销售团队下了一笔订单,公司DMF总部在Siebel上核查时发现,香港正在承接的这笔订单与迈阿密那边在线销售团队已接的订单完全相同(无论购买数量、产品型号和购买者均一样,但香港的价格较低)。DMF总部发现这两笔订单相同后,就与两区域DMF主管进行核实,了解到原来顾客在美国下订单后,紧接着在香港地区询价,发现香港地区报价比美国地区的要低,所以又在香港下订单。在对上述情况分析之后,DMF总部决定让香港在线销售团队退掉此订单,同时让美国在线销售团队以香港的报价给客户出货。这样抑制了区域之间互相抢订单的行为,保证线上线下整体利益增加。

五、行动中的调整:赋予客户关系发展部门以直接销售权

(一)行动中的挑战

客户关系发展部在经过了2010年的快速发展后开始遇到较大的挑战——无法实现业绩目标,人员工作积极性不足。原因主要在于:(1)客户关系发展部门未能找到足够的、有效的客户信息清单。外呼客户信息主要来自客户的网上注册信息、参加展会留下的名片等。然而,很多客户在网上注册时习惯于不留真实姓名和真实的联系方式,参展的客户很多也只是出于好奇心去看一看。客户发展关系部门的10多人不停地打电话,成单率却很低。(2)客户关系发展部门无权做销售,成就感低,认为胜利果实被他人攫取。这种情况持续一段时间后,DMF向线下部门分转的商机量开始原地踏步甚至有所减少,线下部门对线上部门也有不少抱怨。

(二)行动中的个人警觉

2010年年底DMF原主管离职,由具有MBA学位的销售健将HYM接替她的

职位。HYM 走马上任后看到客户关系发展团队的工作人员整天不停地通过电话和网络发掘商机，但都是边发掘边转出，转出后能否成功并不清楚，即使自认为完全有可能转化为订单的商机有时也在其他业务人员的跟进中丢掉了。而外呼发掘商机的过程十分艰辛，据客户关系发展员工 YYW 回忆："比如，我分到了 100 个名单，其中有 70 个能打通，打通当中对研华有认识，未来会有需求的可能有 15 个，现在立刻会有需求的可能有 2 个"（A33，YYW）。另一位员工 YZ 这样描述他们在外呼中的艰辛："在线销售员只用等客户打电话进来，表达明确需求我再回电就好了，不用做前期客户挖掘，但是客户关系发展员工往往是首先被给到一个公司名称的名单，比如，要查法人是谁、怎么样、电话，查完之后，我打前台电话，想办法让他帮我转到技术和采购，我要用很多次的电话沟通，用我的沟通技巧，好不容易让前台愿意帮我转接。之后我还要想方设法地把采购和技术留下，让他愿意跟我聊。聊完之后，我知道他的需求，然后才能推荐产品，还要反复地去跟踪。其实成单过程中，前期的工作量很大，而且很难，就是你要一层一层去挖掘，一层一层去剖开，包括你怎么绕开前台直接找到技术……"（A27，YZ）。

客户关系发展部门需要付出大量前期努力，将低至 2% 的即时商机发掘出来并立即转出给线下部门，但线下业务员往往不能及时跟踪，"即使第二天都是慢的了，timing（时机）没有了，客户就去找别人了"（A56，HCL）。因而客户关系发展团队成员的成就感很低，时间一长工作热情就大幅下降，且对配合跟进的部门和人员心生抱怨。新任 DMF 主管 HYM 认为，"在线销售员好不容易找到的商机，自己却不能做，还要眼睁睁看着别人把它跟丢，这是反人性的"（A40，YHM）。

（三）团队警觉与变革行动

DMF 新任主管 HYM 向上级提议赋予 DMF 的每个人员以独立成单的权力，使得利益边界更加清晰，有利于调动工作人员的积极性。高层管理者对 HYM 的提议普遍表示认同，于是研华决定从 2011 年 1 月开始赋予客户关系发展部门以产品销售权，每个成员都背负销售业绩指标，除了发掘与分转商机，都可以将所发掘的小型客户商机直接促成订单交易。不过，公司严格规定：所有 Siebel 数据库中已有记录的客户，客户关系发展部门都不能去做，只能依靠自己的力量去寻找客户名单和发掘新的商机。这一规定使得客户关系发展部门无法获得大量有效客户名单并发掘出足够商机的问题未能得到充分解决。而且，客户关系发展部门自己做单，导致向线下部门分转的商机进一步减少。

第五节　AOL 前期（2011—2014 年）：部门重构

一、从环境变动线索

在 AOL 前期，环境中的有效线索如下。

线索Ⅸ：随着阿里巴巴等集团的高速发展，中国电子商务销售规模成为仅次于美国的第二大市场。既然 B2C 和 C2C 都如此成功，高管们坚信此时在中国发展工业 B2B 市场具有无限前景（资料来自 A37）。此为外部机遇。

线索 X：由于没有有效的客户名单，客户关系发展团队每天要打无数个无效电话，赢单率非常低，士气低迷（资料来自 A1，A10，Be3）。此为内部挑战。

线索Ⅺ：在线销售人员的定位是辅助组织内的线下销售力量获得订单，但在业绩分成机制下，单独做单将能获得100%的收益，高于合作分成（资料来自A13，Be5）。此为内部危机并存。

二、个体警觉

原先从事线下销售工作的 HYM 在 2011 年 4 月接任 DMF 总经理后发现，整个客户关系发展部门士气低落，虽然通过向上级申诉获得了外呼独立"做单"的自主销售权，但并未从根本上扭转积极性不高的局面。这种低落主要来自：

当时 DMF 后期设立客户关系发展是考虑到 Siebel 数据库有一大部分客户是业务员照顾不到的"沉睡客户"，这些客户要是一直得不到关怀，很可能会流失到其他厂家。设立专门的电话呼出部门来唤醒沉睡的客户，发掘其中的商机，只是当初接受 IBM 公司顾问方案时的设想。在实际工作开展中，客户关系发展团队发现他们最大的难题是没有合适的客户名单，通过行业展会获得的名单"（需求）离真正的订单时间还有点远"。客户关系发展员工 YYW 说，"给到我们的展会单数量特别多，但是它不是有效的名单，包括展会去参展的人员也就是好奇，我们打过去后，想了解研华的人比较多，但是有需求的人不多"（A47，YYW）。而通过外部营销工具查找黄页所获得的客户名单中可挖掘到的商机成功率就更低了。

这种情况下，客户关系团队提高赢单率的措施是打 Siebel 数据库里的"沉睡客户"并促使沉睡规则缩短，这在某种程度上与公司对在线部门关系对象为

"广大受众、无远弗届"的定位有些偏离。HYM 这样表述她的看法："你去给销售做服务，去挖掘商机，最后给到了其他的团队，从人性上来讲，它是被动的，它是消极的，运营一两年之后无论原来是多么有能力的人，这个人的状态和他的成果之间不匹配。所以我想就把它（指外呼部门）干掉，全都转移成做销售的"（A16，HYM）。AOL 前期：从线索到变革设想如图 3-10 所示。

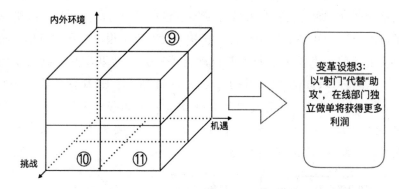

图 3-10　AOL 前期：从线索到变革设想

三、团队警觉

主管 HYM 上任后开始尝试大刀阔斧地改革，她认为赋予 DMF 的每个人员以独立成单的权力，利益边界更加清晰，有利于调动工作人员的积极性。HYM 坦言，"客观上，在线通过参与明确规则，提升了自己在销售系统中的地位"，"在线已经走出了最初的弱势地位"，"在线可以根据自己的努力决定和其他部门的分成，可能是 75∶75，也可能是 100∶50 或者 50∶50"（A16，HYM）。

经过多次坦诚沟通，研华的管理高层认可了 HYM 的提议，并结合互联网技术应用的最新趋势认为发展电子商务是研华科技的必然之路（A12，CSH）。时任大中华区总经理 HCL 说："我们老板一直在 Challenge 我们，全世界中国 B2C 做得最成功，你看每年双 11 多火爆，为什么这个大环境下我们在中国的线上部分没办法成功？我们一直在思考工业 B2B 模式的问题，现在没有一个明确的答案，老实说我们都不知道，但应该有机会在里面"（A61，HCL）。

四、组织变革方案：部门重构

（一）组织结构变革

在 HYM 的坚持和高层的支持下，客户关系发展部门在 2011 年 6 月被撤除，工作人员大部分在经过数月的技术与产品知识培训后陆续转岗至当时规模还比较小（不足 5 人）的 DMF 下设的在线销售部。2 个月后，研华在 DMF 基础上正式组建研华在线业务部 AOL，较之 DMF 阶段最大的变化在于，大部分的营销功能被剥离出去成立了一个单独的中立部门"商机分派代表"，而 AOL 成为一个销售组织（包括自己做单和协助线下获得订单以业绩分成），以直接增加销售收入为主要业绩导向，内部工作人员不再按照营销策划、响应客户、寻找商机、跟进销售等划分，而是把主要人员力量集中到在线销售部。而且，研华 90% 的产品都可以通过 AOL 出售。AOL 内部机构除设有定员很少的在线营销、技术支持和供应链部门，主要是依照工业自动化等三大产品事业群分设在线销售部（其下进一步按区域分设销售团队），如图 3-11 所示。HYM 评价这一变革措施为："这是一个分界点，以前我们做 DMF 只是业务经营模式发生变化，但是现在 AOL 走到了战略层面，在研华 2013—2018 年五年愿景中 AOL 从原来的二线组织变成了一线组织"（A40，HYM）。

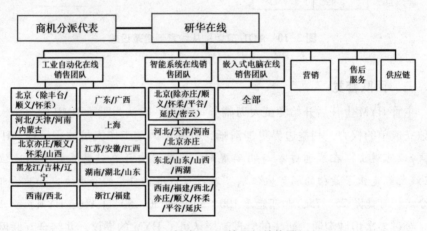

图 3-11 新建 AOL 的组织结构图

资料来源：内部文档资料 Bi2。

（二）战略定位变革

与 DMF 被反复强调定位为"助攻"不同，AOL 的首要任务是"射门"。研华希望 AOL 和大客户部、渠道部一起成为公司最主要的三大销售力量。

AOL 前期强调打造便捷、专业和值得客户信赖的电子商务平台，大力发展研华的在线业务。AOL 的业务核心是，借助电子商务平台吸引数量众多的小型客户，小型客户产生的订单将成为该部门的营收来源。因此，AOL 被赋予这样的使命：建立以客户为中心的电子商务平台，通过网络营销活动产生商机，在未来以电子商务平台为前端，发展特许经营伙伴，其目标优先序排列为：订单交易>品牌推广>大客户培养>提供解决方案。

(三) 商机挖掘方式变革

为了解决 DMF 时期营销活动赢单率过低的问题，研华引入了 IBM 公司新推出的 Unica 数据挖掘系统，为销售团队定制了一个新的商机育成、分派和管理的流程，以此提高在线营销活动的精准性。在这一过程中，Unica 系统对客户数据进行智能化的分析和管理，对客户相关点击事项进行评分，一旦分值累计达到100 分，系统便出现合格商机的提示。随即商机分派代表会结合 Siebel 数据库，依据 Unica 提供的客户信息将商机分转给相应的 AOL 下设在线销售部或线下部门。客户归属认定完全依靠系统中的数据，这大大减少了"新""老"客户判定中的分歧，也规避了商机分转中受自身偏好或私人关系影响的问题。AOL 通过密集的网络营销活动（Unica）不断吸引和刺激用户的购买意愿，并结合Siebel 系统中的客户名单进行商机挖掘。

与 DMF 时期收效甚微的商机挖掘方式相比，Unica 的引进使商机跟进流程的前端环节由人工转为自动化，极大地提高了研华营销活动的精准性。一方面通过召开研讨会、展览，投放电子广告等"吸式营销"方式"集客"，让真正对研华产品有购买兴趣的人会集到前端；另一方面通过投放搜索关键词广告、主动式销售等方式，激发客户咨询。Unica 可以分析和预测客户偏好，并给客户对各类营销活动的互动行为进行评分，该过程产生了一个开口由大渐小的"漏斗"作用，即以公司、事业部及在线部门各种营销活动产生的销售线索为起点，将潜在客户发掘至育成商机的环节，交由系统来自动完成并根据积分制进行信息过滤，直至育成合格的商机。

当客户行为评估积分达到 100 分时，系统认为该商机已育成，于是商机分派代表介入后续的商机分派与管理、商机处理管理中。在这个流程中存在着两个转换环节：一是通过营销活动吸引有购买兴趣的客户进入而产生的销售线索到合格商机的转换；二是从客户有意愿从本公司购买产品或服务的销售商机到赢得订单的转换。研华总部规定，这两个环节的转换率标准均为（50±10）%，即 40%～60%（见图 3-12）。

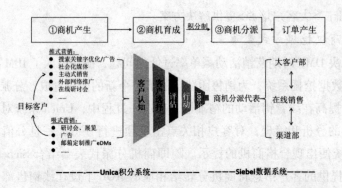

图3-12 AOL前期：商机育成、分派和管理的流程

图表来源：作者绘制。

虽然承担与客户接触的第一道关口的商机分派代表被剥离出AOL，但被过滤后的商机先全部进入AOL，再由其中各事业群/区域下的在线销售员决定是分配给大客户、渠道部，还是自己独立做单。从商机信息的流动上，AOL位于分派流程的前端，具有商机分派上的"先机"。总的来说，移动通信技术的发展让以视频为主的推式营销宣传Demo能够更容易地到达顾客端，也使Web seminar等新型营销手段更广泛地被应用。互联网、移动通信技术等的发展推动了组织营销能力的上升，而Unica与Siebel联合起来的数据挖掘与商机培育系统更是直接实现了"精准营销"。

（四）不同事业部下的产品知识学习

AOL前期以销售业绩为首要考核指标，在线销售员为了获得更多订单，必须掌握不同事业部下各种产品的信息，因为客户往往不是只单买一个工控机，还会买可以相配的I/O卡或者其他替代的产品。AOL时期加强了对行业知识的培训，"改成AOL后，基本每个周末都在轰炸式培训"（A30，HYM）。如果说一个线下业务员需要掌握十种产品信息，那一个线上业务员往往要掌握上百种，不同事业群背景知识的融合使在线业务员在学习新产品、组合新方案时具有比线下业务员更快的速度。

（五）业务流程变革

虽然在AOL建立时，总部设定的愿景中提到"从捕鱼到养鱼"的策略，即通过研华在线业务的发展、精准又密集的营销活动，使得研华可以网罗到偏远的、中小型客户（小鱼）并伺机将其培养成潜在的、面向未来的大型客户。但是，在以销售业绩为主要考核指标的刺激下，产品销售（"射门"）取代了营销（"助攻"）成为AOL的首要职责，其业务员在发现商机后会考虑先自己尝试销售，不管该商机是否属于大客户部门或者自己是否有足够能力成功做单，都抱着"试一试"的心态优先自行销售，不成功后才分转给线下部门，这既造成了销售资源浪费又延误了与竞争对手"抢单"的时机。对此，线下部门很有意见，认为 AOL 人员更愿意把商机留在本部门完成交易，或者截留后进行培育，所以分转大客户业务部和渠道业务部的商机数量才会下降。

对此，线上部门 AOL 人员解释，这是因为有关人员更注重分转商机的质量的结果。不过，线下部门并不认可这样的解释。例如，渠道业务部的业务主管 TF 说："成立在线业务部后，一个月转过来的（商机）不超过两位数，转过来的都是渠道的老客户。"而 AOL 业务组长 YYW 说："DMF 时期的客户关系团队靠别人做单，只要有点商机就都转。现在要靠谱些的才转，帮他们过一手，数量是减少了，质量则提高了。"而事实的确是分转商机数直线下降，以负责工业自动化和嵌入式系统产品销售的北京在线业务部为例，其 2012 年和 2013 年新增客户数占总客户数的比率分别达到 73% 和 68%，超过公司设定的不小于 40% 的标准；2013 年 3529 个销售商机中转换为订单的有 1971 个，赢单率为 56%，但这些赢单中属于分转商机给大客户部和渠道合作伙伴完成订单的仅分别为 13 个和 4 个。2014 年上半年的赢单率为 33.9%，既未达到公司设定标准 40% ~ 60% 的下限，也低于公司同类产品全球各大区在线业务平均 54.6% 的水平。类似地，负责嵌入式板卡销售和智能服务的上海在线业务部 2014 年上半年的赢单率为 38.6%，也未达到公司设定的标准下限。更有甚者，随着在线销售力量的增强与 AOL 实现的销售收入在公司全部收入中比重的上升，AOL 在公司中不再是一个弱势部门，在公司内部划分线上与线下部门间的业务界限、制定线上线下部门之间的业务合作方式与流程等之时，线上部门都参与其中并拥有很大的发言权。

最终，AOL"截和"订单行为逐渐在长期奉行"渠道为王"的研华中引起了反弹，工业品销售中对业务员知识能力的要求远远高于消费品。线上部门独自直销，容易（尤其在企业面临激烈的市场竞争形势下）在"尝试销售、未果再转"中出现把好的商机跟丢的情况。公司在创立 AOL 的愿景中提出"从捕鱼到养鱼"策略时，明确线上部门"在服务中小客户的同时，要培育潜在大型客户，并服务于公司营销战略"，但是因为销售业绩的强激励，线上部门采取了以"捕鱼"取代"养鱼"的行动。这造成了线下部门的合作意愿减弱，双方的协作水平降低，对抗环境动态变化风险的能力减弱。

五、行动中的调整：施行渠道联盟计划（AECP）但失败

在 AOL 前期，销售业绩增长迅猛，研华借机想趁热打铁，制订以在线渠道部门为驱动力，与其他渠道伙伴共同发展、共生共荣的渠道联盟计划（Aonline Engaged Channel Partner，AECP）。A＝AOL 部门，即借助该部门的网络与电话优势，实现研华公司无所不在的营销优势；E＝Engaged，即在选定的销售区域和产品线中，结合 AOL 的营销和业务优势对渠道伙伴实现激励；C＝Channel，即线上与线下渠道职能的区分是关键，线下的渠道专注负责库存、物流与售后服务；P＝Partner，即最终在该计划的实施中，研华公司与渠道商是优势互补的合作伙伴，共同成长。

具体的操作步骤是：从既有的渠道伙伴中挑选合适的 AECP 人选，明确定义该 AECP 的负责版图（产品线、销售区域）以及如何与 AOL 进行合作，将 AECP 的主要任务设定为完成 AOL 分转出的订单的出货并且挖掘自己负责版图内的未被注册的新商机。

AECP 的核心目的是获取渠道商手中的客户名单（DMF 前期、后期均做过尝试），在线销售员每个月或者每两个月都会来追他们拿一笔新的名单出来，但渠道商还是存在顾虑，不愿共享该资源，因此 AECP 计划收效甚微，以失败告终。

第六节　AOL 后期（2014—2018 年）：融合发展

一、环境变动线索

在 AOL 后期，环境中的有效线索如下。

线索Ⅻ：AOL 所发掘的商机（新增客户数）的增长率放缓，无法达到设定的年度目标。可获得的有效商机数趋于饱和，销售额后续增长潜力堪忧（资料来自 A28，A32，Be4）。此为外部挑战。

线索ⅩⅢ：由于销售产品重叠，自 AOL 设立以销售为主要目标之后，当有的可能成为大客户的订单接入时，AOL 为了完成自己的销售业绩往往先尝试自己做单，若失败后再转给线下部门，耽误了有效订单的"时机"。AOL 不断抢夺线下销售渠道的市场份额，招致不满（资料来自 A28，A36，A38）。此为内部

挑战。

线索 XIV：工控行业的销售模式逐渐转向产品集成或解决方案（资料来自A34，A36，A39）。此为外部危机并存。

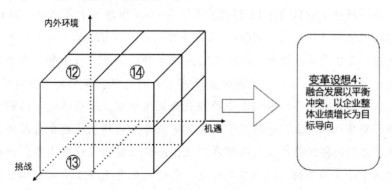

图 3-13　AOL 后期：从线索到变革设想

二、个体警觉

经历了三年发展，以销售业绩为导向的 AOL 迎来了瓶颈期，一方面收入增长放缓且后继乏力，另一方面线上线下部门间的冲突不断加大。自 2014 年起，AOL 的发展开始给管理层带来了较大的压力。

首先，AOL 所发掘的商机（新增客户数）的增长率放缓，无法达到当年年初的预期目标，由此相应地带来 AOL 向线下部门分转的商机量以及 AOL 自身所实现的销售收入未能保持预期的增长态势。AOL 销售额后续增长潜力堪忧。对比 AOL 销售额在过往数年间的快速增长，研华高管对未来 AOL 能否保持销售收入快速增长态势存疑。工业自动化产品由于具有很强的技术复杂性，涉及众多技术参数指标，又需要现场应用进行匹配和选型，因而单纯的在线直销会遇到很多挑战。

其次，线下部门对 AOL 戒心很重，以消极姿态应对研华的一些政策措施，特别是，始终不肯把手中的大量小客户信息录入公司的 Siebel 数据库中。尽管研华一再强调对于线下部门无力或者没有兴趣关注的小客户，研华通过在线部门集中做些营销活动，发掘到商机后转给线下部门来做，但线下部门仍然普遍不愿共享客户信息。还有，之前曾设想未来将线下部门联系的大批代理商转变为售后服务商，但在经过数年观察之后，研华发现：一半以上的代理商不具备为客户提供增值服务的能力，由于自动化行业技术的复杂性，这种能力也不是短期之内可以培养起来的。另外，研华 90% 的产品可以通过线上部门销售，这给线下部门以很大的压力。此外，制定的线上产品报价与售价相对更高的政策令客户无法理解，也招致 AOL 业务人员的不满。

种种组织内部的压力冲击着管理层的警觉神经。2014 年年初，总经理 CSH 退休，由原负责工业自动化 IA 和智能系统 Isystem 事业群大客户销售的 HCL 继任。他在访谈中这样表达了困惑："（在中国大陆推进 B2B 线上业务）有很多问题。我想，是不是在这个大环境中 B2C 可以成功，但 B2B 线上部分需要采用其他方式才可以前行？当然，研华自身还有很大的包袱，我们线下做得太成功，比如，实体销售的业务和我们本身的经销商渠道很强。那这些线下的销售要如何与电子商务相辅相成，达到不管是在整体业务量的增长还是公司品牌上的增长？现在我们的情况是线上的业绩有增长，而且比实体（线下业务）的增长更高，但这不是我们要的。我们想要的是，它还可以怎么给本公司整体业务带来更大的增长，让我们线下业务可以降低成本。所以，我们在探讨究竟是哪些部分出了问题？"HCL 认为："在线业务不能破坏渠道利益，这会造成对组织整体的伤害"，并鼓动其他研华高管和销售部门经理开始思考如何对 AOL 进行重新定位。

三、团队警觉

由销售功能重复定位引发的线上线下的冲突逐渐让高层管理者认识到，"线上业务的迅速发展是在蚕食我们的（线下部门）销售份额"（A48，YMQ），虽然在变革过程中研华提出了许多可以促进双方合作共同做单的举措，但是都并未被采纳。研华中国大陆区副总经理 BCZ 评述说："其实谈得都挺好，但最后落不了地。"在这样不断交互的信息加工之后，中层管理者们认识到变革的必要性，开始积极提出变革设想："我想我们的转变是肯定的，不会单纯是一个业务组织，目前它是一个单纯的业务组织。我觉得也是这几年我们交了点学费。事实上，它扮演的功能应该是公司很重要的一个窗口"（A57，BCZ）。

四、组织变革方案：融合发展

（一）部门间关系调整

2014 年年底，研华将独立建制的在线部门"打散"纳入区域事业部的矩阵式结构中，将 AOL 与区域事业部连接起来，所有在线销售员需要向 AOL 和区域的线下部门双线汇报。区域主管有权决定辖区内在线销售团队的商机分转，如图 3-14 所示。

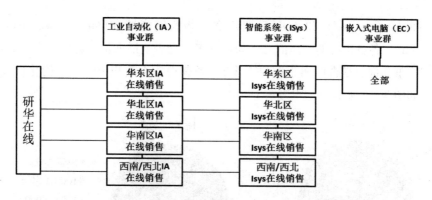

图3-14　在线销售团队的双线汇报示意图

资料来源：根据内部文档资料（Bc5，Bi3）整理。

与此同时，伴随着物联网、智慧城市、云计算等应用在现阶段的深入开展，研华的另一个重要的发展方向则是步入各种不同的垂直市场，为一些具体的行业应用领域提供解决方案来进一步为客户提供更多服务。为了更好地服务不同类型垂直市场的应用需求，顺应市场的快速变化，研华在企业内部也同时进行着组织架构上的优化和调整。通过研华2013年独立成立的智能系统子公司，专门针对不同的行业应用，如数字医疗、数字物流、智能零售等，进行更加深入的整体解决方案的产品开发及客户服务。此外，当AOL更多地承担起营销智能后，研华开始将一些在线销售机会转给行业第三方交易平台中华商城，但并未获得显著效果，该项计划搁浅。

（二）功能重新定位

研华重新定位了AOL的功能，将其从单纯的销售业务组织重新确认为以营销功能为主的功能定位，也是以品牌推广为首要目的，借助公司品牌及产品品牌的在线推广，赢得更多的客户。在重回营销职能之后，AOL的一项提升是通过为客户提供增值服务来强化其"吸式"营销功能。例如，考虑到研华提供的是技术含量和复杂程度很高的自动化产品，研华从客户的角度出发提供丰富的在线服务工具，诸如介绍产品使用快速入门的手册和一些技术文档资料，说明各类产品的用途、优势及适用条件的资料，介绍研华产品使用方法及应用情况的录像片资料等。由此，线上与线下部门的跨界合作，从利益分配、协作培训、交互学习进入履约过程"协同团队"建设的新阶段。这种协同的一个例子是，一些产品（电力、机械自动化等等）本身的技术性和行业进入有壁垒，在线团队没有办法直接去销售，就与线下业务紧密跨部门合作以进入。

我们尝试使用Python语言抓取DMF时期建立的研华Estore（http：//buy.

advantech. com. cn/）和 AOL 后期建立的物联网商城（http：//www. iotmart. com. cn/）各自出售的产品信息（如产品名、是否电话询价、价格、库存数量、区域、事业部、是否归属于解决方案），各获得 334 条和 291 条结构化产品信息，如图 3-15 所示。

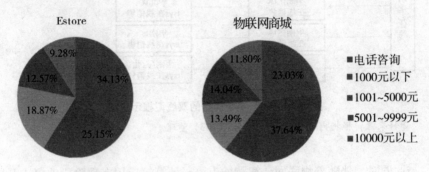

图 3-15 Estore 和物联网商城产品价格分布对比

图表来源：作者绘制。

　　需要电话询价的往往是产品型号较多，需要与其他产品配型才能销售的配件，如发热终端、评估套件等。1000 元以下最多的是 I/O 卡，偏标准化的数据采集工具。1001～5000 元中汇集了模块、机箱、主板等，5001～9999 元的区间里解决方案最多，剩下的是低配置的工业电脑，10000 元往上以工业整机为最。Estore 中电话询价的产品比例 34.13% 要大于物联网商城中的 23.03%，非标准化的产品占比更大，而物联网商城中则销售了更多的解决方案。

　　对比可见，AOL 后期与前面所有阶段在指向的目标客户上有很大不同，定制化的、需要多产品线合作、线上与线下协同以服务的 Deep & High "深耕" 客户，替代了偏标准化的 "Far & Wide"（无远弗届）。为了服务垂直行业，需要在各产品事业部、线上线下业务员、各区域中建立合作机制，如线上线下的 "呼高" 策略获取订单，线上部门接收到商机后如何培育以及何时分转，不同事业部的产品如何组合，等等。在不断服务 Deep & High 顾客的过程中，AOL 的协调/合作能力被不断加强。

　　总结来说，与 DMF 时期兼具销售与营销不同的是，AOL 后期以服务 "Deep & High" 客户来深耕行业为目的，其中 High 是指多层次、多渠道开展 AOL 的在线市场开拓行为，利用线上与线下部门互补性的技能来获得更大的订单。一般地，在线销售人员通过电话跟客户接触，"在线销售员有这样一个功能，就是要预约到客户单位更高层级的人，我们管它叫 Call High（呼高）。这样预约的话，马上会让我们派出的拜访人员的身价提高，得到客户的重视"（A57，BCZ）。而Deep是指以提供解决方案为导向，针对一些细分领域内的主题（Selected Topic）提供跨产品线的应用服务，为此，研华在2014年年底建立了物联网商城（http：//www.iotmart.com.cn/），其基本逻辑是集合研华跨事业群的产品和其他合作厂商的产品，如传感器、电表等，共同为物联网产业提供"一站式"的解决方案或产品。该平台具有延展性，为跨界合作提供多种可能性。

（三）业务流程变革

我们将该阶段中在线部门订单生成流程绘制如图3-16所示，当通过营销活动抓取到的潜在的商业机会进入在线业务部门后，商机分派中心将有效的商机分派给对应事业部的在线销售员，若该商机满足在线销售员单独做单的要求，则在线销售员可以自己完成这桩交易，否则的话则将该商机分转给相应的渠道部门或大客户部。在这一过程中，由于研华一直强调"垂直行业深耕"导向以及AOL应当承担培育商机的"养鱼"职能，在线销售员采用"呼高"（Call High）等方式与线下销售员合作尝试打破事业群和产品线壁垒，以产品集成的方式提供解决方案。其营销方式由原来的按事业部将产品分门别类转变为以行业为基本单元进行产品组合销售，由此，客户群体实现了无远弗届（Far & Wide），垂直深耕（Deep & High）和原有的传统大客户的全面覆盖。

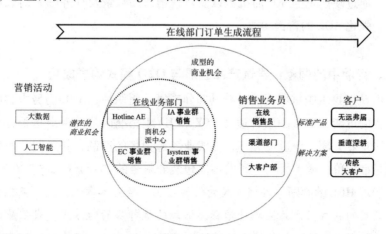

图3-16　AOL后期：订单产生流程

图表来源：作者绘制。

（四）IT系统

研华的管理者们一直对新信息技术保持足够的敏锐度，CSH多次提及，"按照Unica系统打分的商机在运行中往往也不是真正的客户需求，就算是积分满

100，我们电话打过去，对方可能也不是真的要买，这里面可能存在算法不精确的问题。我们也一直在思考要怎么提高营销效率，现在新的技术，如大数据、云计算、人工智能等，我觉得应该可以跟营销领域做一个结合，但目前这一块我们只是在密切关注，等有适合机会再尝试更新，依据技术来思考未来运行中的创新点"（A66，CSH）。

在 AOL 后期，研华弃用 Unica 系统，在高层管理者对新的营销信息系统的密切关注下，得以引入以大数据和人工智能技术为内核的 API 信息系统来助力"行业深耕"与精准营销。

（五）绩效考核指标更新

AOL 后期研华调整在线销售部门的业绩考核指标体系，使指标走向多元化。与上一阶段相比，除了营销活动向销售商机转换的数量和销售商机转换为订单的赢单率不变，销售额的考核占比明显下降，同时对新建有价值的客户数做出每天 2 个、对 AOL 分转商机至线下部门的新客户基本量做出了每季度大于 15 个的硬性规定，并增加了吸式和推式营销活动数及时长这一考核指标。

AOL 后期的绩效考核指标更新与研华强调要"养鱼"（商机培育）而非"捕鱼"有关，也是在高管对行业未来会走向解决方案的集成化的判断之下做出的变革。通过硬性规定分转商机数以及对营销活动数量及（外呼）时长进行量化考核，强化 AOL 的营销功能。

五、行动中的调整：尝试产品区隔与 O2O 模式均未成功

AOL 从销售组织重回营销（兼具部分销售）组织后，AOL 仍努力尝试自己单独销售的可能，AOL 中层管理者 BCZ 和 HYM 相继向公司提出是否可以明确区分大客户业务部、渠道业务部、在线业务部销售的产品，并对同一产品实行相同的标准定价，或者为线上研发不同包装和料号的"专属产品"，单独售卖。但在总经理 HCL 的判断"在线发展的份额可能已经差不多了，接下来我们不能损害到渠道的利益。产品区隔是治标、低端的执行层面的方式，我们应该思考战略层面的根本之源，如何解决结构性的问题"（A61，HCL）下，最终产品区隔的提议未能实现。

兼任主管 AOL 的副总 BCZ 在产品区隔的提议失败后，认识到新任总经理 HCL 将在线销售部门重新打回营销组织的决心，在线组织已走出昔日公司给予极大自由度和支持去探索新模式的地步了。因此，AOL 的经理人们借鉴国内外同行业的营销经验，提议线上与线下部门尝试 O2O 模式进行合作互补，也就是

说线上部门将主要精力放在开发精密营销工具以及吸引客户流量上。比如，通过制作更专业的产品介绍 Demo 和开展形式更丰富多样的 Web seminar 研讨会，吸引网上的潜在客户点击，随即在线销售人员跟进询问客户需求、解答疑问并推介离客户最近的线下销售网点邀请其去现场考察。BCZ 这样形容这一变革设想："AOL、大客户部和渠道部是我们研华的海陆空三军，AOL 就是我们的空军，以最快速度向客户投放我们的产品资料，然后大客户部和渠道部其他两军跟上联合作战。O2O 是一个很好的合作引流方式，可以将这三军联合起来一起作战"（A57，BCZ）。但是这一发端于中层管理者的合作构想并未被研华高层管理者采纳，总经理 HCL 表示："这些年我们一直在探索工业电商的模式应该怎么走，可以说，我们领先于绝大多数厂商做了许多尝试，也取得了一些效果。但是好像那个增长的瓶颈就在现在，我们没法突破。O2O 的模式我们这个行业国内外现在没有特别成功的，中国人讲'谋定后动'，研华现在的目标是要获得整体增长业绩的增加，所以对于投入资源去构建 O2O 这件事，坦白讲现在我们是不打算做的"（A61，HCL）。

第七节　案例小结

在本章中，我们以变革事件为分析元，以变革事件从构想到实施过程中的"个体—团队—组织"为分析框架，对案例材料的四个时序区间进行叙事分析。我们挖掘了研华新设立的在线销售机构不同阶段的线索、变革设想和变革方案（见表 3-7），汇总了其关键变革事件、变革内容（部门组织形态、部门目标以及绩效考核指标）。需要说明的是，在 DMF 刚创立的一两年内，为了给新部门成长空间，研华并未对 DMF 的销售业绩进行考核，直到运行平稳后，才逐渐增加考核项。

表3-8 研华在线销售机构分阶段主要改革方案

线索	变革设想	在线部门变革方案		
		组织形态变化	目标设定变化	绩效考核指标变化
外部挑战 I 内部挑战 II 内部危机 III 外部机遇 IV	服务"无远弗届"客户	单独组织建制,包含客户关怀代表(5人)、在线销售(2人)、营销策划(2人)三个内设部门	关照小客户>品牌推广>培养大客户	分转商机数、销售额
外部挑战 V、VI 内部挑战 VII 外部机遇 VIII	变"被动等待"为"主动出击",外呼寻找客户需求业务增长	单独组织建制,包含客户关怀代表(6人)、在线销售(3人)、客户关系发展(10人)、营销策划(2人)四个内设部门	DMF的目标不只是"助攻"与"品牌宣传",也包括开展在线销售业务,它从单纯的"服务"部门转向"服务与销售"功能混合的部门	新建客户数、销售额、分转商机数
外部机遇 IX 内部挑战 X 内部危机 XI	独立做单获得更多利润	单独组织建制,剥离出商机分派部门(5人),剩余在线销售(12人),营销策划(2人)	订单交易>品牌推广>大客户培养>提供解决方案,和大客户、渠道部一起成为公司最主要的三大销售力量	销售额、新建有价值的客户数、营销活动向销售商机转换的数量、销售商机转换为订单的赢单率
外部挑战 XII 内部挑战 XIII 外部危机 XIV	平衡冲突	矩阵式结构,在线部门与区域事业部进行连接	目标从单具业务纯销售导向转变为兼具业务组织、营销组织、品牌营销多重身份的混合体	新建有价值的客户数及时长,创建推式营销活动(每天2个),分转给大客户的商机数(每季度15个),销售商机转换为订单的赢单率、销售额

图表来源:作者总结。

从 2006 年开始，因为对工业 B2B、"长尾客户"等新概念有着超出同侪的警觉，研华开始尝试推出组织结构、绩效、人力方面各种各样的改革方案，他们自述这是一个"摸着石头过河"的过程（A30，HYM）。通过回顾研华自 2006 年开始增设在线销售部门之后的系列变革，我们可以看到研华公司具有高度的组织警觉。在面临"存在 20%（长尾理论）小型或偏远的购买意愿，互联网思维和技术可以将其聚合""消费品电子商务爆发式增长，工业品电商是否能够同样地获得这样爆发式增长的可能"等不确定环境下，主动地进行各种具有创新性的变革尝试，并在行动中进行调整。

我们将案例中四个阶段的过程绘制成图 3-17，由此发现：变革构想都起源于组织内部或外部富有机遇、挑战或二者兼而有之的线索，由个体警觉到团体警觉将线索转化为初步的变革设想，随后通过组织结构调整等方式逐步实现并修正。这个过程被多个细微的线索的组合所激发，其中组织外部环境中的线索多因高层管理者通过外部网络关系而注意（包括行业发展新趋势、新的信息技术发展等），而内部环境中的线索来自高层管理者、中层管理者和基层管理者，内部线索多来自实践过程中的合作压力、业绩划分和组织身份合法性问题。需要注意的是，同一时序区间的线索往往不是同时产生的，在变革行动中也源源不断地产生新的线索（各小节"变革行动中的调整"中有叙事），表 3-7 中录入的仅是对后续组织变革行动产生影响的线索。另外，变革过程中包括组织结构、人事安排、技术支持等要素变动。图 3-17 中虚线框里为当前阶段的在线销售组织形态：从新设立的下含三个子部门的单独建制→增设客户关系发展子部门（外呼）→将商机分派职能剥离出，重组成为基于事业部分类的在线销售机构→取消在线销售的单独建制，将其与线下传统销售部门按区域和事业群整合在一起。在这个过程中，在线销售组织工作人员数量不断增加。

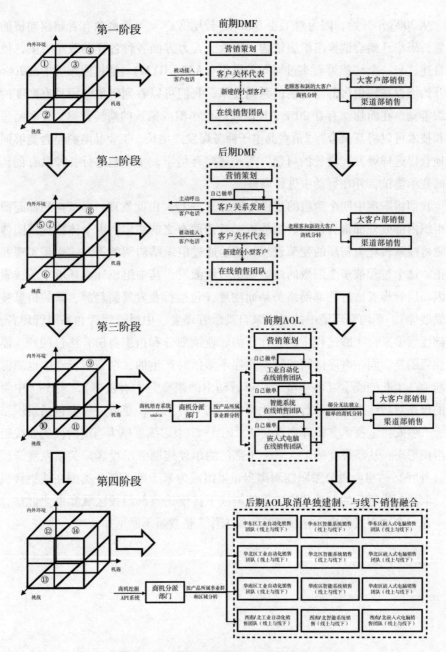

图 3-17　四阶段线索与组织结构变革汇总

从变革结果上说，研华销售组织的这一系列改革行为的产出表现为销售业绩变动，客户数持续增加。图 3-18 总结了产出变化：2009 年（DMF 后期）以前，作为新增设的营销与销售组织，DMF 不背负销售业绩指标，其在线销售人数和新增小客户数逐年缓慢增长。从2009年到2014年，在线部门的销售业绩快速增长，在线部门实际的销售业绩占整个大中华区的业绩的比例逐年提高，也就是说，在线部门在公司的销售地位越来越重要。2014年在线部门进入AOL后期之后，AOL被重新定位为兼具营销和销售功能的组织，在公司战略的调控下，在线部门不得不让渡一部分可以在线完成的订单给线下部门，因此其业绩占大中华区总业绩的百分比锐减，企稳后逐年缓慢提升。公司新增加的小客户数量呈现逐年稳定增长的态势，在线销售人员数量在由DMF转向AOL时增幅较大，随后趋缓但仍呈上升势，但2014年进入AOL后期之后，人数有所下降。另外一个值得注意的事实是，研华大中华区的销售业绩在2013年之前每年增幅极微量，但2014年大幅提升，这与公司通过在线销售组织的变革向"行业深耕"方向转型获取更大的订单不无关系。

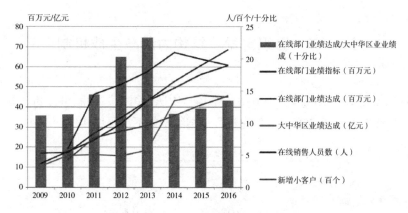

图3-18　研华在线销售组织业绩变化

图表来源：作者根据访谈资料（A13，A42，A56）和内部文档资料（Be2，Be5，Be6，Be8，Be10）整理绘制。

　　总结案例资料，我们认为研华对在线销售组织推出的这一系列变革方案是行之有效的，在线部门不仅自身获得更多订单而且推动了公司绩效的增量，2014年前线下部门快速的业绩增长和大中华区总体平稳的业绩显示出线上部门对线下部门形成了日趋强劲的替代效应，而2014年以后总体业绩的大幅增加则显示出研华"摸着石头过河"的系列变革终于从子部门对业绩的存量的争夺转向共同赢取业绩的增量。

第四章

案例发现

在第三章叙事分析的基础上，本章我们使用过程研究方法中的扎根理论与可视化图式对研华纵向案例进行深入分析，通过对原始数据的扎根，形成精简的概念和范畴，试图自下而上构建理论并生成包含理论解释的"过程示意图"。

第一节　组织警觉：结构内涵与生成机制

依据第三章三至六每个小节中"个体—团队—组织"的叙事分析，我们将案例中四个阶段的警觉产生与传递过程总结绘图如下（见图4-1）。

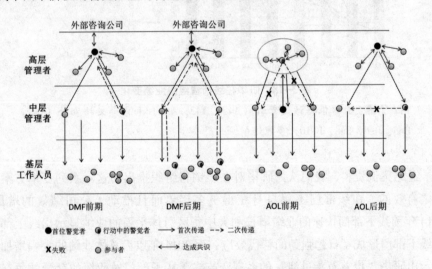

图 4-1　研华各阶段警觉生成与传递示意图

图中黑色实心点代表每个阶段中首位对有效线索发起注意的行动者（首位警觉者），单向箭头为警觉信息的首次传递方向，双向箭头是警觉信息在行动者中达成两两共识或集体共识的标志，半空心点代表警觉传递过程中随着时间变化或事件涌现而被唤醒的警觉者，行动中的警觉者对初始警觉信息进行修正或补充（见第三章三至六每小节中的"行动中的调整"叙述），虚线箭头代表修正或补充后的警觉信息传递方向，×代表传递失败（如第三阶段中行动中的警觉让高层管理者做出在线销售部门应"养鱼"而非"捕鱼"的功能定位，但未被AOL接纳），空心点代表组织中的其他行动者。

我们从微观的行动者角度，即"人"的作用出发，分析四个阶段中警觉的生成过程。

首先，DMF前期的组织警觉来自高层管理者KZL，当他敏锐地意识到可以通过网络互联或电话互联的方式集合广大偏远地区小客户的商机后，通过内外协商后确定变革目标，继而将警觉向下传达，发起变革。而在这一变革进程中，中层管理者洞察了线上线下销售员工合作意愿低的原因，从而提出新的业绩分成方案来解决这一问题。其次，DMF后期时首位警觉者仍来自高管团队，此时因DMF在初创业务的萌芽期，高管团队对其倾注了不同一般的注意力，迅速觉察到由于难以获得客户名单而造成基层员工工作量不饱和、资源有效利用不足的问题，加之对外部环境中存在可通过主动发掘而获得有效商机的判断，公司在DMF中增设外呼团队，这一变革措施在实践中激发了基层员工的警觉，因流程设置只外呼而不能单独做单是"反人性的"（A24，XMY），被消极对待。再次，中层管理者在"上传下达"的中间环节，因外部工业互联网构想的未来和内部的消极抵抗等多方面原因发生警觉，并极力推动了这一警觉向高层扩散，由此AOL被设立。最后，尽管高层管理者警觉到这可能会伤害到公司的整体利益，一再强调要"养鱼"不要"捕鱼"，但这并未成功传递给中层管理者，线上线下部门各行其是，冲突频发。高层管理者对这种冲突可能会持续造成负面后果保持警觉，当这种警觉程度突破他们所设定的心理阈值，变革就发生了。由于AOL增速放缓，且其发展开始蚕食线下销售额，高层管理者对在线销售组织的价值判断发生变化，认为其不符合组织发展的整体目标，因此推行将独立建制的AOL打散纳入与区域、事业部相连接的双线汇报矩阵式组织结构变革。在该变革推行过程中，在线销售部门的管理人员意识到"被融合"是对自身发展的挑战，因此提出多种改善型变革构想，如进行产品区隔、采用O2O模式等，但均未被高层管理者所采纳。

我们用探索式研究的编码思路，对访谈材料进行"自下向上"的归纳与分析，识别出研华在数次变革决策中组织警觉的关键阶段和特征，编码结果共计164条。我们发现，研华组织变革过程中的警觉行为非常丰富。结合组织动态学习过程框架，我们将组织警觉的生成归纳为三个阶段：第一阶段是多点关注，组织内不同层级的行动者分布式地主动搜寻组织内外的线索，基于第四章的分析，我们知道研华销售组织的每一次变革都发源于组织内/外的机遇/挑战线索，多点关注增加了线索获得的可能性，使组织处于较高的警觉水平。第二阶段是跨层互动，包括同一层级内部、不同层级之间以及企业内部和外部咨询智囊团等的互动。在这一阶段组织对搜索到的线索进行识别、信息加工、意义解释、沟通互动并达成共识。这是由个体的警觉认知转换为团队警觉认知的过程。跨层互动包括三方面：一是针对信息线索的跨层互动，包括将相关信息进行对照和非相关信息进行联想；二是针对行动者是否建立通常的跨层互动机制，比如，基层能否具有有效途径向上反映；三是是否具有鼓励发言的文化氛围。第三阶段是敏锐判断，组织在整体的风险偏好下依据组织目标导向敏锐地做出价值判断，其结果变量为变革行为。

组织警觉不是个体警觉的简单加总，而是通过这三个阶段的交互过程，才逐渐聚合成型。下面我们详述组织警觉生成机制中的三个阶段特征与内涵。

一、多点关注

在我们跟踪的、长达12年的研华销售组织演进的过程中，研华共经历了四次重大变革。如前所述，每次变革都起源于组织内部或外部富有机遇、挑战或二者兼而有之的线索，由个体警觉到团体警觉将线索转化为初步的变革设想，随后通过组织结构调整等方式逐步实现并修正。这个过程被多个细微的线索的组合所激发，其中组织外部环境中的线索多因高层管理者通过外部网络关系而注意（包括行业发展新趋势、新的信息技术发展等），而内部环境中的线索来自高层管理者、中层管理者和基层管理者，内部线索多来自实践过程中的合作压力、业绩划分和组织身份合法性问题，并且，同一时序区间的线索往往不是同时产生的，在变革行动中也源源不断地产生新的线索。表4-1总结了引起各变革阶段启动的有效线索组合以及所涉及的组织中不同层次的警觉者。

表4-1　各变革阶段的有效线索与警觉者

变革阶段	有效线索	警觉者
第一阶段	外部挑战 I +内部挑战 II +外部危机并存 III +外部机遇 IV	高层管理者和中层管理者
第二阶段	外部挑战 V 、VII +内部挑战 VI +外部机遇 VIII	高层管理者和基层工作者

变革阶段	有效线索	警觉者
第三阶段	外部机遇Ⅸ+内部挑战Ⅹ+内部危机Ⅺ	高层管理者和中层管理者
第四阶段	外部挑战Ⅻ+内部挑战ⅩⅢ+外部危机ⅩⅣ	高层管理者和中层管理者

环境的变化是客观存在的,但并不是每个人都能知觉或者及时知觉到这种变化,"多点关注"是组织警觉启动的第一步,这与组织动态学习过程中的初始阶段"直接感知"(Intuiting)十分相似,但在概念内涵上更加拓展。我们对案例资料进行编码,"多点关注"包含四层含义:一是"多点"警觉者,即首发的个体警觉产生于组织内部的不同层次。二是"多点"线索,即关注的是分布于组织内、外部机遇或挑战的线索。三是"主动关注",前面我们综述了警觉内涵中是否进行主动信息搜寻的争论,但案例资料表现出了警觉者在信息寻求上具有"刻意搜索"这一特征,如频繁阅读新报纸期刊,利用网络收集信息,频繁学习新的管理理论和新的商业模式,等等。四是信息时序上的"多点",不只是关注既成事实的信息线索,也频繁思考未来时序中的商业构想。

表4-2显示了"多点关注"的编码结果和编码条目数(共61条),组织对外部环境的关注(共27条)包括客户价值、技术发展、消费习惯、行业标杆、利益相关者。组织对内部环境的关注(共13条)包括增长困境、运营中的异常和资源利用。组织的主动搜索习惯(共13条)包括对行业信息、管理知识和商业模式的刻意搜寻,未来商业构想(共8条)包括业务构想和运营模式构想。

表 4-2 "多点关注"编码表

二级编码	一级编码	关键词	典型引用语（示例）	编码条目
多点关注	外部环境关注	客户价值	"在 2005 年之前，研华的小型客户订单金额低，往往被业务员忽视，或者只是作为其'吃不饱的'辅餐"（A8，YZ）	5
		技术发展	"我们刚进入大陆市场时，台湾的技术要领先很多年，但慢慢地，我们发现大陆做工控机的技术也追上来了"（A9，CSH）	4
		消费习惯	"大陆市场与美国完全不同。美国人在家坐着，点点鼠标就下单了，但是我们同样的网站在大陆运行，（浏览之后）打过来的电话大部分是来询价的"（A9，CSH）	7
		行业标杆	"我们也经常关注西门子、ABB 这些行业巨头的动向"（A40，HYM）	6
		利益相关者	"我们要跟经销商搞好关系，谁让大陆'渠道为王'呢？我们要经常关注他们有什么新的需求，尽量配合"（A12，YMQ）	5
	内部环境关注	增长困境	"每年年初我们和高管一起拟定当年的 Quota，都有一定的增长率，我们的任务就是尽力去达到这个增长率"（A30，HYM）	4
		运营中的异常	"HYM（AOL 经理）十分关注商机分派的每一个环节，每天都要询问我们打出了多少电话，过程中有没有遇到什么新问题"（A27，ZY）	6
		资源利用	"Siebel 系统里面一年以上没有与我们有联系的客户就叫作'沉睡客户'，那这个资源放在那里不去动就是浪费的，我们让客户关怀代表去打电话问一问，也许能挖掘到一些新的机会"（A54，CSH）	3
	主动搜寻习惯	行业信息	公司总经理 CSH 在中国工控论坛上，频繁阅读并评论行业内的各类信息（实名制）	6
		管理知识	从 2005 年至今，研华与《哈佛商业评论》、知名院校商学院（北大汇丰、中国人民大学商学院、北航经管等）等合作在全国 40 多个城市开办读书会，号召全体员工学习先进管理知识。最初内部的员工活动转变为研华与客户、合作伙伴等外界交流的互动活动。读书会以书为蓝本，用以搭建管理者经验理论交流平台，实现管理实践创新，阅读书目有《蓝海战略》《从优秀到卓越》《赢》《基业长青》等（A30，HYM；Be3）	4
		商业模式	"工业电商究竟怎么走？现在还是迷雾，但董事长 KZL 总会积极地去设想各种可能的商业模式以及如何应对……老板喜欢吸收新鲜的观念，然后投钱去尝试"（A16，YHM）	3
	未来商业构想	业务构想	"董事长 KZL 和总经理 CSH 都是有很多新点子的人，对于业务有很多想法，他们经常提出不同的创新尝试"（A30，HYM；A41，YHZ）	4
		运营模式构想	"过去是一个产品时代，后来从制造商包揽天下走向了通路（渠道）时代，现在进入服务时代。以往对网络信任不够，电商都没做起来。现在不同了，未来一定会很发达，你不做，他人一定会做"（A54，CSH）	4

二、跨层互动

"多点关注"得到的线索是分布式的、从属于单一个体的，有可能是有效线索，也可能包含噪声，或者是无用甚至错误的线索。从单一个体认知扩散为多个个体间的有效线索共识，是警觉生成的第二步。结合组织动态学习过程框架，直接感知后是"解释说明"（Interpreting），应用于组织警觉则拓展为"跨层互动"，这与第四章叙事分析中的团队警觉相呼应，是对个体线索的分辨与识别、信息加工、意义解释、沟通互动并达成共识的过程。在我们跟踪的、长达12年的研华销售组织演进的过程中，警觉发端于组织中的各个层次的个体，但变革决策发端于高层管理者。一个形象的比喻是，组织是一个"有机体"，高级管理者是"大脑"，警觉的"激发点"可能位于大脑，也可能位于遍布于组织身体的每一个"神经末梢"（基层工作者、中层管理者），被激发的初始警觉被神经系统传导至"大脑"（高层管理者），被识别、判断，最后达成组织的"警觉共识"。而这种上行、下行传递信息的"神经系统"，在组织中表现为跨越不同层级之间的沟通。

表4-3展示了"跨层互动"的编码结果和条目数（共50条），包含三个维度：

其一是重组联想（共18条），即将第一步"多点关注"得到的具有相似性或同领域的信息进行对照，或者是将分属于不同领域甚至看起来毫不相关的信息进行重新组合与联想。

其二是互动模式（共26条），互动模式指代的是同层次行动者之间或跨层次行动者之间甚至行动者与组织外部的利益相关者之间如何进行互动。案例企业建立了多种多样的互动模式，比如，高层与中层管理者之间通过每周工作例会、每月工作总结（邮件）、临时座谈进行互动；高层管理者定期向IBM公司寻求管理咨询建议；中层管理者与基层工作者之间通过每日工作汇报、每周工作总结（邮件）、定期培训、随时反馈等方式进行互动；各层次员工可通过读书会、每年台北举行的Leap Camp菁（精）英成长营等进行全员互动。

表4-3　"跨层互动"编码表

二级编码	一级编码	关键词	典型引用语（示例）	编码条目
跨层互动	重组联想	信息对照	"董事长 KZL 学习了'长尾理论'后，立马把这个 80：20 的核心思想与我们公司的现状匹配了起来"（A60，YHZ）	14
		信息联想	"工业自动化的销售逐渐往解决方案的整合方向变化，我们一直在推行的在线销售是标准品售卖思路，有没有可能线上也卖解决方案呢？听起来好像很复杂，但我想应该有机会在里面"（A66，CSH）	4
	互动模式	高层管理者与外部咨询公司	"IBM 是我们的智囊团，因为大陆区和美国的销售环境太不一样了，董事长 KZL 想要做网上商城时，先去 IBM 咨询看他们有什么建议"（A63，HYM）	5
		高层管理者之间	"公司创始人是创业伙伴，他们经常讨论各种创新的可能性"（A6，YHZ）	5
		高管与中层管理者	"总经理 CSH 非常关注 DMF 的发展，那时候他从台北过来，经常会专门找我开会让我（DMF 经理）'越级'汇报，听我谈对 DMF 运营中出现问题的看法"（A41，YHZ）	8
		中层管理者与基层工作者	"我们每周、每月、每个季度都要做分析总结，把我们所有获得的商机按来源分类，看波动情况。这个总结是要抄送给 HYM 和 BCZ（中层管理者）的，他们非常关注这点"（A21，YZ）	4
		高层管理者与基层工作者	"总经理 CSH 非常随和，他偶尔从台北过来，会专门跑到我们办公室问我们对工作有什么新的 idea"（A16，XMY）	2
		全员互动	"每年六月我们在台北有一个 Leap Camp，中文是研华菁英成长营。会邀请全球范围内的研华精英（部门级领导或者优秀员工）齐聚，大家在这期间互相学习，也是很好的建言纳策的时机"（A4，WY）	2
	互动氛围	文化建设	"公司读书的氛围特别好，CSH 他们总是鼓励我们要分享思想，每周的小组读书会上我们可以畅所欲言"（A27，ZY）	6

　　其三是互动氛围（共6条），建立互动模式只是为组织中的知觉扩散提供通行路径，但信息能否经历跨层互动被加工达成共识认知，还与是否具有鼓励发言的文化氛围有关。在一些沟通机制完善的企业里，文化氛围的保守倾向也会影响互动结果的有效性。

三、敏锐判断

变革决策有机会时间窗口，意味着企业在捕捉有价值的商业机会时面临着时间的压力，因此"跨层互动"形成的团队层面的信息认知在转变为组织层面的行为等结果这一过程中具有敏锐特征，能够在有限时间内对复杂信息进行处理。

"敏锐判断"是警觉生成的最后一步，表 4-4 显示了"敏锐判断"的编码结果和编码条目数（共 53 条），下面包括四个一级编码：目标引领（共 21 条），意为组织发展的目标导向，同一组织的目标随着时间可能会发生变化，例如，案例企业在 DMF 前期呈现出明显的创新导向，公司高层试图在产品、技术或者商业模式上找到创新点，该导向下短期的业绩增长不是首要考虑的，公司鼓励、扶持 DMF 这样的新生事物发展，希望通过引入新的商业模式创新使企业获得持续竞争优势；而在 AOL 后期研华则以公司整体业绩增长为首要目标，从而对不同销售势力进行平衡。价值判断（共 19 条），包括当前信息的利弊分析和价值预估。敏锐分析（共 6 条），包括决策敏锐和行为敏锐。风险意识（共 7 条），包括风险偏好和风险保守，同一组织在运行中的风险意识可能会发生变化。

表 4-4　"敏锐判断"编码表

二级编码	一级编码	关键词	典型引用语（示例）	编码条目
敏锐判断	目标引领	创新导向	"我们总是在思考，看能不能在产品、技术或者商业模式上找到创新点"（A45，HCL）	7
		合作导向	"DMF 给业务（员）一个理念，是合作，不是竞争"（A45，YHZ）	6
		成长导向	"DMF 是公司新成立的部门，刚开始肯定会有各种各样配合上的问题。我们把'沉睡客户'交给他们，就是希望 DMF 可以通过唤醒'沉睡客户'快速成长起来。""我们提高线上业务的层级，虽然对管理者而言更辛苦，但是通过公司总部直接管控，有利于这事业的发展"（A45，CSH）	4
		业绩增长	"AOL 保持了稳定的销售业绩增长，但这种增长是以牺牲大客户部的利益为代价的。我们必须做出调整，使公司整体业绩得到增长才是我们想要的"（A56，HCL）	4

二级编码	一级编码	关键词	典型引用语（示例）	编码条目
敏锐判断	价值判断	利弊分析	"我们老板一直在 challenge 我们，全世界中国 B2C 做得最成功，你看每年双 11 多火爆，为什么这个大环境下我们在中国的线上部分没办法成功？我们一直在思考工业 B2B 模式的问题，现在没有一个明确的答案，老实说我们都不知道，但应该有机会在里面"（A39，BCZ）	12
		价值预估	"过去是一个产品时代，后来从制造商包揽天下走向了通路（渠道）时代，现在进入服务时代。以往对网络信任不够，电商都没做起来。现在不同了，工业电商未来一定会很发达，你不做，他人一定会做"（A45，BCZ）	7
	敏锐分析	决策敏锐	"Timing（时机）很重要，我们（高层管理者）最大的挑战就是如何在有限的时间内快速做出正确的选择"（A63，HCL）	3
		行为敏锐	"当我们产生了一个较为明确的想法后，怎么去快速跟进是非常重要的。你不能犹豫，现在这个社会就是'快鱼吃慢鱼'"（A56，BCZ）	3
	风险意识	风险偏好	"在一个组织中，有新的东西刺激一下，反而是件好事……冲突管理有两种心态，一种是逃避，一种是积极的。比如，我们的变革设计，本来就知道是有冲突，那我们并不想逃避冲突，让它们'正面碰撞'反而可能有意想不到的效果。我们只要把冲突控制在一定程度上就可以了"（A23，QNC）	5
		风险保守	"O2O 的模式我们这个行业国内外现在没有特别成功的，中国人讲'谋定后动'，研华现在的目标是要获得整体增业绩的增加，所以对于投入资源去构建 O2O 这件事，坦白讲现在我们是不打算做的"（A65，HCL）	2

四、整合框架

（一）"前馈"与"后馈"双环：生成路径与扩散路径

我们通过对案例资料的深入挖掘，从过程角度刻画了组织警觉生成的三个阶段的特征与内涵：多点关注、跨层互动与敏锐判断。同时，我们发现组织警觉是一个动态的概念，不只具有从个体到团队再到组织的"前馈"生成路径，也有从组织到团队再到个人的"后馈"扩散路径。生成路径的最终结果催发了组织新的变革行为，扩散路径导向的是组织微观层次上个体的认知模式或注意力分配发生变化。

组织警觉的概念是由创业者警觉（个体）的概念引申而来，组织由个体构成，但组织警觉并不是个体警觉的简单累加。组织是一个有机体，虽然没有"大脑"，但它确实有记忆和认知系统，通过这些功能，组织可以形成并稳定保持特定的行为模式、思维准则、文化以及价值观等，这些是经由多点关注、跨层互动与敏锐判断正向路径生成的组织警觉性表现。以案例中 AOL 前期为例，高层管理者关注到工业 B2B 模式兴起这一外部线索，中层管理者关注到有效客户名单不足、在线销售员在单独做单业绩分成的收益更大的前提下不愿分转商机这些内部线索，通过将这些分散信息连接加工，研华改变了原有思维模式，将以营销为主的 DMF 转型成为以销售业绩为主的 AOL。

另外，组织警觉并不是被动地接受个体警觉的输入，它也有从上至下扩散的传导路径，将组织层面的警觉意识通过跨层互动辐射到组织中的个体。警觉扩散路径将组织"敏锐判断"的警觉物有效传导给相关行动者以提高组织整体注意力，例如，2009 年年底 DMF 建立了外呼部门，因为察觉到在线销售员有"抢单子"行为可能会造成整体利益的损失，组织通过季度总结会议陈述、业务部门介绍 PPT、跨层面对面交流等正式或非正式、书面或口头的跨层互动方式，向线上线下销售员、中层管理者们强化 DMF 的"助攻"定位，从而使行动中的个体将注意力更多地配置于寻找如何更高效地开展合作的内外部线索上来。由于变革行动的实施和组织环境的变化，组织警觉的后馈扩散过程所改变的多点关注基础可能发生变化从而产生新的关注线索，随机再次开启前馈警觉生成路径。通过生成与扩散的"双环"，两种行为之间的循环互动使得组织警觉呈现出持续变化的动态性特征。

（二）驱动因素和结果

由于组织警觉的第一阶段为个体层面的"多点关注"，行为主体是组织中各层次员工。根据案例材料，我们归纳了个人层面的警觉驱动要素，包括社会网络、个性特征和先验知识三个驱动因素。强关系（如同行）和弱关系（如高校等科研机构）的社会网络的建立将会促进行动者的多点关注行为，案例企业中对高层管理者和中层管理者的访谈都呈现出了这一特点。而行动者越是具有创造力，具有乐观、高自我效能感，就越会发生主动搜寻行为以及对内外部环境配置更多的注意力，正如先后继任的两任研华在线销售部门经理在个性特征上的不同引致了她们的警觉度差异。先验知识，包括跟个人兴趣有关（非工作相关）的知识经验以及与工作相关的产品、行业、技术等知识和经验的积累也将有助于多点关注的发生。表 4-5 是对驱动因素的部分证据编码。

表 4-5 组织警觉驱动因素（个体层面）编码示例

二级编码	一级编码	关键词	典型引用语（示例）	编码条目
个体警觉驱动	社会网络	强关系	"一年一度的中国工业博览会是我们的必争之地，我们除了要通过会议找客户，更重要的是在博览会上与同行切磋，多认识一点人，大家互通资讯"（A40，HYM）	4
		弱关系	"我们跟北航、人大、复旦、上海交通大学这些国内顶尖的学校都建立了非常好的关系，总经理 CSH 还在台湾政治大学担任 EMBA 课程讲师。与高校的合作、与学生的交流，除了有一些情怀因素在里面，也是希望可以通过跟这些与我们是不同圈子的人的交流，得到一些启发"（A41，YHZ）	3
	个性特征	创造力	"董事长 KZL 总是有很多新点子，非常喜欢做新的尝试，他是一个想象力和创造力很丰富的人"（A15，YHZ）	5
		乐观	"现在在线被打散进了事业部，说实话我（在线经理）肯定是很受打击的。但是大家都要 professional 一点，要积极一点看待工作。只有先把心态调整好了，后续才可能再去关注有什么机会"（A16，HYM）	4
		自我效能感	"HYM 是北航 MBA 出身，是一位非常自信又很有能力的经理人，YHZ 离职后，领导把 DMF 的担子交给她，她很快就上手并且发现了员工积极性不高的根源"（A57，BCZ）	3
	先验知识	兴趣相关	"我平时阅读量挺广的，管理类的书也看，名人传记、历史类的也很喜欢看。其实跟公司业务没什么关系，但有时候能在关键决策时提供灵感"（A45，CSH）	2
		工作相关	"除了技术和营销知识，一个合格的电商经理还必须具有丰富的产品知识和行业知识。顾客需要的到底是什么？我们需要具备行业内的知识和经验，才能快速洞察顾客需求"（A40，HYM）	4

研华案例显示，组织警觉作用结果包括设立新组织（如设立 DMF）、提出新的变革方案（如改变业绩分配规则）或直接采取变革行动（如直接改变商机分转流程）等，这部分内容我们将在下一节深入讨论。

（三）组织警觉整合框架

图 4-2 汇总了本节的分析结果，我们基于组织动态学习过程框架，从"个体—团队—组织"三个层面描绘了组织警觉的内涵和结构。在动荡的、具有不确定特征的情境下，能够激发变革的有效信息线索呈现出分布式、嵌于互动行动中等特征，单靠组织中某一个个体的知觉已无法对线索进行有效识别和加工以至于产生组织层面的结果。分布式和情境嵌入式的信息表明组织必须对来自多个不同渠道的信息线索进行关联以交叉验证其准确性和有效性，去除噪声干

扰并尽可能降低组织中的信息不对称状况，这就要求警觉的启动环节必须对多种信息的来源渠道保持关注并主动搜寻，同时既要关注当下既成事实的信息线索，也要对未来时序中的商业构想进行思索。从个体知觉到团队警觉共识需要降低分析偏差，将类似可关联的信息线索进行对照或通过群体意识将看似毫不相干的信息线索重组联想是产生有价值的变革构想的前提，在这个过程中具有显性的有效沟通方式以及具有支持沟通的隐性的文化氛围是助力团队信息加工与共识达成的有效保障。敏锐判断是组织层面在有限的机会窗口时间内依据发展目标和自身风险偏好对信息线索的进行价值判断，这三个维度共同构成了组织警觉的内涵，并且，通过多点关注、跨层互动和敏锐判断的正向路径生成组织层警觉，同时也由"组织—团队—个体"反向路径进行警觉扩散。生成与扩散的"双环"在组织变革情境下将被激发，从而使组织警觉呈现出持续变化的动态性特征（见图4-2）。

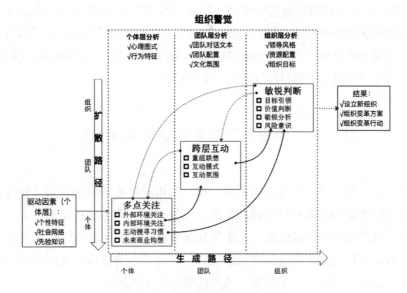

图4-2 组织警觉研究整合框架

在驱动因素和结果上，由于组织警觉的生成机制的第一阶段是个体层面的多点关注，因此行动者的个体特征、社会网络和先验知识将会驱动多点关注。警觉作用的结果包括设立新组织、提出新的变革方案或直接采取变革行动等。

依据组织警觉的三个过程维度：多点关注、跨层互动、敏锐判断以及其所对应的组织层次，我们提出在质性研究中相应的分析策略：（1）针对个体层的多点互动，对警觉者进行心理图式分析或行为特征分析。在现实生活中，由于个体所具有的心理图式不同，行动者对环境中的变化的感知与判断也会不同，对心理图式的分析有助于推断出警觉者的注意力配置和未来商业构想，对个体行为特征的分析可以判断其是否具有主动搜寻习惯。（2）针对团队层的跨层互动，可以通过对访谈中的团队对话进行文本分析。此外，对团队配置和文化氛围的观察分析有助于解构跨层互动的模式与氛围。（3）针对组织层的敏锐判断，可依据领导风格、资源配置和组织目标等进行分析。

总结本节，根据图4-2，我们得出如下命题：

命题1：组织警觉是一个多维构念，其三个维度为多点关注、跨层互动和敏锐判断。具体地说，多点关注指的是对当下及未来时序中的组织内外部环境的注意力分配以及主动搜寻行为，跨层互动代表了组织内不同层级间的信息沟通方式和沟通氛围，敏锐判断反映的是在有限时间内依据组织发展目标和风险偏好进行价值判断的能力。

命题2：组织层警觉通过"个体—团队—组织"的多点关注、跨层互动和敏锐判断的正向路径生成，同时也由"组织—团队—个体"反向路径进行警觉扩散，生成与扩散的"双环"在组织变革情境下将被激发，两种行为之间的循环互动使组织警觉呈现出持续变化的动态性特征。

第二节　组织警觉与组织变革的关系研究

为了深入揭示警觉和变革的关系，我们采用了过程研究的视角，研究的重点是揭示结果是如何随着时间而产生的，以及为什么产生这些结果。上一节我们归纳了组织警觉的生成机制，并认为其结果变量为产生新的组织变革方案或行动，但从警觉到变革的过程"黑箱"并未被打开。本节我们将剖析研华各个阶段中"从警觉到变革"的过程，试图说明其运行机制。

本节应用Nvivo11分析工具，运用扎根理论的思路对案例资料进行开放式编码。本书是一个历时性研究，在已追踪的12年时间里，从警觉到变革方案提出与变革实践发生的过程循环往复发生，因此我们以第四章的阶段划分为据，首先对与DMF前期（2006—2009年）相关的所有资料进行开放式编码，从中提炼出主范畴并探讨它们之间的逻辑连接并形成证据链，进行选择性译码，形成一个解释框架（故事线）。其次我们对DMF后期（2010—2011年）再一次进行开放式编码—主轴编码（证据链）—选择性译码（故事线）。第一次扎根形成的初步概念和范畴对此次编码起到指导作用，而对第二阶段的编码主要有两个作用：一是提炼出新的概念、面向和范畴，与之前的编码结果进行比对，增添或修正原始概念和范畴。二是从横向来看，再次形成故事线，与初始故事线进行对比，验证其内在逻辑是否相同。最后我们继续重复这个过程，对 AOL 前期（2011—2014 年）与 AOL 后期（2014—2018 年）进行开放式编码—主轴编码（证据链）—选择性译码（故事线），通过这一螺旋迭代的过程对故事线进行对比和联想分析，以纵向的视角，探讨各个故事线是如何串联起来的，也就是探寻故事线之间的递进关系，形成有层次、纵深概念的故事框架，使构建的理论逐渐趋于饱和。

一、DMF 前期故事线

（一）开放式编码

面对浩瀚的原始访谈材料，我们首先通过"定义现象"将其分解为独立的事件。开放式编码可以处理聚敛问题，用于指认现象、界定概念和发现范畴。"范畴"代表某一个特定的现象，因为它能以某一个概念为中心，把其他种类的概念聚拢成为概念群，或假设出某种关系。

在开放式编码过程中，研究者要抛弃主观偏见，以一种置身事外的态度进行资料分析，以免被已有成果或者结论所限。我们要做的是不遗漏资料中的每一个可能的信息条目，将访谈资料按其自然的样子呈现。我们将研华组织演变第一阶段的资料部分举例如表 4-6，第一栏我们首先"贴标签"，将原始访谈材料解剖成独立的故事、想法或是事件，再给予其可以代表所涉现象的名字。我们在与警觉、变革等有关的词句后面标注"ax"以指代这句话。第二栏定义现象，是对现象，即（ax）指代的词语或句子的初步提炼。第三栏我们将现象"概念化"，这是将前所定义的现象进一步发展完整的概念，多个现象将形成一个概念，加以较为严谨的学术表达，这里我们用"Ay"指代。第四栏发掘范畴和其具体面向，后者代表了范畴的属性在同一连续系统中所有不相同的位置。范畴可以来自资料本身，也可以借鉴其他研究成果，或者由研究者自己命名，我们用"AAx"来指代最终获得的范畴。概念化与范畴化互有交叉，同一个被定义的现象中出现的概念可能分属于不同的范畴，同时一个范畴还包括了多个具体面向，面向代表了范畴的属性在一个连续系统上所有不同的位置，比如，本书中组织学习这一范畴包括营销知识学习、诀窍型知识学习、经验学习等多个面向。经过对案例资料的逐渐贴标签以及概念化，我们最终得到研华 2006—2009 年变革过程中的警觉与变革的 43 个标签和 24 个概念，并最终将其抽象化为 14 个范畴和 23 个面向。

表 4-6　DMF 前期变革的开放式编码（部分示例）

阶段一：研华的变革（贴标签）	译码过程		
	定义现象	概念化	范畴化
研华作为工业电脑的领导者，进入中国的前十几年，由于技术溢价高，作为主打产品的"工控机"利润丰厚。近年来由于技术进步（a1）以及同类竞品变多（a2），利润逐渐变薄	a1 工业电脑技术进步产生威胁 a2 同类竞争者变多	A1 关注增长困境（a1，a2）	AA1 多点关注（A1）
总经理希望能找到新的利润增长点，经常在各种场合呼吁管理者提出创造性设想（a3）	a3 鼓励发言的沟通氛围	A2 沟通氛围（a3）	AA2 跨层互动（A2）
在 2005 年之前，研华的小型客户订单金额低，往往被业务员忽视，或者只是作为其"吃不饱的"辅餐（a4）	a4 有价值的小型客户被研华忽视	A3 客户价值判断（a4）	AA3 敏锐判断（A3）
董事长 KZL 认为，将电话中心改组成一个新的部门，用来服务这些地理位置偏远、经销商照顾不到的客户，将为公司带来业绩增长（a5）	a5 决策者对目标客户的认知发生改变	A4 能带来业绩增长的机会识别（a5）	AA4 机会识别（A4）
2006 年，在内部达成一致的前提下，研华组建业务组织和营销组织两种功能混合的直效行销部（DMF），向小型客户提供更好的服务，并期望通过 DMF 模式创新对一般客户形成最好的覆盖（a6）	a6 组织内部创设直效行销部	A5 创办新组织（a6）	AA5 组织结构变革（A5）
DMF 被设定为负责四类客户，子部门在线销售部可以直接针对小客户完成交易，对于新发掘的大中型客户商机则不能直接交易、必须分转给大客户业务部或渠道业务部去完成交易（a7）	a7 新部门的运行规则设定	A6 设定新的合作/协调流程（a7，a17）	AA6 业务流构变革（A6）

阶段一：研华的变革（贴标签）	译码过程		
	定义现象	概念化	范畴化
为了能让新创立的 DMF 与渠道商和公司内其他业务部门能有较好的配合，研华不断修订业绩分成指南（a8）。在 50：50、75：25 的数次试验后，最终提出创设性的 75：75 的能体现"跨界合作"原理的业绩分成新规则（a9）	a8 管理者希望 DMF 能与其他部门良好合作 a9 跨界合作业绩分成	A7 跨界合作业绩分成方式（a9）	AA7 绩效考核变革（A7）
总经理 CSH 这样看待 DMF 与其他部门之间的关系："引入 DMF 是肯定会有冲突的，它跟公司现在存在的部门之间有一些竞争关系，但是适当的竞争是好的，就跟放一只'鲇鱼'① 进来一样。适度的冲突是好的，只要控制在合理水平上，就能够对组织起到正向作用（a10）"	a10 管理者认为适度的竞争冲突有利于组织发展	A8 竞争与合作同时存在（a8，a10）	AA8 竞合导向（A8）
研华将整个销售组织就比喻成为一支足球队，对 DMF 的定位是"助攻"，是一个辅助的角色，"只要帮事业部把产品卖出去就行了（a11）"	a11 设定 DMF 的战略定位	A9 设立定位（a11）	AA9 战略变革（A9）
董事长自述道："我们每天都在想要如何创新（a12），在公司的哪些店更做出改变、突破，才能让研华更好地发展（a13）"	a12 研华对创新的偏好 a13 研华有较强的发展愿望	A10 成长的冲动（a12，a13）	AA10 发展意愿（A10）

---

① 该处提及的"鲇鱼"语出"鲇鱼效应"，原意是将好动的鲇鱼放入不爱动的沙丁鱼群中，导致后者处于紧张状态而游动，从而避免沙丁鱼窒息而死。一些业界管理者用"鲇鱼效应"比喻个体的"中途介入"对群体起到竞争作用从而激活组织。目前并无数据证明"鲇鱼效应"在实践中的有效性，此处仅代表研华管理者对该效应的看法，不代表本书立场，特此说明。

续表

阶段一：研华的变革（贴标签）	译码过程		
	定义现象	概念化	范畴化
设计 DMF 时，一开始没有让它背负销售业绩指标，让它去自由发展。总经理 CSH 说："说实话我们也是走走看，（a14）只要它不演变成埃及冲突那样严重的事件，我们都可以把它纠正回来。……办法可以改，比如（改革方案）实行三个月之后，发现有问题，改得更好，大家是信服的（a15）"	a14 试错学习，干中学 a15 不对具体行为过多设限	A11 试错学习（a14） A12 容错心态（a15）	AA11 试错机制（A11，A12）
研华 Siebel 数据库技术引入客户管理系统中（a16），用户客户信息的数据化记录，并进行销售人员的客户跟踪记录、业绩追踪等管理（a17）	a16 引入新的信息系统 a17 优化业务流程	A13 IT 系统更新（a16）	AA12 IT 系统更新(A13)
一开始由于在线销售员的"话术"不行，客户打电话进来没有很好的应答，客户就流失了（a18）。另外，研华的产品具有技术专业性，需要"Know-How"的知识，这影响到隐性的专业销售能力。经过不断的培训，在线销售员们的"话术"能力很快被提升，同时行业专属性"Know-How"知识也被逐渐积累，当一个顾客打进来时，在线销售员能够根据客户电话咨询有关产品及服务的询问方式和内容，迅速确定客户的类别（a19）	a18 学习"话术"等营销知识 a19 学习"Know-How"等行业诀窍性知识	A14 营销知识（a18） A15 诀窍知识（a19）	AA13 组织学习（A14，A15）
DMF 前两年刚起步，发展得比较缓慢，到 2009 年就小有成绩了，新增的小客户数量（a20）和在线销售额都有增长（a21）	a20 新增小客户数增长 a21 DMF 销售额增长	A16 客户数量增长（a20） A17 销售额增长（a21）	AA14 业绩增长（A16，A17）

（二）主轴译码

开放式编码中得到的范畴是孤立的，范畴之间的关系有待深入探讨。我们想要得出结论，必须进行关系的建立。主轴译码的作用在于开发范畴之间的关系。"因果条件—现象—脉络—中介条件—行动—结果"是形成证据链的典范模型，我们使用该典范模型将上节所得到的 14 个范畴归类，并进行逻辑连接。最终我们将访谈资料形成了一个证据链，具体如图 4-3 所示。

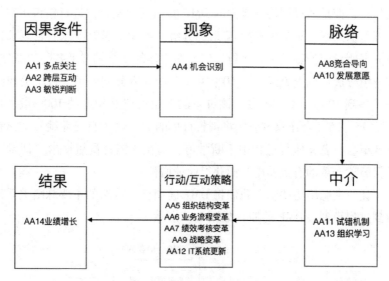

图 4-3　DMF 前期证据链

(三) 选择性译码

上节中的证据链显示了 2006—2009 年研华从警觉到组织变革的过程的基本框架，但这只是一个初步解释，我们将借助"选择性译码"进行深入分析。选择性译码首先要选择"核心范畴"，"核心范畴"是与其他大多数范畴存在关联，并且在资料中反复出现的一类范畴。我们将以案例资料中范畴的频次作为判定核心范畴的参考依据，详见后文。随后我们对核心范畴进行说明、补充和串联，系统地与其他核心范畴进行逻辑联系，并验证其间的关系，并把概念化尚未发展全备的范畴补充整齐。这是一个提炼与统整的过程，选择性译码的结果是一个具有内在逻辑联系、有分析力的、联结核心范畴的完整解释架构。

经过选择性译码后，对研华 DMF 前期进行归纳研究，我们得到一个清晰的故事线。在 2006 年年初，组织内外环境变动的线索引发了研华的组织层警觉，由于高层管理者有着强烈的发展意愿以及主动希望组织处于竞争与合作状态之下的超前管理意识，研华公司发现"用来服务这些地理位置偏远、经销商照顾不到的客户，将为公司带来业绩增长"，这一高层认知的改变导致的结果是研华推出了一个制订详细精密的变革计划，该计划包括五个组织变革子构面：一是通过将本仅有几个话务员的"电话中心"定位为兼具营销与销售功能的直效行销部（DMF）的组织结构变革，二是为销售组织之间设定新的合作流程规则，三是依据合作流程规则（商机分转的数量和金额）设定业绩分成规则与新的绩效考核指标，四是通过明确新设立的 DMF 的四项功能定位进行销售组织的战略变革，五是引入 Siebel 系统进行 IT 系统升级。组织成员被要求日常运营需要按照变革方案所设定的新的流程进行，但又在具体的变革细节上鼓励"试错"。例如，在业绩分成比例上就经历了 50：50（合作双方分别将销售订单的 50% 纳入自身业绩）到 100：100（各参与该订单的单位可将其额度的 100% 纳入自身业绩）再到 75：75（合作双方分别将销售订单的 75% 纳入自身业绩）的试错调整过程。变革参与者在执行过程中不断学习，如在线销售员短期内"话术"的成长等，保障了变革的有效实施从而获得业绩增长。

　　为了让研究脉络更明晰，我们将 DMF 前期核心范畴的主要脉络关系绘图如下，得到过程模型（DMF 前期）如图 4-4 所示。

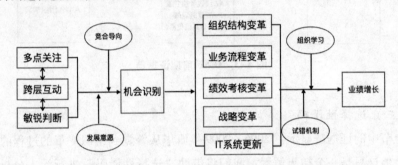

图 4-4　DMF 前期研华从警觉到组织变革的"故事线"

二、后续阶段故事线

　　如前所述，由于本书是一个历时性研究，一条故事线仅概括的是一个时间线内的过程，在其他时间线上是否同样适用？并且，一个阶段的核心范畴抽取存在面向较为单一、未达到饱和状态的问题。因此，我们对 DMF 后期、AOL 前期、AOL 后期三个阶段重复进行开放式编码、主轴译码和选择性译码。

　　首先我们对 DMF 后期（2009—2011 年）的资料进行扎根分析，按照上一小节所述的流程对访谈材料"贴标签"解剖成独立的故事、想法或是事件，以"bx"指代访谈话语，"By"指代现象的概念化，"BBx"指代最终获得的范畴。编码结果（部分示例）见表 4-7，我们最终得到了研华 2009—2011 年变革过程中的警觉与变革的 38 个标签和 22 个概念，并最终将其抽象化为 13 个范畴和 21 个面向。

表 4-7 DMF 后期变革的开放式编码（部分示例）

阶段二：研华的变革（贴标签）	译码过程		
	定义现象	概念化	范畴化
DMF 运行过程中，经销商很不愿意把自己手上的客户名单分享贡献出来，因为他们害怕给我们以后，客户就不再找他（购买）了（b1）	b1 渠道商对DMF 消极对待	B1 内部运营关注（b1，b3，b16）	BB1 多点关注（B1）
这种情况我们（DMF）也没办法，不能强迫他们拿出来，我们跟老总沟通过很多次，也一再向渠道部门表示我们的目的是合作而不是抢夺他们的客户，但都没有效果（b2）	b2 在线销售部就运营中的困境与高管和线下销售部门进行沟通	B2 在线销售部的横向、纵向沟通（b2，b18）	BB2 跨层互动（B2）
最终的结果就一直是有效客户名单不足，DMF 的客户关怀部门不知道往哪里去"关怀"（b3）。所以我们萌生了主动打电话出去找商机的念头（b4）	b3 有效客户资源不足 b4 主动外呼寻找客户	B3 实践行动偏移（b4，b7）	BB3 实践偏移（B3）
2009 年年初，研华高管 KZL 通过与基层工作人员的交流，确认了 DMF 中的客户关怀部门总是在"守株待兔"等着别人打进电话这一事实。"我们去主动找别人，打出电话去找商机，可能还有很大空间"（b5）	b5 主动外呼找寻客户可能存在发展空间	B4 市场价值判断（b5）	BB4 敏锐判断（B4，B12）
直到 2010 年 1 月，研华才在原有 DMF 系统中增添了电话呼出功能，同时增设了"客户关系发展团队"，对外招聘了 10 名销售人员，依照行业为主、区域为辅原则分了 3 个团队，客户关系发展团队成为 DMF 中员工数量最多，战略地位最高的核心子部门（b6）。在此结构变动之前，原客户关系发展员工事实上已经在尝试外呼（b7）	b6 增设客户关系发展子部门 b7 事实上的运营流程变动	B5 子部门设立（b6）	BB5 组织结构变革（B6）

阶段二：研华的变革（贴标签）	译码过程		
	定义现象	概念化	范畴化
客户关系发展团队主动打出电话联系和寻找客户，挖掘商机。挖掘到的大中型商机分转给线下的大客户业务部或渠道业务部，由它们继续跟进；小型客户商机转给DMF内部的在线销售部跟进（b8）	b8 新部门的运行规则设定	B6 设定新的合作/协调流程（b8）	BB6 业务流程变革（B6，B15）
发掘到的商机数和实现的销售额，成为公司对DMF部门及人员考核的关键绩效指标（b9）	b9 绩效考核指标增加了销售额一项	B7 绩效考核变革（b9）	BB7 绩效考核变革（B7）
研华规定，直效行销部（DMF）的基本宗旨是：成为企业与客户沟通的纽带，不断促进中小客户在线交易订单的成交，并挖掘潜在客户及主（b10）。由此，DMF就由先期的被动响应客户转变为主动开拓市场，从而成为以面向中小型客户从事市场营销和电话销售活动为主的营销组织（b11）	b10 部门职能发生改变 b11 部门战略定位发生调整	B8 战略定位调整（b10，b11）	BB8 战略变革（B8）
客户关系发展团队接受了较全面的产品知识、行业知识、销售技巧的培训。学习是一个动态过程，DMF后期的密集培训方式不只是使其在知识储备上获得提升（b12），多方知识的融合、成功案例经验的复制，更有助于提升"经验曲线"，线上业务员在一定时间内获得的技能或知识的速率增加，其中最显著的是能够更快的学习到Know-How型知识（b13）	b12 经验知识获得 b13 诀窍型知识获得	B9 经验知识（b12） B10 诀窍知识（b13）	BB9 组织学习（B9，B10）

阶段二：研华的变革（贴标签）	译码过程		
	定义现象	概念化	范畴化
由于中国销售的商务环境特别，收款比较复杂，这造就了很多的生意模式来自现有经销商，但未来的商业环境是不是依旧如此，这是要打问号的（b14）。所以当 DMF 找到一个商机，我们需要销售人员切入，以很快能够把它拿下来，加速我们的交易（b15）	b14 当前的商务环境洞察及未来构想 b15 在中国特有销售环节中快速反应是重要环节	B11 未来环境结构性不确定特征（b14） B12 销售具有灵敏性要求（b15）	BB10 环境不确定性（B11）
但是在外呼过程中我们发现，当销售人员费尽力气挖掘到一个商机后，往往因为线下销售部门未能及时配合，导致商机丢失（b16），在线销售员心有不甘因此私下尝试直接做单，没想到这种方式却往往能够快速获得订单（b17）	b16 运营中的商机丢失问题 b17 直接做单能够获得成功	B13 实践中创造出新机会（b17）	BB11 机会创造（B13）
DMF 经理向总经理反映了"只分转不做单"这一制度设置导致的员工对抗与积极性降低的问题（b18），总经理认为允许直接做单能在一定程度上引入竞争性思维，也许能激活现有的销售组织（b19），因此修改 DMF 的运行规则，允许直接做单（b20）	b18 中层管理者向高管反馈情况 b19 调整规则将有利于引入竞争激活组织 b20 修改 DMF 外呼规则	B14 竞争性思维（b19） B15 修改业务流程规则（b20）	BB12 竞合导向（B14）
升级后的 DMF 发掘的商机量显著增长，甚至发掘出一些金额较大的商机（b21），线下大客户业务部和渠道业务部从 DMF 那里得到的商机数量和质量都获得了提升，DMF 给线下部门的业绩以不容忽视的实际贡献（b22）	b21 直接发掘的商机订单金额增大 b22 分转商机助力线下部门的业绩增长	B16 在线部门业绩增长（b21） B17 线下部门业绩增长（b22）	BB13 业绩增长（B16，B17）

我们依旧使用"因果条件—现象—脉络—中介条件—行动—结果"的典范模型对开放式编码抽出的 13 个范畴进行归类和逻辑连接，将该时期的访谈资料形成新的证据链，具体如图 4-5 所示。

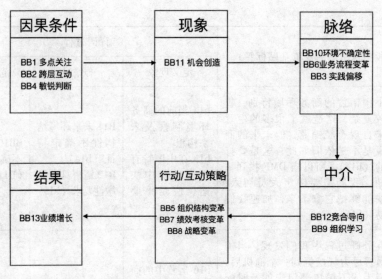

图 4-5　DMF 后期证据链

　　图 4-5 的证据链只是对研华 2009—2011 年间从警觉到组织变革的过程的初步解释，重复核心范畴选取流程，我们将该阶段访谈资料中反复出现的核心范畴进行补充和串联，通过选择性译码对各核心范畴进行内在逻辑联系，最终我们得到研华 DMF 后期的故事线。

　　在线部门的工作人员在经过几年的学习与操练过程后逐渐掌握了话术技巧和一定的产品知识，驾驭现有工作即被动接入电话分转商机已十分轻松。由于线下销售部门不愿意按照规定将它们所有的已有六个月以上未有企业发生交易往来的"沉睡客户"名单交予在线业务部门，导致客户关怀部门可以"关怀"的有效客户不足。DMF 敏锐地察觉到线下部门的这一轻视与对抗心理，因此萌生出主动打电话出去找商机的念头并私下做出尝试，产生实践偏移，即行为过程与变革计划所设定的流程产生了偏移。研华过去所处的商业环境表现出"经销商（渠道）为王"的特点，但未来经营环境是否依旧如此被视为"不确定"，不确定环境下的微观警觉将更容易导致实践偏移。这种微观层面的警觉与实践跨层"上行"被高层管理者获知，遂尝试性地进行组织结构变革，即增派 10 人设立了专门的客户关系发展（外呼）子部门，以及业务流程变革，即要求在线销售部门通过展会、企业黄页等多种方式主动搜寻潜在客户并拨打电话挖掘商机，在这个过程中在线销售部门逐渐获得了一些新的销售工作技巧，比如，如何按照产品性质匹配地区黄页上的潜在客户，或在电话呼出过程中如何绕过前台直达工业品购买决策者，等等。在线销售部门通过增设外呼团队这一子部门并在其运行过程中主动尝试直接做单从而发现直接做单而非分转合作给线下部门往往能够获得更高的赢单率，这一主动性蕴含了机会创造的建构主义思想。随后研华进行绩效考核变革（加大对销售业绩的考核比例）以及调整 DMF 的战略定位，认为 DMF 应从单纯的"服务"部门转向"服务与销售"功能混合的部门。同样地，组织学习使得员工积累了经验知识与诀窍性知识，保障变革的有效实施从而获得业绩增长。DMF 后期核心范畴的主要脉络关系绘图如下。

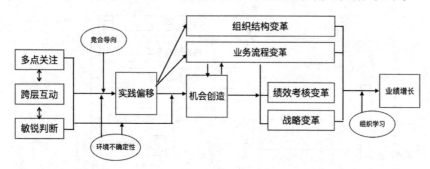

图 4-6　DMF 后期研华从警觉到组织变革的"故事线"

按照同样的步骤，我们对 AOL 前期（2011—2014 年）研华从警觉到变革的过程进行开放式编码、主轴译码和选择性译码，此过程不在正文内重复，开放式编码部分示例可见附录表。通过对访谈资料抽取核心范畴并建立逻辑连接，我们明确了 AOL 前期的"故事线"。

新上任的 AOL 经理 HYM 具有较高的警觉度，其察觉到基层员工工作积极性较低，因此积极推动将客户关怀子部门剥离成单独的商机分派组织负责商机的挖掘、育成与分派，而将客户关系发展子部门转为按事业部划分的与线下销售组织并行的在线销售团队，只负责商机在线上与线下部门之间的分派或直接销售。这一业务流程的变革是以实践偏移为前提的，即由于上一阶段的外呼团队在运行过程中发现大规模的拨打电话获得真实商机的有效性过低，因此将目光投向系统中原有的老客户，并要求将"沉睡"判定时间由六个月改为三个月希望获得更多的客户名单。实践偏移也促使研华进行 IT 系统升级，通过引入 Unica 系统获得更多商机来源能够有效缓解销售部门间关于"沉睡客户"归属的冲突，这一新的信息系统通过"推式"和"吸式"营销两种方式为研华创造了更多有价值的商业机会。组织决策者在依然具有不确定性特征的经营环境下秉承引入竞争激活销售组织获得快速业绩增长的理念对在线销售部门进行战略变革，即从原来以"助攻"辅助线下部门获得商机的战略定位调整为直接做单获得订单的"射门"定位，并对绩效考核方式进行变革，增加对营销活动向销售商机转换的数量和销售商机转换为订单的赢单率的考核指标。组织学习获得的经验型知识与诀窍型知识加速了具有警觉性的子部门发生实践偏移并由此主动建构进行机会创造的进程，也在变革行动的执行过程中发挥作用促进组织业绩的增长。我们在 AOL 前期核心范畴的主要脉络关系梳理的基础上，绘制"故事线"如下。

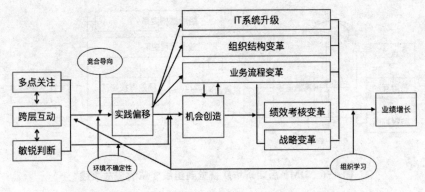

图 4-7　AOL 前期研华从警觉到组织变革的"故事线"

随后，我们继续对 AOL 后期（2014—2018 年）研华从警觉到变革的过程进行开放式编码、主轴译码和选择性译码，此过程也不在正文内重复，开放式编码部分示例可见附录表。通过对访谈资料抽取核心范畴并建立逻辑连接，我们明确了 AOL 后期的"故事线"。

2014 年，外部环境中对工业电商的讨论从标准化产品 B2B 销售转向以产品集成和解决方案为导向的新销售模式，以及内部运营环境中在线销售部门销售额增长乏力，这些环境变动的线索促使高层管理者进行反思，发现从组织整体发展目标来看，在线销售部门 AOL 的业绩增长是在一定程度上牺牲了渠道部和大客户的订单而获得的，因此研华从原来的以内部竞争促增长理念转变为鼓励合作的思路，发展意愿以利用现有资源使公司整体业绩增长为准而非为了进行探索式创新而鼓励或扶持某个单独的子部门发展。组织层的警觉导致了高层管理者对在线销售部门继续单独销售将会蚕食线下部门市场份额这一威胁的识别与确认，这一高层认知的改变导致的结果是研华推出了一个制订详细精密的变革计划，该计划包括五个组织变革子构面：一是组织结构变革，将原来单独建制的在线销售部门 AOL 打散融到区域事业部的矩阵式结构中，将 AOL 与区域事业部连接起来，所有在线销售员需要向 AOL 和区域的线下部门双线汇报。二是改变销售组织内部的合作流程规则，将商机分转的决定权上移到在线销售团队所在辖区的区域主管。三是将服务"无远弗届"（Far & Wide）客户的战略定位调整为多层次、多渠道地服务以解决方案为导向的"行业深耕"（Deep & High）客户，在线销售部门的发展战略又从单独做单"射门"转回"助攻"。四是在组织绩效考核中增加每季度必须分转 15 个及以上商机这类强制性指标以促进合作的实现。五是引入了基于大数据和人工智能为内核的 API 信息系统。各个变革的子构面彼此关联，构成完备的变革方案促使在线销售组织从"单独建制的、以销售标准化产品为主要目的"的变革起点稳定过渡到"矩阵式融合的、以辅助线下渠道部门产生解决方案为主要目的"的变革终点。变革参与者在执行过程中持续学习，如在线销售员打破事业部壁垒学习多种产品知识并由此逐步形成产品组合销售能力，保障了变革的有效实施从而获得业绩增长。我们在 AOL后期核心范畴的主要脉络关系梳理的基础上，绘制"故事线"如下。

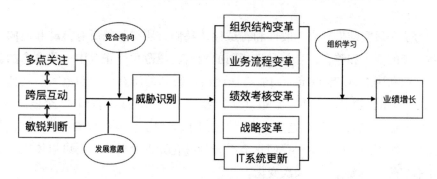

图 4-8 AOL 后期研华从警觉到组织变革的"故事线"

三、纵向迭代与过程模型

（一）纵向迭代的范畴与概念

扎根理论对案例资料的质性分析是一个不断比较分析并迭代的过程，这种螺旋式的比较分析可以使归纳提炼的概念、范畴以及范畴间的关系不断精确。我们对本书划分的四个阶段的访谈资料进行扎根分析，在第一阶段即 DMF 前期总共出现了 14 个范畴和 23 个面向（部分见表 4-6），在后续阶段的分析中，DMF 后期出现实践偏移、环境不确定性和机会创造三个新范畴，已有范畴中出现多个新面向，如多点关注的内部环境关注面向、竞合导向的竞争性思维面向等。在分析到第三阶段（AOL 前期）时仅得出威胁识别这一个新范畴，已有范畴中仅实践偏移出现实践目标偏移这一新面向，这说明范畴的饱和程度已经较高了。当分析到最后一阶段（AOL 后期）时，没有新范畴也没有新面向出现了，这说明扎根理论所提炼的概念与范畴已基本饱和。后续阶段中出现的新范畴和新面向见表4-8。

表4-8 纵向案例分析后续阶段中出现的新范畴和新面向

后续阶段	新范畴	新面向
DMF后期	实践偏移，环境不确定性，机会创造	内部环境关注（多点关注），子部门设立（组织结构变革），实践行动偏移（实践偏移），结构不确定（环境不确定性），竞争性思维（竞合导向），新机会创造（机会创造），经验知识（组织学习）
AOL前期	威胁识别	威胁识别（威胁识别），实践目标偏移（实践偏移）
AOL后期	无新范畴出现	无新面向出现

注：面向栏中（ ）内为所属范畴。

为了使研究结果具有一般性和普适性，我们对所得到的所有范畴和面向进行新一步的修正和整合，合并意义相同的范畴，规范化修正其中一些概念的表述。我们利用Nvivo节点统计功能将迭代最终得到的所有概念和范畴归纳如表4-9，并显示各阶段的自由节点数（贴标签处），总计18个范畴42个概念751个自由节点（见表4-9）。这些自由节点数不仅体现了访谈过程中各范畴被提及的频次有所不同，而且由于我们将节点统计细化到四个阶段，还可以体现该范畴在不同阶段中被提及的频次变化。

从表4-9中可以看到，业务流程变革被提及的总频次要高于其他变革构面，如组织结构变革、战略变革和信息技术变革，同时业务流程变革在DMF后期和AOL前期被提及频次高于另两个时期，业绩考核变革在DMF前提被提及频次最高，而其他变革构面在每个时期的提及频次分布差异不明显；实践偏移在DMF后期、AOL前期分布最多，DMF前期未发现实践偏移，不确定性环境与之类似；竞合导向中，竞合共存在DMF前期、AOL后期分布最多，竞争性思维主要存在于AOL前期，DMF后期次之，利他树（研华强调的合作导向）在DMF后期分布最多，DMF前期次之。机会创造主要存在于DMF后期和AOL前期，机会识别在DMF前期和AOL后期分布最多，威胁识别则只分布于AOL前期和后期。

表4-9 案例范畴与概念总计

范畴	概念	自由节点数量					合计
		DMF前期	DMF后期	AOL前期	AOL后期	总计	
战略 变革	战略定位	4	6	7	7	24	64
	竞争战略	—	3	8	4	15	
	合作战略	5	9	—	11	25	
业务流 程变革	商机分转流程	7	15	17	8	47	101
	部门协作流程	9	17	18	10	54	
多点 关注	外部环境关注	6	8	7	6	27	61
	内部环境关注	2	3	4	4	13	
	主动搜寻	4	1	5	3	13	
	未来构想	3	1	2	2	8	
发展 意愿	成长的冲动	2	2	3	1	8	19
	替代隐忧	—	3	4	4	11	
跨层 互动	重组联想	3	5	4	6	18	50
	互动模式	8	5	7	6	26	
	互动氛围	2	1	2	1	6	
敏锐 判断	目标引领	4	3	6	7	21	53
	价值判断	7	3	3	6	19	
	敏锐分析	2	1	1	2	6	
	风险偏好	3	—	1	3	7	
绩效考 核变革	业绩分成方式	11	4	8	—	23	47
	绩效考核指标	6	4	9	5	24	
竞合 导向	竞合共存	5	1	—	5	11	32
	利他树	3	5	—	1	9	
	竞争性思维	—	2	6	4	12	
组织结 构变革	创办新组织	8	7	5	—	20	50
	组织结构调整	8	6	9	7	30	

范畴	概念	自由节点数量					合计
		DMF 前期	DMF 后期	AOL 前期	AOL 后期	总计	
机会识别	机会识别	4	1	1	5	11	
威胁识别	威胁识别	—	—	3	5	8	28
机会创造	机会创造	—	5	4		9	
业绩增长	在线部门销售业绩	—	7	11	5	23	
	线下部门销售业绩	5	4	2	8	19	65
	新建客户数	5	7	5	6	23	
组织学习	经验知识	—	2	5	4	11	
	营销知识	6	2	5	7	20	52
	诀窍知识	2	4	9	6	21	
IT 系统更新	IT 系统引入	2	—	5	3	10	19
	IT 系统更新	1	—	4	4	9	
实践偏移	实践行动偏移	—	9	8	3	20	36
	实践目标偏移	—	5	9	2	16	
不确定环境	结构性不确定	2	9	9	4	24	43
	经营性不确定	6	7	4	2	19	
试错机制	试错学习	4	6	5	2	17	31
	容错心态	4	5	5	—	14	
合计		145	183	223	178	751	751

为了提高案例分析的信度和效度，我们除了在编码过程中严格按照第三章所述的"研究三角形"进行不同研究人员编码结果相互印证，同时也采用了访谈数据来源（资料 A1~A67），一手文档资料来源（资料 Ba1~Bj1）和二手数据与观察数据来源的"资料三角形"互证。通过多种数据来源对编码结果进行相互印证，表 4-10 显示了部分"资料三角形"范例，本书的编码在访谈数据，内部文档资料和观察数据之间达到高度一致。

表4-10 研华公司不同来源数据的"资料三角形"互证（部分示例）

范畴	访谈数据来源	一手文档资料来源	二手数据与观察数据来源	不同数据来源吻合度
业务流程变革	A1，A5，A6，A7，A8，A11，A13，A15，A20，A21，A24，A30，A33，A35，A36，A37，A46，A51	Bc1-9，Be6，Bf2，Bi1-3，Bj1	在办公室听到的在线销售员接入、呼出电话时与顾客的对话	高度
绩效考核变革	A3，A8，A11，A12，A14，A30，A37，A57，A58，A61	Bb3，Bb7，Bc6，Bc9，Be7	公司大厅电子屏幕显示的每日KPI	高度
组织结构变革	A2，A3，A11，A14，A15，A25，A42，A43，A51，A52，A58，A59，A65	Be2，Be8，Be9，Bi1-3	公司网站和宣传资料	高度
战略变革	A2，A4，A9，A10，A17，A18，A22，A34，A38，A43，A47，A50，A54，A59	Ba2，Ba3，Bd4，Bd9，Bd17，Be1，Be5，Bh1-4	公司网站以及渠道商大会上总经理的讲话	高度

（二）过程模型

上一章我们通过对四个阶段的扎根得出四条故事线，如前所述，由于本书是一个历时性研究，一条故事线仅概括一个时间线内的过程，基于图4-4、图4-6、图4-7和图4-8我们发现，四条故事线可用差别复制和原样复制两种逻辑进行归并迭代。

DMF前期和AOL后期的变革呈现出自上而下计划周密的特点，DMF前期的变革是在组织警觉作用下的"顺势而适"，感知到环境变动的线索并由此发现明确的机会（服务"无远弗届"顾客），并顺应以寻求发展，组织变革方案的推出是决策层认知改变的结果。同样地，AOL后期的变革也是组织警觉作用下的"顺势而适"，警觉促使高层管理形成"在线销售部门继续单独销售将会蚕食线下部门市场份额"的威胁识别，由此决策层制订了一项完备的涵盖组织结构、战略、绩效考核、业务流程等的变革方案，由上而下推行实施，并在实践过程中通过试错机制来实现对变革方案的微调。DMF前期与AOL后期的变革呈现出了由组织警觉激发了计划型变革的原样复制逻辑。

在 DMF 后期和 AOL 前期的变革中实践偏移先行，业务流程在微观层面上首先做出微调，这一行为过程通过实践者的主观能动性创造出机会，从而引发其他关联变革行为的提出与实施。具体来说，在 DMF 后期由于线下部门不按照规定将沉睡客户名单共享，在线部门主动尝试进行外呼寻找新的商业机会并通过直接做单的方式快速获得机会，这一机会创造过程是超出决策者预先设想的，由基层工作者（在线销售员）的实践产生的。新设立的部门 DMF 在度过生存期后，前期通过顺势而适已经成功开发偏远的小型客户的市场需求，由于已沉淀了必要的资源与能力，已不再满足于捕获与识别市场上已有的机会来需求发展，在组织警觉作用下"谋势而创"，主动通过向现有市场提供新服务从而创造全新的市场需求以达到高速增长的目的。同样地，AOL 前期的变革也是在组织警觉作用下的"谋势而创"，通过实践偏移和微观活动的微调创造新的机会从而引发关联变革行为。DMF 前期与 AOL 后期的变革呈现出了由组织警觉激发了涌现型变革的原样复制逻辑。

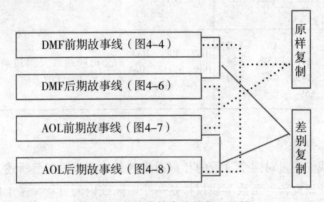

图 4-9　各阶段故事线的复制逻辑

案例中时序上的四个阶段之间存在递进关系，前一阶段的变革方案的结果（包括最初设定的结果和实际达成的结果）往往成为后一阶段的警觉来源，激发新一轮的变革。四个阶段中组织警觉通过促进高层管理者的机会或威胁识别这一"顺势而适"过程而进行自上而下、周密全面的计划型变革，也可以通过激发实践偏移实现机会创造从而引致关联型变革行为发生的涌现型变革，两条变革实现路径呈现出差别复制逻辑。结合以上分析，我们用典范模型的叠加逻辑将四条故事线进行归类和逻辑连接，融合并进行理论化修正后归纳出一个既能阐述案例现象又具有理论解释意义的过程模型，见图 4-10。

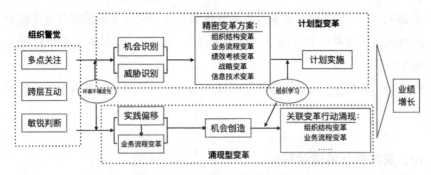

图 4-10　组织警觉到组织变革的过程模型

组织警觉对外部客观机遇或挑战的线索变动的感知力使得组织决策者获得明确的机会或威胁识别，这促使组织采用"顺势而适"的机会开发步骤自上而下制订精密的变革方案与计划，包括组织结构、业务流程、绩效考核、竞争战略、信息技术等构面。这一变革方案的目的是使组织采用非常清楚的步骤从一个稳定的变革起点过渡到另外一个稳定的变革终点，如本书中 2006 年研华将电话中心转变为直效行销部，2014 年将独立建制的在线销售部转变为融合的矩阵式结构。这种顶层设计的变革方式连贯且富有调理，下行要求参照执行，是典型的计划型变革路径。由此，我们提出以下命题：

命题 3：组织警觉通过改变高层决策者的机会或威胁认知而促使组织使用计划型变革路径制订变革方案并推行实施。

组织警觉引发实践偏移使得微观层面的业务流程发生变革，这一行为通过实践者的主观能动性创造出机会，促使组织采用"谋势而创"的机会创造步骤从而引发其他关联变革行为的提出与实施。这一变革过程呈现出自下而上的特点，微观层次的行动者警觉促进了实践偏移，逐步在行动中"上行"改变中层管理者和高层管理者的认知，从而引发关联变革行为。这一变革路径呈现出涌现型变革的典型特点，并且在越是动荡、具有不确定性的环境中越容易出现，因为实践者对持续变动的环境适应时间要远快于高层管理者的认知改变过程，由一个微小的业务流程上的变革逐步累积引发组织战略、组织结构等子构面上的变革，组织也实现了从一个稳定的变革起点过渡到另一个变革终点，但是变革步骤并不是如计划型变革那样清晰的，而是在持续变动与探索中逐渐形成的。正如案例中 DMF 后期与 AOL 前期，由于"抢单子"和"对沉睡客户时间讨价还价"等实践偏移行为的存在，在线销售员发挥能动性私下尝试外呼或直接做单，这些行为推动了在线组织从一个依附型的服务线下渠道的组织转变为成长性强健的独立销售部门。由此，我们提出以下命题：

命题 4：组织警觉通过激发行为者发挥能动性，通过实践偏移与业务流程变革等进行机会创造并引发持续性关联型变革行动，从而使组织的变革路径呈现出涌现型特征。

命题 5：环境的不确定性特征越明显，组织警觉越可能促进组织的涌现型变革行为。

四、实践偏移的微观解释

理想的组织变革路径是按照在战略定位时设计的战略轨迹"自我实施"，在本书所考察的 12 年销售组织演进过程中，出现了多次实际运行轨迹脱离了原设计的路径，并最终演变为新的改革方案的事例，我们把这种行为偏移过程和目标偏移统称为实践偏移。例如，DMF 设计的初衷是服务主动打进电话的小型客户，但在实践中因呼入量太少，工作量不饱和，而更改了行为：主动向外呼出找寻商机。这种外呼行为被研华比喻为"播种"，即广撒网找寻各类客户从而与之发生交易或分转关系。但这条实践轨迹很快又发生偏移，因为在操作过程中基层工作者进行"广撒网"获得的客户质量太差，且"需要付出大量前期努力，低至 2% 的即时商机被发掘出来并立即转出给线下部门，但由于线下业务员往往不能及时跟踪而丢失，时间一长基层工作者就对配合跟进的部门和人员心生抱怨"（A16，HYM）。在这种情况下，DMF 的实践再次发生偏移，开始跟线下渠道部门等针对"沉睡时间"讨价还价，希望获得更多的与系统里已有顾客的接触发掘商机的机会，这种行为稍后表现为"抢单子"，即线上部门利用自己在商机接入前端的有利位置唤醒"沉睡客户"（原来的判定是六个月以上未发生活动为"沉睡"，在线上部门的要求下判定时间缩短为三个月）从而获得业绩分成，或者试验性地尝试做本应该属于线下部门的大客户，蚕食线下销售部门原有的市场份额。

分析发现，从微观层面来看，组织警觉和隐喻式目标是促使微观行为主体发生目标偏移和行为偏移主要原因。下面我们将具体讨论。

（一）组织警觉：偏移外部驱动力

根据资源依赖理论，在组织间的资源交换过程中，组织会采取特定的策略来降低它们对相依组织的过度依赖关系，以达到尽力减少互依中的不对称现象，使双方的权利关系达到均衡状态。以案例事实为例，当 DMF 作为助攻定位依赖于渠道商时，为了维持生存的稳定性，DMF 会通过实施行动以保持与线下部门关系的均衡，这是一个动态的过程，事实上也并不能准确地找到一个特定的均衡点，但在这一动态交换过程中，不均衡状态会无限趋近均衡状态。

我们来讨论案例中不同阶段在线部门与线下部门的相互依赖关系。研华高层管理者在最初设计在线销售部门时，有意识地希望"引入适度冲突让组织活起来"（A3，CSH），未对其与已有的线下销售部门做明确区分，因此线上部门与线下部门存在部分功能重叠，这种重叠引发的"替代隐忧"是前文得出的"发展意愿"范畴的子概念。我们从生态位的研究视角出发，分析线上与线下部门的生态位重叠与分离是如何引发"替代隐忧"，见图4-11。

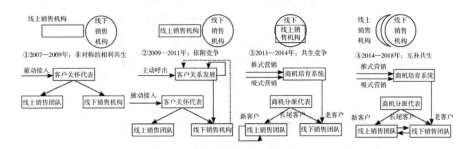

图4-11 四阶段基于生态位视角的分析

DMF前期线上部门已经形成了一套发现商机、分转商机、销售产品的完整流程，客户关怀部门维持"被动响应"，筛选、分转商机给线下销售部门是最重要的考核指标，线上销售处于相对次要的地位（成交金额小且订单量少）。线下销售员依靠线上部门帮他们过滤并跟踪不胜其烦的售前咨询，线上部门依靠与线下销售渠道合作完成设定的KPI，双方在生态位上分离并呈现出相互依存关系，但作为新生事物的DMF发挥作用极其有限，是为线下销售部门偏利的非对称的互利共生（见图4-11中的①）。

DMF后期增设了主动呼出的客户关系发展部门以开拓市场，并增加了"挖掘潜在客户及主动帮助其他业务部门唤醒沉睡的客户（包括沉睡的中小客户）"这一使命，意味着在线部门未来经过数年的发展后不再是线下部门的辅助性支持部门，而是同等重要的营销渠道力量。此时，客户关系发展部门要依附线下销售部门来获取客户名单进行商机挖掘，而直效行销部的目标不只是帮助线下销售机构获得订单与品牌宣传，也包括开展在线销售业务。基于此，线上部门在内部资源和外部客户争夺上与线下销售部门有部分生态位重叠，双方呈现出"依附竞争"的关系（见图4-11中的②）。

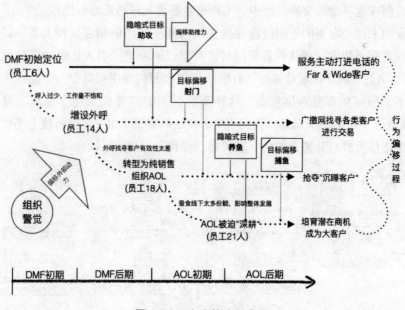

图 4-12　实践偏移示意图

对"依附"状态和客服群重叠的隐忧激发了中层管理者的能动性，在线上部门经理 HYM 的积极推动下，DMF 被撤销，进入 AOL 前期。上一时期的"依附竞争"转换成为"共生竞争"，这得益于商机生成培育系统的引入，将推式营销（广告、电话呼出等）与吸式营销（通过 Web seminar、QQ、电子邮箱等方式给目标客户发送产品信息单页，客户的点击浏览操作将被积分，超过 100 分即为捕获的成熟商机）结合起来，增加了新客户的来源，从客户名单上对线下销售部门的依附关系减弱达到共生状态，但在线销售部的改制使得销售业绩超过商机分转成为最重要的考核指标，形成"共生竞争"局面（见图 4-11 中的③）。

组织内部门间的生态位重叠使得并存的多种销售机构在外相互争夺客户机会，在内争夺人员、资金、政策等资源，引发"内耗"局面，激发了高层管理者的威胁警觉。为了减少竞争的负面影响，公司将在线销售组织纳入双线汇报的矩阵式结构中，人为地将线上线下销售部门的生态位分离，由此进入 AOL 后期。一是将线上部门的目标重新定位为营销为重、销售次之，二是强制性地引入合作机制，如每个季度强制线上部门分转 15 个商机给线下销售部门，要求线上部门用"呼高"方式（在线下工程师实地拜访客户前，线上员工帮助拨打客户电话预约对方更高层次的管理者拜访，从而使线下工程师在上门拜访时更被重视，可能拿到更大的订单）与线下销售部门进行合作，以"行业深耕"为导向提供解决方案，从而增加企业的竞争力。AOL 后期销售组织间的"互补共生"关系是在累积的威胁警觉下顶层设计的结果（见图 4-11 中的④）。

综上所述，从生态位的重叠与分离的分析结果来看，研华公司的在线销售部门与线下销售部门间的相互依赖关系可以归纳为"非对称的互利共生"→"依附竞争"→"共生竞争"→"互补共生"，体现了从非均衡向均衡趋近的动态过程。参考资源的重要程度和可替代程度，这种趋近的过程中行动者的策略可分为四类：防御型、前摄型、反应型和参与型。

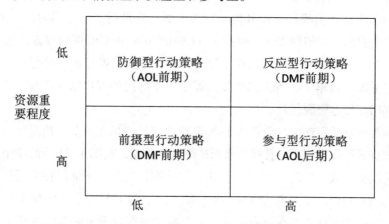

图 4-13 不同依赖条件下行动者的四种行动策略

反应型行动策略是指行动者 A 试图提高自身提供给 B 的资源的价值。行动者 B 在相依关系中占据绝对优势，此时为了实现均衡的互依关系，A 将通过提高其所提供的资源价值的方式来提高 B 对其的依赖程度。由图 4-11 中的①可知 DMF 前期处于非对称的互利共生关系，且最初时因为发挥作用太小被认为是"附生"。DMF 经理 YHZ 回忆道："那时候 KA 们（大客户部）和渠道们认为我们是没有价值的，都不怎么搭理我们。那我们就只能自己提高工作效果，分转有质量的商机，带来实际业绩的增长，这样他们才会慢慢看重我们。"（A60，YHZ）这一非对称的互利共生的依附关系，促使在线销售部门的警觉作用形成机会认知，即"作为初创的组织，必须提高线下部门对我的依赖程度才能获得发展"，因此 DMF 前期在线部门采用反应型行动策略，通过提高分转商机的价值来提高线下部门对其的依赖程度。

前摄型行动策略指的是行动者 A 试图降低对行动者 B 的依赖性，具体做法是行动者 A 通过行动者 B 所提供资源的替代品（或替代性的资源供给渠道）以降低对 B 的依赖程度。由图 4-11 中的②可知 DMF 后期双方呈现出"依附竞争"的关系，在线部门不满足于被动接受系统里的客户呼入（这些客户信息本应该由线下部门提供，但事实上双方存在争议），对这一现象产生警觉并形成机会认知，即"必须降低对线下部门所提供的客户名单的依赖才能获得进一步发展"，为了降低对线下部门的依赖以及提升自己在竞争共生中的地位，DMF 采取前摄型行动策略，外呼寻找新客户的方式来替代对线下所提供的客户名单的依赖。

防御型行动策略指的是行动者 A 试图降低行动者 B 所提供的资源的价值，当行动者 A 过于依赖行动者 B 时，前者可通过降低后者所提供的资源的价值，来减少自身对其的依赖程度。由图 4-11 中的③可知 AOL 前期双方形成"共生竞争"局面，双方在生态位上存在较大重叠，激发了强烈的威胁警觉。因此在线部门通过"抢单子"等方式将原归属于线下部门的客户据为己有，以此降低线下部门的独占资源优势。

参与型行动策略中行动者 A 与 B 未呈现明显的均衡不对称情况，行动者会设法减少其所提供资源的替代品从而稳固互依关系。在图 4-11 中的④中，顶层设计将线上与线下部门置于"互补共生"状态，线上线下部门在共同开发垂直行业的销售新模式中实现营销与销售功能互补、线上与线下（O2O 尝试）合作互补，这一组织状态是在组织警觉作用下高层决策者形成明确的威胁认知（在线部门继续单独做单将威胁到组织整体业绩的增长）后所做的调整。

综上所述，在该纵向案例的不同时间节点，行动者在互依关系的均衡与非均衡、生态位的重叠与分离等信息线索的包围下，由组织警觉作用产生了不同的机会认知或威胁认知，由此催发了反应型、前摄型、防御型和参与型四种不同的行动策略，引发了与战略定位所设计的实现路线不相符的实践偏移。这些实践偏移并非都给组织绩效带来负面影响，相反地，在案例中，DMF 前期、DMF 后期、AOL 前期的偏移都带来了线上销售额的大幅增加（年增长率约30%）和新增客户数的显著增长，这些超出原设计的、"意外"的结果被组织接受并逐渐改进形成新的改革方案，是"涌现型变革"的现实范例。

由此，我们得出以下命题：

命题 6：在生态位重叠与分离导致的互依关系非均衡状态下，中基层行动者被组织警觉推动形成不同的机会认知或威胁认知，从而采用与战略定位时设计的战略轨迹不相同的行动策略（反应型策略、前摄型行动策略、防御型行动策略、参与型行动策略），因此导致改革方案的实践偏移。

（二）隐喻式目标：偏移内部拉力

隐喻是一种交流复杂科学概念的语言工具，著名组织管理学家 Morgan 的思想及作品对隐喻论做出巨大贡献，他认为，只要我们试图用一种经验去理解另外一种经验，那么我们就是在使用隐喻。例如，当我们宣称一个组织是机器，或者一个有机体、一种文化、一种精神牢狱时，我们其实只是关注了组织的某一特定方面而忽略了其他方面。组织管理领域中有许多著名的隐喻，比如，Mintzberg 的"陶匠"隐喻①，Eisenhardt 的"爵士乐"隐喻②。

本案例中，研华频繁地使用隐喻来说明他们对组织内新建立的线上销售部门的战略设想，利用 Nvivo 对案例资料进行词频统计，"助攻"出现 71 次，"射门"出现 81 次，"播种"出现 13 次，"收割"出现 15 次，"养鱼"出现 42 次，"捕鱼"出现 39 次。

隐喻式目标带来了"想象空间"。我们将逐一分析研华使用的三对隐喻式目标。

1. "助攻"与"射门"

研华将公司的整个销售组织比喻为一支足球队，在对新创立的 DMF 进行战略定位时，使用"助攻"一词除了用作加强线上销售员对辅助位置的认知，还有一层隐含之意是用球队比喻的方式打消线下部门对新成立的潜在竞争对手的顾虑。但如前所述，隐喻代表了对某个特征的关注却会忽略其他特征。"助攻"与"射门"的隐喻强调的是 DMF 必须把对线下部门的辅助放在第一位，但并不代表的全部行为都必须在辅助框架之内。具体而言，一支足球队中前锋和中锋承担着射门的任务，后卫和中卫起到拦截攻击，传球助攻的作用。但是后卫和中卫不能射门吗？答案当然是否定的。在足球场上，承担助攻任务的球员在拥有进球时机时，必定毫不犹豫射门，而不是把球传回给前锋或中锋。在 DMF 运行的过程中也出现了同样的问题，"我们辛辛苦苦发掘出一个商机，分转给渠道部门，可是他们没有及时跟进，一天不回复客户就会跑到其他人那里去，商机白白丢失了"（A21，XMY）。

球场上的助攻员尚且可以射门，在隐喻目标下的 DMF 人员受到启发，组织并未限制他们的射门行为，并且，研华用足球队的"助攻""射门"隐喻，向销售组织传递了一个信号，"进球"（获得销售业绩）是组织追求的目标。由

---

① "陶匠"隐喻：经理是手艺人，战略是他们的泥土。经理像陶匠一样清楚手里的材料，能够熟练开展工作——手工塑造战略。

② "爵士乐"隐喻：战略作为一种即席演奏，即演员在真实场景下，进行适应性创新和有效执行的一种方法。

此，在隐喻式目标提供的"想象空间"里，在线销售员的目标和行为都与原来设定的轨迹发生了偏移。

2. "播种"与"收割"

"播种"隐喻出自 DMF 建立对外呼出的客户发展子部门时，是在"助攻"隐喻下的追加隐喻，更加强调行为，即外呼人员必须"广泛地把种子（可能引发商机的信息）播种出去"，与"助攻"隐含的兼具主动与被动辅助不同，"播种"强调的是一种明确的主动辅助行为。但"播种"的隐喻受到了实践者的强烈反对，"外呼100个电话，也许只能发掘2个商机，但我还必须把这两个商机拱手让人，这太反人性了"（A21，ZY）。在线上销售人员（"播种者"）的要求下，研华很快妥协赋予了他们"收割"（单独做单）的权利。这其实是因为隐喻具有模糊性，对行为的限制能力比精确目标更弱。

3. "养鱼"与"捕鱼"

这对隐喻是用作对新建立的 AOL 的功能定位，研华将所有潜在的商机比作鱼，当这些商机通过前端的商机培育、分派系统进入在线销售部门后，线上销售员应该对所有"鱼"（商机）进行判断，如果某条"小鱼"（生成小订单的商机）有养成"大鱼"（成为大客户）的可能性，线上销售员应该"养鱼"（培育商机），具体案例里的事例是，2012 年 7 月，在线销售员 XMY 接到一个只买十块 I/O 卡的小金额订单，在与顾客对话过程中，XMY 发现这是一个潜在需求量可能会很大的客户，十块 I/O 卡是用来做产品开发中的性能测试。于是 XMY 邀请 IA 事业部线下销售员介入这桩交易，由于线下业务员对技术细节更清楚，解答了客户的疑问并在此过程中让客户感受到被重视，于是后面当顾客面临产品大规模投产时，直接来找研华进行合作，做成了一笔大金额订单。

但是在实践中，在线销售员往往很难去判定哪些"鱼"可能会成为"大鱼"，"养鱼"到什么阶段才可以"捕鱼"，隐喻式目标的"想象空间"包含了模糊性，与精准目标比起来，隐喻式目标下的实践者有进行不同意义解释的可能性，以至目标偏移。

通过对以上三对隐喻的分析，我们发现，由于隐喻是用一件事情的经验来理解和经历另外一件事，是概念系统中的跨领域映射（Cross-Domain Mapping），这种映射中包含了情感和想象因素，由此产生了隐喻式目标的想象空间，意即目标具有一定的模糊性。模糊性提高了组织对于变革行为偏差的容忍度，案例中由于这种模糊性的存在研华并未对销售组织间的业务合作流程进行过度严格的审查，而把裁量权下放到部门层面，这就导致中基层管理者的能动性将对实践偏移起到重要作用。从案例资料可以得出，中层管理者在研华从"助攻"转向"射门"的时间节点上发挥了战略性贡献。以下进行具体分析。

研华线上销售部门在 2010 年前由 YHZ 负责，她的工作路径是：Isystem 事业群售后咨询→电话中心话务员→DMF 部门经理。在 2010 年年底，由于 YHZ 离职，HYM 由 IA 事业群下北京地区营销主管调任成为 DMF 部门经理。这两位中层管理者存在以下差别："DMF 部门主管 YHZ 性格温和，不爱与人争，乐于合作"（A16，HYM；A41，YHZ）。在进入研华后，成为 DMF 主管前，她做了四年电话中心的话务员，服务和合作意识特别强。由于之前的工作经历以辅助为主，所以从意识形态上更容易接受"服务于线下部门"的设定，兢兢业业完成对线下部门的配合是她的目标，在客户关系发展团队能不能单独"做单"的问题上对在线销售人员的消极抵触情绪察觉不深。HYM 是一名销售健将，拥有北航 MBA 学位，是工业控制行业最早开始讨论如何开展网络销售的职业经理人之一（在第一届中国工业自动化电子商务大会上做主题发言）。由于做产品销售出身，HYM 对行业动态有着较高的警觉，其自述："我的眼睛就盯着关注产品知识、行业知识，经常思考未来要怎么去销售，我们怎么去扩大经营"（A30，HYM）。这种警觉在隐喻式目标的助推下，引发了实践偏移：HYM 接手 DMF 以后根据经验判断认为"符合人性的做法"是让外呼团队在发掘到可以立即成单的商机后自行运作，于是立马用"我们做单可以大幅提高公司销售业绩"的说辞为"助攻员"争取到了可以"射门"的权利，然后说服上级推动了 AOL 的建立。HYM 具有非常鲜明的个人特性和深厚的销售背景，她奉行"收益—成本"法则，认为"在线的特点是成本低，所以不停地发展"。AOL 的建立与她坚持"做一个纯销售组织"密不可分，"DMF 只是业务经营模式发生变化，但是现在 AOL 走到了战略层面，在研华 2013—2018 年五年愿景中 AOL 从原来的二线组织变成了一线组织"（A63，HYM）。

由此，我们可以得出，隐喻式目标提供的"想象空间"与模糊性是实践偏移"抓手"，提供了内部的拉力，这种拉力激发了中层管理者的警觉，从而推动微观层面的活动（如协作流程）的变动，因而导致涌现型变革的出现。中层管理者不再只是"意义阐释者"，也是"意义构建者"，在实践偏移中发挥战略性贡献。基于此，我们提出以下命题：

命题 7：隐喻式目标提供了实践活动的"想象空间"，助推行动主体产生警觉性从而实现实践偏移。

命题 8：当组织运行中存在隐喻式目标时，警觉性能激发中层管理者对组织目标进行独立于高层管理者的意义阐释与意义构建，从而推动涌现型组织变革出现。

第五章

组织警觉量表开发

本章开始进入实证研究环节。前文在通过纵向案例深入挖掘其组织警觉生成机制的过程中刻画了其基本内涵和结构，但由于单案例存在的理论收敛和自身差异显著问题，一些学者提出应采用多种研究方法进行概念开发与结果交叉验证。[①] 因此，本章我们将综合多案例半结构化访谈、文献法和大样本调查问卷等多种研究方法进行组织警觉量表开发，使用规范的量表开发程序设计初始测量题项，随后通过大规模发放调查问卷收集数据以进行探索性因子分析确定量表的初步结构并进行验证性因子分析确定其结构效度。

本章的研究目的：（1）为组织警觉这一新构念，开发适用、有效且可信的量表。（2）对纵向案例分析的结果之一——组织警觉的内涵和结构进行验证。（3）为下一章组织警觉的变革影响机制的关系验证，提供有效的测量工具。

第一节　量表编制的方法与程序

本书以 Churchill 所提出的以概念界定为基础的量表开发标准流程[②]，即以"确定概念范围→范畴与维度界定→生成测量概念的项目样本池→数据收集→修订简化测量题项→数据收集→评估可靠性→评估有效性→生成最终项"为基础，通过以下三个主要步骤进行量表开发。

首先，建立尽量覆盖内容域的测量概念的项目样本池，通常可采用的方法有实验观察、文献总结、关键事件、多案例深入调研访谈、焦点小组访谈等。本书对多个企业进行半结构化访谈，并结合纵向案例生成的概念内涵与已有测

---

① 陈晓萍，徐淑英，樊景立. 组织与管理研究的实证方法：第二版 [M]. 北京：北京大学出版社，2012：373-374.

② CHURCHILL G A. A Paradigm for Developing Better Measures of Marketing Constructs [J]. Journal of Marketing Research, 1979, 16（1）：64-73.

量文献生成初始测量题项的样本池，随后邀请多位专家针对各题项与测量概念的匹配程度和其与相应概念维度的相关性进行评价与修正，从而生成测量题项。

其次，进行探索性因子分析。通过剔除因子载荷过低、单一题项在两个及以上因子上的载荷较高或删除该题项后 α 系数增高的题项对测量项目进行简化，经过多次维度检验和调整后得到有效结构维度。

最后，进行验证性因子分析，使用题项的内部一致性系数进行信度分析，再通过结构方程模型进行测量题项的效度评价。

第二节　建立项目样本池

一、初步建立测量题项

（一）半结构化访谈

根据研究内容，访谈对象应具有：（1）成熟组织（成立时间在 3 年以上）；（2）在过去几年中由于所处行业、政策环境呈现出一定的机遇或挑战而主动进行变革这两项特征。通过校友和亲友关系网络介绍，我们选择了四家企业进行半结构化访谈。为了保证访谈结果不受影响，我们在访谈过程中并无预设立场，也未提及在纵向案例研究中探索出的警觉概念与维度，以预先准备的半结构化访谈提纲（见附录）进行有弹性的发问，在获得企业发展沿革、行业竞争等基本信息后，主要针对公司的变革事件中，组织内部和外部有哪些线索引起了组织注意，是否有效捕捉到线索，谁最开始提出了变革设想，提出人有哪些特质或行为习惯，最初的变革设想是什么，与最终变革决策是否相同等结构性问题发问，也提出了两个开放性问题：结合企业现实谈谈哪些因素可以促使公司去抓住机会或有效规避威胁？您认为一个警觉的组织应该包含哪些特征？

表 5-1 对访谈情况进行了汇总，访谈对象包括了案例企业的高层管理者（创始人或总经理）和与变革事件直接相关的中层管理者（销售部经理或研发部经理等），应受访者要求不显示姓名。访谈方式包括面对面的访谈和电话访谈，每次访谈时间控制在 30 分钟到 1 个小时，在访谈前一周我们将访谈提纲以微信或电子邮件的形式发送给对方。样本企业处于不同行业（工业电子、互联网快消、创业投资、家装设计），规模大小不一，尽可能拓展初始题项的内容域。

表5-1 半结构化访谈情况汇总表

访谈企业	向日亚实业有限公司	广州市小蓝车网络科技有限公司	无禾原点创业投资管理有限公司	北京柒玖捌零室内设计有限公司
背景信息与历史沿革	成立于2004年7月,早期生产主打产品MQM和MQH型金属化薄膜电容器超高压电容器,该产品应用于彩电和监视器,画面失真的矫正,并广泛使用于国内外生产显示器、电视机的倍压整流,动态聚焦电路中。2012年之前,向日亚是国内唯一一家生产该类产品的专业制造公司,原以钽电容器和铝电容器为主业的其他电容器公司转战薄膜电容器,其利润受到侵蚀,向日亚加大研发投入,在2014年将下游客户数市场份额受到约束。基于此,向日亚将生产厂商拓宽至数码显示器从显示器生产厂商拓宽至数码相机和手机等领域	成立于2014年8月,自主研发网站平台及APP——掌上快销,致力于将其打造为快速消费品本地化的中小商超一站式采购服务平台。公司成立之初的目标是扎根广州、深圳两市为中小商超门店提供供应链服务,连接品牌商直达门店。2015年10月,公司决定将目标客户定位为2~5线城市的门店,通过攻占广东省的这类城市(惠州、湛江、东莞等)初步实现。2016年7月,公司将客户范围拓展到社区便利店,并加速覆盖其他省份。截至2018年1月,掌上快销在广东、福建覆盖15个城市,服务超过5万家门店	成立于2013年9月,由于创始团队在医疗健康领域有着丰富的经验和资源积累,在2017年之前公司主要投资于生物医疗、生命健康等新兴产业中,包括亚盛医药、基石药业、信达生物、奥答达、景昱医疗、朗润医疗、华迈兴微等70余家。从2017年起投资范围扩围到信息技术产业,大力引入博士研究生新战略,并启动人才护航。截至2018年2月,无禾原点旗下六只基金总规模约30亿元(包括VC基金和天使基金)	成立于2012年1月,前身是北京蓝天室内设计工作室,主要承接普通家装服务。公司成立后,业务定位于家庭豪华软装和个性化旧房改造两块并获得快速增长。2016年是微信公众号业务的爆发年份,柒玖捌零意外地通过一篇10W+的家装爆文成为自媒体达人,公众号在"流量经济"的启示下决定改变运营模式,从以往在对点的服务变为通过自家设计师或新媒体方式推介本公司合作关系的设计师,后者一旦成单则从订单金额里提取相应的服务费用
行业	工业电子	互联网快消	创业投资	家装设计
员工数量	500人以上	253人	78人	30人

续表

访谈企业	向日亚实业有限公司	广州市小蓝车网络科技有限公司	元禾原点创业投资管理有限公司	北京柒玖捌零室内设计有限公司
变革决策	2014年目标客户从显示器和电视机生产商拓展到数码相机和手机生产商	2015年将目标客户从定位为超一线城市的中小商超转变为2~5线城市的门店	2017年起投资范围扩展到信息技术产业,并启动人才发展新战略	2016年改变运营模式,从提供被动提供点对点服务到利用新媒体跨界合作"收租"
受访人	总经理、产品部经理	首席运营官(创始人之一)、广东东区市场经理	投资总监、北京区域合伙人	市场总监(创始团队核心成员)、媒体负责人(公众号运营主管)
访谈方式	面对面访谈、电话访谈	面对面访谈	电话访谈	面对面访谈

　　大部分受访人员认为，企业保持警觉对应对环境中的不确定性有重要作用，具有高警觉度组织更有可能开展有效的组织变革。创业者警觉理论表示警觉主要作用于机会的发现等组织变革的最前端环节，受访对象普遍表示在组织变革的后续过程中警觉也在发挥作用。从受访者对两个开放性问题的回答中，我们一共获得74条对组织警觉概念的描述性语句，通过剔除重复的或不适合的描述，最后剩下35条语句。

（二）文献回顾

　　首先，我们对组织层面的警觉研究进行回顾，前面我们详细综述了已有少数几篇关于组织警觉的研究。

　　随后，我们根据本书纵向案例所刻画的警觉结构维度，进行相关领域研究的题项回顾。在"多点关注"维度上，我们参考了Kaish等的阅读警觉维度[①]，Ko等的信息警觉和商业构想警觉维度[②]，苗青的探求挖掘维度，徐凤增的物体信息警觉维度[③]，Li的并行思考维度[④]，Tang等的浏览与搜索维度[⑤]。在"跨层交互"维度上，我们参考了徐亚平的开放思维维度[⑥]，江洪等的企业所处社会网络维度[⑦]，以及注意力三角中的意义构建领域的文献[⑧]，能力构建的网络系统视角的文献[⑨]和团队效能感和团队情绪智力的文献[⑩]。在"敏锐判断"维度上，

① KAISH S, GILAD B. Characteristics of Opportunities Search of Entrepreneurs Versus Executives: Sources, Interests, General Alertness [J]. Journal of Business Venturing, 1991, 6 (1): 45-61.

② 魏喜武. 创业警觉性研究前沿探析与相关命题的提出 [J]. 外国经济与管理, 2009 (5): 8-14.

③ 苗青. 基于规则聚焦的公司创业机会识别与决策机制研究 [D]. 杭州: 浙江大学, 2006; 许凤增. 创业机会识别与杠杆资源利用研究 [D]. 济南: 山东大学, 2008.

④ 屠佳. 创业警觉性对创业机会识别的影响研究 [D]. 西南交通大学, 2012.

⑤ TANG J T, KACMAR K M, BUSENITZ L. Entrepreneurial Alertness in the Pursuit of New Opportunities [J]. Journal of Business Venturing, 2012, 27 (1): 77-94.

⑥ 徐亚平. 创业学习对创业机会识别的影响机制研究 [D]. 杭州: 浙江大学, 2011.

⑦ KAISH S, GILAD B. Characteristics of Opportunities Search of Entrepreneurs Versus Executives: Sources, Interests, General Alertness [J]. Journal of Business Venturing, 1991, 6 (1): 45-61.

⑧ AMASON A C. Distinguishing the Effects of Functional and Dysfunctional Conflict on Strategic Decision making: Resolving a Paradox for Top Management Teams [J]. Academy of Management Journal, 1996, 39 (1): 123-148

⑨ AGARWAL R, SELEN W. Dynamic Capability Building in Service Value Networks for Achieving Service Innovation [J]. Decision Sciences, 2009, 40 (3): 431-475.

⑩ DRUSKAT V U, WOLFF S B. Building the Emotional Intelligence of Groups [J]. Harvard Business Review, 2001, 79 (3): 80-90.

参考苗青的敏锐遇见维度①，Tang 等的评估与判断维度②，Anderson 等关于组织氛围中目标认同的维度③，Covin 等开发的测量公司创业导向的量表中的风险承担意愿维度④，Roundy 等对组织层风险偏好的描述题项。通过文献回顾，我们一共得到 22 个测量题项。

综合上述两种方法，我们将对四家案例企业中的 8 名员工的半结构化访谈形成的 35 条语句和结合纵向案例分析结果进行文献回顾得出的 22 个测量题项进行对照，用语句对已成型的测量题项补充修订，完善表述方式，同时将未在 22 个测量题项中涵盖的语句进行规范化表述和字面修订，最终形成 30 个原始测量题项，见表 5-2。

表 5-2 组织警觉测量构思的原始题项

编号	测量题项	题项来源		
		半结构化访谈	文献回顾	
			年份	作者
1	我们公司主动订阅报纸、杂志等纸媒获取商业动态信息		1991	Kaish & Gilad
2	我们公司主动通过微信公众号、行业网站等互联网手段收集并发布商业动态信息	小蓝车、柒玖捌零	1991	Kaish & Gilad
			2003	Ko & Butler
3	我们公司对行业里的新产品、新技术或商业模式十分关注	向日亚、小蓝车	2018	Roundy et al.
4	我们公司对行业里的竞争态势十分关注		2012	Li
5	我们公司对某些看似不经意的东西保持思考	向日亚、小蓝车	2006	苗青
			2012	Li

① 苗青. 基于规则聚焦的公司创业机会识别与决策机制研究 [D]. 杭州：浙江大学，2006.

② TANG J T, KACMAR K M, BUSENITZ L. Entrepreneurial Alertness in the Pursuit of New Opportunities [J]. Journal of Business Venturing, 2012, 27 (1)：77-94.

③ ANDERSON N, WEST M A. The Team Climate Inventory：Development of the TCI and Its Applications in Teambuilding for Innovativeness [J]. European Journal of Work & Organizational Psychology, 1996, 5 (1)：53-66.

④ COVIN J G, SLEVIN D P. The Development and Testing of an Organizational-Level Entrepreneurship Scale [M] //RONSTADT R, HORNADAY J A, PETERSON R, et al. Frontiers of Entrepreneurship Research Wellesley, MA：Babson College, 1986：628-639.

编号	测量题项	题项来源		
		半结构化访谈	文献回顾	
			年份	作者
6	我们公司经常能在商业环境里看到其他公司尚未察觉的好的商业模式		2007	Ozgen & Baron
7	我们公司经常能够发现未被充分利用的内部资源		2008	徐凤增
8	我们公司对主要竞争对手保持关注	向日亚、小蓝车、元禾原点		
9	我们公司能够发现他人的盲点		2007	Ozgen & Baron
10	我们公司对运营中的异常现象十分关注	向日亚、小蓝车、元禾原点	2006	苗青
			2018	Roundy et al.
11	我们公司经常在大会上谈论对未来的设想	向日亚、小蓝车	2001	Druskat & Wolff
12	我们公司经常参加行业博览会或行业论坛	向日亚、小蓝车		
13	我们公司有鼓励建言的氛围	柒玖捌零	2001	Druskat & Wolff
14	我们公司管理层对基层工作情况十分了解	向日亚、元禾原点	2009	Agarwal & Selen
15	我们公司内部经常讨论行业中的新思想、新现象或新事物	小蓝车、柒玖捌零		
16	我们公司的工作沟通大多可以使用电子邮件等虚拟沟通方式进行	小蓝车、元禾原点		
17	我们公司善于将看似毫不相关的线索重新组合	柒玖捌零	2006	苗青
18	我们公司对外部网络传递的信息十分关注	小蓝车、元禾原点	2009	Rerup
			2016	江洪、许露和杜妍洁
19	我们公司建立了良好的内部建议反馈机制		2001	Druskat & Wolff
20	我们公司建立了良好的外部建议反馈机制	元禾原点、柒玖捌零		
21	我们公司善于利用外部关系网络来获取或求证商业信息	小蓝车、元禾原点		
22	在激烈竞争的市场中，我们公司对危险的直觉通常是准确的	小蓝车	2006	苗青

续表

编号	测量题项	题项来源		
		半结构化访谈	文献回顾	
			年份	作者
23	我们公司善于识别商业环境中的积极变化		2012	Tang, Kacmar & Busenitz
24	我们公司倡导"居安思危"，提醒员工要具有危机意识	向日亚、小蓝车	1986	Covin & Slevin
			1996	Anderson & West
25	我们公司能够预见市场的不好走势		2007	徐亚平
26	我们公司善于捕捉未来可能会出现的问题		2006	苗青
27	我们公司能够及时回应内外部的建言纳策	向日亚、小蓝车		
28	我们公司对未来的积极发展预期往往是正确的		2012	Tang, Kacmar & Busenitz
29	我们公司定期会反思最近的运营	小蓝车、元禾原点		
30	我们公司能够在短时间内对某个具体事例做出判断		2006	苗青
			2007	徐亚平

二、修正后的测量题项

我们使用 Schriesheim 等的量表题项优化策略处理①表 5-2 中的原始题项，邀请三位专家（一位企业管理系的副教授以及两名熟悉创业理论与组织理论的博士研究生）进行校正、筛选与修订。评审工作遵循四个标准：一是确保题项不存在多重语义，修改容易产生歧义的表述，使题项能够清晰准确地反映相应维度内涵。二是针对半结构访谈归纳出的题项，需要确保其表达规范化、通俗化，避免出现难以理解的生僻词汇或只在小范围内传播的"行话"。三是删除不能涵盖组织警觉概念的条目。四是对于从英文文献中归纳出的题项，需要确认其翻译符合中文表达习惯。

在三位专家的建议下，我们进行以下修正。

---

① SCHRIESHEIM C A, CASTRO S L, COGLISER C C. Leader-Member Exchange (LMX) Research: A Comprehensive Review of Theory, Measurement, and Data-Analytic Practices [J]. The Leadership Quarterly, 1999, 10 (1): 63-113.

（1）删除项。删除 7、9、12 三项无法反应组织内涵的题项。

（2）保留项。保留题项 6 为 N5（修正后的量表编号）；题项 17 为 N6；题项 14 为 N8；保留 30 为 N12；保留 26 为 N14。

（3）完善修辞。修改题项 11 的修辞语句为 N4；完善 13 的叙述为 N7；修改 24 的说辞为 N13。

（4）合并项。题项 1、2、3 和 15 为均涉及行业动态不同方面的关注及关注形式，合并为 N1；题项 5、10 和 29 均涉及对内关注，合并为 N2；题项 4 和 8 的关键词为竞争态势，合并为 N3；题项 19 可被 16 涵盖，合并为 N10；合并题项 18、20、21 和 27 关于外部网络关系的表述为 N9；合并题项 22、23、25、28 对市场走势的积极和消极预判为 N11。

在完成修改后，我们再次邀请上述三位专家进行复审，获得一致认可。表 5-3 呈现了最终包含 14 个测量题项的组织警觉构思量表。

表 5-3　修正后的组织警觉测量构思题项

编号	测量题项	题项来源		
		半结构化访谈	文献回顾	
			年份	作者
N1	我们公司通过多个信息渠道密切关注行业发展的新动态，如产业政策变动或新产品、技术的出现	向日亚、小蓝车、柒玖捌零	1991	Kaish & Gilad
			2003	Ko & Butler
			2012	Tang，Kacmar & Busenitz
			2018	Roundy et al.
N2	我们公司经常审视运营中的异常现象，即使是对看似不经意的轻微异常项也保持思考	向日亚、小蓝车、元禾原点	2006	苗青
			2012	Li
			2018	Roundy et al.
N3	我们公司对行业里的竞争态势及主要竞争对手十分关注	向日亚、小蓝车、元禾原点	2012	Li
N4	我们公司经常在会议上谈论如何应对未来的构想	向日亚、小蓝车	2001	Druskat & Wolff
N5	我们公司经常能在商业环境里看到其他公司尚未察觉的好的商业模式		2007	Ozgen & Baron
			2018	Roundy et al.
N6	我们公司善于将看似毫不相关的线索重新组合	柒玖捌零	2006	苗青

编号	测量题项	题项来源		
		半结构化访谈	文献回顾	
			年份	作者
N7	我们公司鼓励员工建言献策	柒玖捌零	2001	Druskat & Wolff
N8	我们公司管理层对基层工作情况十分了解	向日亚、元禾原点	2009	Agarwal & Selen
N9	我们公司善于通过外部关系网络（如客户、合作伙伴等）获取反馈信息	小蓝车、元禾原点、柒玖捌零	2006	苗青
			2009	Rerup
			2016	江洪、许露和杜妍洁
N10	我们公司的工作沟通大多可以使用电子邮件等虚拟沟通方式进行	小蓝车、元禾原点		
N11	我们公司对市场走势的预测往往是正确的	小蓝车	2006	苗青
			2007	徐亚平
			2012	Tang, Kacmar & Busenitz
N12	我们公司能够在较短时间内对某个具体事例做出判断		2006	苗青
			2007	徐亚平
N13	我们公司常常提醒员工要"居安思危"并成功应对过多次危机	向日亚、小蓝车	1986	Covin & Slevin
			1996	Anderson & West
N14	我们公司善于捕捉未来可能会出现的问题		2006	苗青

第三节 问卷设计与数据收集

我们依据上述 14 个题项编制调查问卷，所有题项均采用李克特五点式量表，其中 1 表示"非常不同意"，5 表示"非常同意"，并且在问卷的第一部分，被试者需要填写自己的人口统计特征以及公司的基本信息。根据本书的研究情境，调查问卷的取样标准是：（1）公司成立时间在 3 年以上。（2）在过去几年中公司采取过变革行为。（3）问卷填写人在组织中担任中层管理者及以上职位。这是因为组织警觉是一个组织层构念，基层工作者由于工作范围受限存在不能准确把握组织的行为特征的问题。

在校友的帮助下，我们通过两种方式发放问卷：一是通过华东某高校的MBA 各年级校友群和 EMBA 校友群发放，二是对在读 MBA 和 EMBA 班学员发放。我们在调查问卷中特别强调必须由熟悉公司情况的中层及以上管理人员填写。本次调查包括微信扫描转电子版链接填问卷和电子邮件发放问卷两种形式，共收集到 324 份问卷，剔除随意填写（如所选条款呈 I 字形或 Z 字形）、警觉测量题项漏答 2 项以上（缺失值累计大于 10%）的问卷 35 份，非中层管理者及以上填写问卷 9 份，最终获得有效样本 280 份，有效问卷回收率达 86.4%。我们使用 SPSS21.0 中的选择个案功能将收集到的样本随机等分为两个独立的样本，其中一份用于探索性因子分析（EFA）（N=140），另一份用于验证性因子分析（CFA）（N=140），每份样本都满足了结构方程对样本数量至少是测量项的 5 倍且 N>100 的要求。

第四节　探索性因子分析

用作探索性因子分析的被试样本构成如表 5-4，性别比例上，男性占63.6%。年龄结构上，31~40 岁被试占比 54.2%。职级分布上较为均匀，副总或高级总监略高于平均水平为 30.0%。任职时长上，10 年以上最多占比为42.1%，6~10 年占比 40.0%，这与本书调查对象为中高层管理者相符。

表5-4　探索性因子分析被试样本人口统计学特征

名称	选项	频次	占比
性别	男	89	63.6%
	女	51	36.4%
年龄	30 岁及以下	35	25.0%
	31~40 岁	76	54.2%
	41~50 岁	25	17.9%
	50 岁以上	4	2.9%

名称	选项	频次	占比
所处职级	总经理或董事长	31	22.2%
	副总或高级总监	42	30.0%
	部门经理	38	27.1%
	项目主管	29	20.7%
任职时长	5 年及以下	25	17.9%
	6~10 年	56	40.0%
	10 年以上	59	42.1%

注：N=140。

　　探索性因子分析被试样本企业基本信息见表5-5，在公司性质上，最多为股份公司占比46.4%，所处行业中传统制造业占比38.4%，传统服务业占比22.1%，公司规模上，最多为101~500人占比为49.3%，其次为51~100人占比30.7%。

表5-5　探索性因子分析被试样本企业基本信息

名称	选项	频次	占比
公司性质	国有公司	13	9.3%
	股份公司	65	46.4%
	外资或合资公司	21	15.0%
	私营企业	41	29.3%
所处行业	传统制造业	54	38.6%
	传统服务业	31	22.1%
	现代服务业	23	16.4%
	高新技术产业	27	19.3%
	其他	5	3.6%
公司规模	50 人及以下	4	2.9%
	51~100 人	43	30.7%
	101~500 人	69	49.3%
	500 人以上	24	17.1%

注：N=140。

探索性因子分析（EFA）的目的在于确定被试量表的因子结构，需要考虑因子负荷量的组型如何以及因素或构念的选择个数，分析目的在于达成建立测量量表的建构效度。[①] 首先我们进行因子分析适应性检验（KMO 和 Bartlett 检验），如表 5-6 所示。

表 5-6　KMO 和 Bartlett 检验

KMO 和 Bartlett 检验		
取样足够度的 Kaiser-Meyer-Olkin 度量		0.882
Bartlett 的球形度检验	近似卡方	1425.720
	Df	103
	Sig.	0.000

如果变量背后有共同的影响因子，则变量间的相关系数应该很大，而偏相关系数应该很小，因此 KMO 测度值应该越大越好。KMO 值域应在 0.6~1，且越接近 1 则数据集越适合进行因子分析。表 5-6 显示 KMO 值为 0.882，Bartlett 球形检验显著性水平为 0.000（近似卡方 1425.720，Df = 103），这表明这些因子适合进行探索性因子分析。

在分析方法上，我们使用 SPSS21.0 进行主成分因子分析并通过最大方差法进行正交转轴因子旋转，首先对量表中所包含的 14 个测度项进行主成分因子分析并依次考察所有条目，我们发现：题项 N5"我们公司经常能在商业环境里看到其他公司尚未察觉的好的商业模式"和题项 N14"我们公司善于捕捉未来可能会出现的问题"的因子载荷值小于 0.4，题项 N6"我们公司善于将看似毫不相关的线索重新组合"和题项 N8"我们公司管理层对基层工作情况十分了解"在两个因子上的载荷大于 0.5 即交叉载荷严重，因此将这 4 个题项依次删除，最后我们保留了 10 个意义清晰且因子载荷值较高的题项。

随后，我们对剩下的 10 个测量题项进行第二次因子分析，样本的 KMO 值为 0.897，Bartlett 球形检验显著性水平为 0.000，适合进行因子分析。在因子提取方法上，我们使用特征值法（Kaiser 法，因子特征根必须大于 1）和碎石图（Scree Plot，出现明显拐点前的因子数）进行因子提取，结果显示共抽取三个公因子，累积解释率为 64.662%，解释力度超过 50%，其余因子特征值均小于 1，

[①] 吴明隆. 问卷统计分析实务：SPSS 操作与应用 [M]. 重庆：重庆大学出版社，2023：194.

解释方差都未超过 8%，属于碎石干扰因素予以删除。这三个公因子能够较好地反应组织警觉内涵，提取的因子解释总方差见表 5-7。

表 5-7　解释总方差

成分	初始特征值			旋转平方和载入		
	总计	解释差率（%）	累积解释率（%）	总计	解释差率（%）	累积解释率（%）
1	5.673	28.357	28.367	5.326	26.636	26.636
2	3.817	19.083	47.450	3.842	19.203	45.839
3	3.442	17.212	64.662	3.763	18.823	64.662

注：N=140。

　　根据 Harman 单因子检验同源方差，三个因子的方差解释率 64.662%，旋转前第一个因子的方差解释率为 28.367%（未达到总解释率的一半），各因子的方差解释率分布较为均匀，未发现单一因子解释绝大部分变异量的情况，因此本研究不存在显著的共同方法偏差问题。

　　10 个观测题项（因子载荷值均大于 0.5）分属于所提取的三个因子，我们对因子 1 中的 4 个题项："我们公司通过多个信息渠道密切关注行业发展的新动态，如产业政策变动或新产品、技术的出现""我们公司对行业里的竞争态势及主要竞争对手十分关注""我们公司经常审视运营中的异常现象，即使是对看似不经意的轻微异常项也保持思考""我们公司经常在会议上谈论如何应对未来的构想"进行意义分析，发现其体现了组织对内外部环境线索的主动搜索行为和注意力分配，与研华纵向案例研究得出的多点关注维度的内涵一致，由此我们将因子 1 命名为多点关注。因子 2 中的 3 个题项："我们公司的工作沟通大多可以使用电子邮件等虚拟沟通方式进行""我们公司善于通过外部关系网络（如客户、合作伙伴等）获取反馈信息""我们公司鼓励员工建言献策"，表述了组织中不同层次以及组织内外的互动方式和互动氛围，与研华案例中的跨层互动维度具有一致性，因此我们将因子 2 命名为跨层互动。因子 3 中的 3 个题项："我们公司常常提醒员工要'居安思危'并成功应对过多次危机""我们公司对市场走势的预测往往是正确的""我们公司能够在较短时间内对某个具体事例做出判断"，显示了组织在时间压力下对不确定环境的风险承担和准确预判，与研华案例中的敏锐判断维度相一致，我们将该因子命名为敏锐判断。

根据旋转后的因子矩阵，按照因子载荷量对题项按照从大到小的顺序进行排序并重新以 EA 编号，汇总为表 5-9。

我们使用 Cronbach's α 系数进行信度分析，三个因子的 α 系数分别为 0.733，0.728 和 0.714，根据吴明隆 Cronbach'α 系数在 0.7 与 0.8 之间时，具有良好的信度水平，调研样本数据呈现出较好的内部一致性，量表可以被接受。

将探索性因子分析的结果与已有文献和半结构访谈的结果语句相对照，我们认为三个因子的内涵界限较为清晰。表 5-8 显示了各维度的相关系数较小但在 0.01 和 0.05 水平上显著相关，这表明它们之间具有一定的内在关联性但又相对独立地存在，这验证了前文的纵向案例研究结果。

表 5-8 组织警觉各维度的描述性统计与相关系数

	均值	标准差	相关系数		
			多点关注	跨层互动	敏锐判断
多点关注	4.121	0.662	1.000		
跨层互动	3.825	0.813	0.413**	1.000	
敏锐判断	4.153	0.624	0.272*	0.408**	1.000

注：N=140；* p<0.05，** p<0.01。

表 5-9 组织警觉的探索性因子分析：因子载荷、方差分析及信度分析

组织警觉因子	测量题项	方差解释及信度分析	因子载荷
多点关注	EA1 我们公司通过多个信息渠道密切关注行业发展的新动态，如产业政策变动或新产品、技术的出现	26.636% α=0.733	0.740
	EA2 我们公司对行业里的竞争态势及主要竞争对手十分关注		0.723
	EA3 我们公司经常审视运营中的异常现象，即使是对看似不经意的轻微异常项也保持思考		0.688
	EA4 我们公司经常在会议上谈论如何应对未来的构想		0.683
跨层互动	EA5 我们公司的工作沟通大多可以使用电子邮件等虚拟沟通方式进行	19.203% α=0.728	0.794
	EA6 我们公司善于通过外部关系网络（如客户、合作伙伴等）获取反馈信息		0.770
	EA7 我们公司鼓励员工建言献策		0.619

组织警觉因子	测量题项	方差解释及信度分析	因子载荷
敏锐判断	EA8 我们公司常常提醒员工要"居安思危"并成功应对过多次危机	18.823% $\alpha = 0.714$	0.862
	EA9 我们公司对市场走势的预测往往是正确的		0.858
	EA10 我们公司能够在较短时间内对某个具体事例做出判断		0.565

第五节 验证性因子分析

验证性因子分析（CFA）的目的是验证量表的因素结构模型是否与实际收集到的样本数据契合，构思题项是否可以有效测量因素构念。我们使用结构方程模型对样本进行验证性因子分析，首先对收集到的另一份独立样本（N=140）的每个单变量进行正态分布检验，其偏度绝对值在 0.528~1.734（小于3.0），峰度绝对值在 0.481~6.730（小于8.0），满足正态分布要求，适合进行结构方程模型分析。此分组方法及样本量足以保证样本的复核效度。

验证性因子分析被试样本的人口统计特征呈现出：性别比例上，男性占57.1%。年龄结构上，31~40 岁被试占比 44.3%，41~50 岁被试占比 37.2%。职级分布上部门经理占比 31.4%，副总或高级总监占比 29.3%。任职时长上，10 年以上最多占比为 44.3%，6~10 年占比 36.4%。随后，对被试样本企业基本信息进行描述性统计：在公司性质上，最多为股份公司占比 42.1%，所处行业中传统制造业占比 32.1%，高新技术产业占比 25.7%。公司规模上，最多为101~500 人占比 41.4%，其次为 51~100 人占比 36.4%。

首先，我们使用 AMOS17.0 通过结构方程模型和斜交测量模型验证 10 个题项和 3 个因子之间的结构关系（见表5-8）的适切性和稳健性，结果如表5-10所示，列出了结构模型与数据适配程度的检验建议值和实际值。其中，绝对适配指数 GFI 值为 0.947（>0.90），说明模型解释力度较好。增值适配指数 NFI 值为 0.911（>0.90），CFI 值（同 NFI 值功效一样但更适合小样本，通过对样本大小的调节避免被试数量造成干扰）为 0.987（>0.90）。简约适配指数 PGFI 值为 0.562（>0.50），说明模型较为简约；PNFI 值为 0.631（>0.50），均达到理想适配标准。可以看出，CFA 结构模型与样本数据的契合程度理想并且模型较为简约，由此我们检验了前文探索性因子分析得出的 3 个因子和 10 个测量题项之间的结构关系稳健性，见图 5-1。10 个测量题项在 3 个因子上的标准化路径系数介于 0.31~0.84，在 0.001 水平上显著，这表明因子对观测题项的解释力度显著。

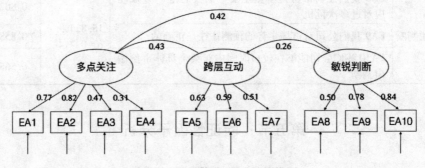

图 5-1　组织警觉 CFA 结构模型

接下来我们采用多维度模型竞争对比分析以进一步验证三维度结构模型是组织警觉的最佳测量模型。基于组织警觉的内涵定性分析，我们提出可能存在以下竞争模型，见图 5-2。

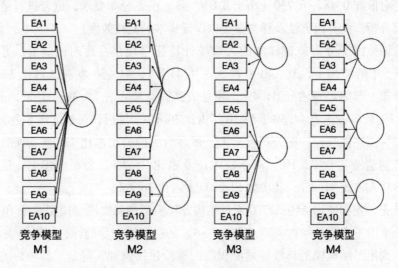

图 5-2　验证性因子分析：竞争模型 M1-4 示意图

竞争模型 M1。与 Roundy 等的思路一致，将组织警觉视为单一维度构念，因此 10 个测量题项聚合于单一维度。若通过因子分析强制提取两个因子，则会出现部分题项在两个因子上均在较高的载荷量从而无法提取的问题。

竞争模型 M2。根据相关系数表 5-8 推断，同样显著水平下（p<0.01）多

点关注和跨层互动的相关系数更高，相对来说二者的相关性水平较高。剖析其内涵，多点关注中强调通过组织内外部网络关注商业新动态，跨层互动强调构建组织内外部成员信息流通机制，从信息加工理论视角来看，二者结合代表信息的搜寻与加工处理，是信息的内化过程，而敏锐判断则是对信息进行评估并筹措准备资源的过程，是信息的输出过程。因此我们将多点关注的 4 个题项与跨层互动的 3 个题项合并成一个因子，与敏锐判断一起构成两因素模型。

竞争模型 M3。根据相关系数表 5-8 推断，跨层互动和敏锐判断的相关系数与 M2 中所述二者相比只略低，显著性水平相同，因此跨层互动与敏锐判断有可能成为组合。我们结合理论文献来进行讨论，台湾学者谢如梅等[1]以感知和释义两个维度刻画警觉内涵，多点关注是对组织内外客观线索的有效注意，是感知的过程，而跨层互动和敏锐判断均带有意义构建属性，是释义的过程。基于此，我们将跨层互动的 3 个题项与敏锐判断的 3 个题项合并成一个因子，与多点关注一起构成两因素模型。

---

[1]　谢如梅，刘常勇. 创新机会辨识：创业警觉能力、先前知识与资讯获取之关联性研究 [J]. 组织与管理，2009（2）：77-108.

表 5-10　组织警觉的 CFA 结构模型适配度检验

拟合指标	绝对适配指数					增值适配度指数				简约适配指数		
	x^2值	RMSEA	RMR	AGFI	GFI	NFI	IFI	TLI	CFI	x^2/df	PGFI	PNFI
建议值	p>0.05	<0.05	<0.05	>0.90	>0.90	>0.90	>0.90	>0.90	>0.90	<3	>0.50	>0.50
实际值	0.215	0.03	0.048	0.911	0.947	0.911	0.988	0.982	0.987	1.146	0.562	0.631

表 5-11　竞争模型 M1-4 适配度指数比较

拟合指标	绝对适配指数					增值适配度指数			简约适配度指数	
	x^2值	RMSEA	RMR	AGFI	GFI	NFI	IFI	CFI	x^2/df	PGFI
建议值	p>0.05	<0.05	<0.05	>0.90	>0.90	>0.90	>0.90	>0.90	1 到 3 之间	>0.50
M4	0.215	0.03	0.048	0.911	0.947	0.911	0.988	0.987	1.146	0.562
M1	0.025	0.050	0.053	0.889	0.931	0.887	0.965	0.964	1.404	0.576
M2	0.010	0.054	0.061	0.887	0.927	0.875	0.956	0.955	1.481	0.601
M3	0.013	0.054	0.054	0.888	0.932	0.884	0.960	0.959	1.470	0.563

我们使用 M4 指代本书所验证的三维度模型，通过 AMOS17.0 计算 M1—M4 这四个竞争性结构模型的主要适配度指标，结果汇总为表 5-11，卡方与自由度的比值 x^2/df 用于检验模型与样本数据的拟合程度，取值在 1 到 3 之间，但越靠近 1 越好，M4 的 x^2/df 为 1.146，远优于其他 3 个模型，其余指标上，RMR 均方残根值和 RMSEA 近似误差均方根越小越好，通过综合 GFI 值、NFI 值和 CFI 值等多指标进行比较，我们发现竞争模型 M4 拟合优度最高，各项指标都显著优于其他模型。因此，本书提出的三因素模型得到有效检验。

本研究使用的 140 个独立观测样本在 10 个测量题项上的整体信度 α 值为 0.741，三个因子与各自对应的题项信度值均大于 0.7，数据内部一致性良好。另外，对总体样本（N=280）进行主成分分析与组合信度分析，经 Kaiser 法和碎石图判别得到 3 因子结构，这表明无论是总体样本还是随机抽取分半的样本的公因子提取数都相同，说明测量具有良好的外部一致性。同时各因子组合信度为 0.713、0.676 和 0.754，因子结构内在质量较为理想。

我们计算各因子的平均方差提取值（Average Variance Extracted, AVE），通过公式 AVE =（∑λ2）/n，（n 为某因子中的题目数；λ 为因子负荷值，使用显著性水平的路径系数）进行计算，三个因子的 AVE 值分别为 0.548、0.563 和 0.664，均大于 0.5，说明量表收敛效度良好。表 5-12 显示各因子之间存在相关性，均显著，经过计算 AVE 的算术平方根分别为 0.740、0.750 和 0.715，均大于表 5-12 中该因子与其他因子的标准化相关相关系数，这证明量表具有良好的判别效度，各维度间存在有效区分。

表 5-12　验证性因子分析：相关性检验

因子关系	标准化相关系数	协方差	标准差	临界比率	p
多点关注←→跨层互动	0.432	0.165	0.050	3.288	0.001**
多点关注←→敏锐判断	0.424	0.267	0.070	3.844	0.000**
跨层互动←→敏锐判断	0.261	0.140	0.069	2.023	0.043*

注：*p<0.05，**p<0.01。

第六章

实证研究

本章是在纵向案例形成较为明确的结论且组织警觉量表开发完成之后的研究，研究目的是对纵向案例分析结论进行验证。纵向案例研究结论通常存在稳健性和普适性限制，本章通过对纵向案例研究的结论进行深化和拓展，采用要素理论视角将命题"关系化""变量化"，并通过大规模问卷调查进行验证，使结论更具有一般性和普适性。

第一节　样本选取

本项研究我们选取广东省返乡创业的高职大学生创业者及其所创立的组织为研究对象，原因如下。

1. 乡村振兴，重在人才。为了鼓励和引导更多的创业者投身乡村振兴事业，国家出台一系列的政策文件，如《乡村振兴战略规划（2018—2022 年）》等，明确乡村振兴的目标和任务，并为乡村创业者提供政策支持和指导。在财政支持、社会参与等多主体的助力下，返乡创业的成功率依然不高，如何提高创业公司绩效成为重要的研究课题，选取这一研究样本具有较高的实践启示与应用价值。深入研究组织警觉在返乡创业者中的作用机理，有助于优化人才培养模式，增强创业能力，为乡村振兴提供人才支撑。

2. 高职大学生创业者群体比起其他返乡创业群体（农民工、本科及以上学历创业者群体）受到的关注更少，在知网检索"乡村振兴"/"返乡创业"＋"高职"，期刊论文为 644 篇，而"乡村振兴"/"返乡创业"＋"大学生"为 1708 篇，"乡村振兴"/"返乡创业"＋"农民工"为 1320 篇（检索时间均为 2022 年 5 月）。根据 2020 年教育部新闻发布会公布的数据，我国高职招生占普通本专科的 52.90%，且该数据逐年上涨，但因其在高等教育里所处的弱势地位，常常被媒体称为"失语的大多数"，受到的关注远低于农民工或更高学历水平人群。2023年广东省"百县千镇万村高质量发展工程"数据显示，从事乡村振兴的高学历人才中，大学专科占比44.7%，大学本科占比27.7%。实践中高职/专科返乡创业者占比较高，这与其所受到的关注度并不匹配。因此，选取该研究样本一定程度上可以填补该话题在这一人群中研究的缺失，有助于引起更多主体（政府、企业等）对该群体的关注。

3. 样本企业因处于"乡村振兴"战略的大背景下，新出政策、商业规则及新技术更迭层出不穷，因此企业要想在高度不确定的环境下幸存，创业者的警觉性是保证企业活力的重要因素。在实践中，高职创业者的团队成员往往来自"熟人"关系，以同学、好友、亲戚居多，且学历水平较为一致。因此，在熟人且学历水平相对不高的网络中，高职创业者的个人警觉与整个团队的组织警觉相关度如何以及如何突破高层管理者的创业警觉迁移为整个团队的组织警觉，这是较有理论价值的选题。

4. 基于研究数据获取的便利性和可得性，研究团队因受聘为深圳市创业导师及广州大学等部分高校的创业导师身份，得以参与中国国际"互联网+"大学生创新创业大赛广东省分赛、粤港澳大学生"双百杯"乡村振兴创新创业竞赛等工作，借此契机发放问卷并收集数据，具有研究数据收集的便利性和可得性。

5. 样本企业因处于"乡村振兴"战略的大背景下，新出政策、商业规则及新技术更迭层出不穷，对组织的敏锐、机敏要求较高，与大型组织相比，这一处境下创业企业更容易发生计划或涌现型的组织变革，为研究团队提供了一个较好地观测组织变革形态与结果的研究土壤。

第二节 研究假设提出

一、创业警觉与组织警觉

在第四章中，我们总结出组织警觉的概念是由创业者警觉（个体）的概念引申而来，组织由个体构成，但组织警觉并不是被动地接受个体警觉的输入，它也有从上至下扩散的传导路径，将组织层面的警觉意识通过跨层互动辐射到组织中的个体。

在返乡创业的高职学生创业群体中，组织警觉这一构念与创业者的个体警觉紧密相关。相较于成熟组织，这类创业组织的结构较为简单，无论是由前端的基层员工发觉到机会线索上传至高层，还是高层管理者自上而下的警觉宣贯，其传导路径都比成熟组织要高效、简短，以下几段摘取的访谈材料可见一斑。

　　我们公司有一个微信大群，所有人（54人）都在群里，我们销售员工有什么新想法，比如，前几天我们对家在搞促销活动，有个销售员工也想了招打擂台，就会直接在群里问这样行不行……

　　我经常在外面参加各种学习，我还是混沌商学院的学员，乱七八糟什么课都学，学完回来就给团队一顿输出，大家也都听我的，能保持一致。所以我经常跟他们说咱们得保持警醒，放一只眼睛观察行业新东西，团队也都走了心，基本上每个人都按我说的做。

在乡村振兴返乡创业这一场景下，高职创业者们对组织内外部机会与威胁的感知，极大地影响了组织成员。综上所述，我们提出假设H1：返乡创业情境下，高层管理者的创业警觉对企业组织警觉的生成具有正向作用。

二、组织警觉与组织变革

　　创业认知理论认为警觉性高的新创企业对机会窗口的感知更加敏锐，在创业机会识别过程中，创业警觉驱动创业团队对内外部信息筛选和加工，使组织保持对潜在市场机会的持续关注倾向和独特感知能力，创业者所形成的特殊的心智模式将有利于发现易被他人忽视、尚未利用的创业信息和机会。创业认知理论这一视角支持了我们在第四章中提出的命题3：组织警觉通过改变高层决策者的机会或威胁认知而促使组织使用计划型变革路径制订变革方案并推行实施。即高管警觉心理图式将在组织中自上而下进行警觉传导与扩散，促使领导者有计划地做出变革行为。

　　基于此，我们提出假设H2a：企业组织警觉正向促进计划型组织变革行动。

　　Tang等提出创业警觉的新创企业具有专有的特殊认知图式，即经历从扫描搜索新信息到联想连接不同来源异质性信息最后到评估判断潜在创业机会的完整认知过程。[1] 在组织警觉构念里，这一认知图式扩散至中基层员工，即中基层员工通过信息扫描与连接可评判认知新的市场机会，并能够有效进行自下而上的警觉传导，推动组织变革行为。这与我们在第四章中提出的命题4具有一致的逻辑：组织警觉通过激发行为者发挥能动性通过实践偏移与业务流程变革等

---

① TANG J T, KACMAR K M, BUSENITZ L. Entrepreneurial Alertness in the Pursuit of New Opportunities [J]. Journal of Business Venturing, 2012, 27 (1): 77-94.

进行机会创造并引发持续性关联型变革行动，从而使组织的变革路径呈现出涌现型特征。

基于此，我们提出假设 H2b：企业组织警觉正向促进涌现型组织变革行动。

三、创业学习的中介作用

创业学习涵盖了多学科内容，例如，强化创业团队在演讲沟通、组织协作、团队建设及商业模式构建等多方面的能力，使其在遭遇挑战时展现出更加坚韧不拔、积极应对的精神风貌，进而从容应对充满不确定性的创业与职业环境。高职院校开设了各种各样的创新创业教育课程，创业团队也可以通过社会网络课程资源或各类创业竞赛历练以获得创业学习经验。

我们借鉴了 Piperopoulos 等的分类框架，将创业学习划分为创业理论学习与创业实践学习两大类别。[①] 前者侧重于课堂教育，涵盖战略、组织、人力、财务、政策法规及团队构建等创业知识技能课；而后者则聚焦于创业实践，通过诸如双创竞赛、创业演讲比赛、沙盘模拟、社团活动及孵化器项目等方式，实现"干中学"的教育目标。

在乡村振兴和人工智能等新技术冲击的大背景下，警觉的组织意识到保持学习的重要性。首先，随着乡村振兴战略的深入实施，农村地区对于创新、创业和人才的需求日益增加。创业者们要想在这个大背景下立足，就必须不断学习新知识、新技术，以适应快速变化的市场环境和需求。其次，AI 技术的快速发展和应用正在深刻改变各行各业的生产方式和服务模式。对组织来说，掌握 AI 技术不仅能够提升产品和服务的质量，还能够拓展新的市场和应用场景。然而，新技术更新换代迅速，这就要求创业团队必须保持学习的警觉性，及时跟进新技术的发展趋势，不断学习和实践，以保持竞争优势。

因此，在乡村振兴和新技术冲击的大背景下，警觉的组织意识到保持学习的重要性，需要通过参加培训、阅读书籍、在线学习等多种方式，不断更新自己的知识和技能，以应对市场环境和技术的变化。基于此，我们提出以下假设：

H3a：组织警觉正向促进创业理论学习。

H3b：组织警觉正向促进创业实践学习。

创业理论和实践学习对企业来说，具有重要的计划型组织变革推动作用。

---

① PIPEROPOULOS P，DIMOV D. Burst Bubbles or Build Steam? Entrepreneurship Education，Entrepreneurial Self-Efficacy，and Entrepreneurial Intentions ［J］. Journal of Small Business Management，2015，53（4）：970-985.

在乡村振兴和 AIGC 技术冲击的背景下，组织需要不断适应外部环境的变化，寻找新的发展机遇。而创业理论学习正是组织获取新知识、新理念、新方法的重要途径。

首先，创业学习能够帮助组织打破传统思维模式的束缚，使组织更加清晰地认识到变革的必要性，并通过学习成功案例和失败教训，明确变革的目标和方向。组织可以培养员工的创新意识和能力，形成一个开放、包容、勇于创新的组织氛围，这将大大加速组织变革的进程。创业理论学习能够指导组织制定详细的变革战略，确保变革的每一步都与组织的长期发展目标相契合。

其次，创业学习能够提升组织的适应能力和竞争力。在快速变化的市场环境中，组织需要不断调整自己的战略和业务模式以适应外部环境的变化。创业学习不仅关注当前的创业机会和模式，还强调对未来趋势的预测和把握。对组织来说，这种预见性和适应能力尤为重要。通过创业学习，组织可以更好地把握外部环境的变化趋势，重新审视现有的结构和流程是否适应变革的需求，提前进行调整和优化，增强组织的适应能力。

最后，创业过程中充满了不确定性和风险。学习创业理论、历练创业实践将使组织更加了解如何评估和管理风险，制定有效的风险应对策略。在变革过程中，组织将面临各种挑战和困难，但通过创业学习，组织可以更加从容地应对这些挑战，减少变革失败的风险，增强风险应对能力，从而推动组织变革的成功实施。

同时，在访谈高职创业者的过程中，我们发现主动参与创业学习是引发组织有计划地进行变革的重要因素，以下摘取一段访谈材料：

> 之前对提炼企业文化这件事觉得是形式主义，没有必要。但自从参加完他们的（组织文化建设）工作坊之后，我的想法就变了。通过"软性"的规则去指引员工的行为规则，让大家知道什么是最重要的，力往一处使，文化这个东西特别好用，也一点都不虚。尤其是后面我们还要大幅扩张，新进来的人可以通过文化很快融入我们。所以我们就投钱做了企业文化的建立和落地，这是组织"软"规则的建设，很值得。

基于此，我们提出如下假设：

H3c：创业理论学习正向促进计划型变革。

H3d：创业实践学习正向促进计划型变革。

高警觉性的组织对快速发展的市场、技术等外部信息更加敏感，具有更高的认知灵活性和发散性思维，当意识到风险或机会时，组织敏锐感知到需要采取变革行动，但如何求变？对返乡创业的高职创业团队这一样本来说，社会资源和认知水平均处于相对弱势的地位，高警觉性有利于在复杂的外部环境中更快地搜寻和整合有价值的新信息和新知识，促进了创业学习的方向选择和推进实施。

具有较高组织警觉的企业，往往能够更敏锐感知市场环境的变化，有计划性地谋略变革行为，以增强自身竞争力。然而，由于资源的匮乏和团队认知能力的局限，积极主动寻求外部学习资源以提升能力从而实施变革行为是一条重要的实践路径，多位受访高职创业者在访谈中表达了该观点，以下摘取一段访谈材料：

> 我们几个合伙人一开始关系是很好的，业务单子不多钱也不多，大家一起吃苦创业。2020 年 9 月开始业务突然火起来了，每个人都忙得脚不沾地，公司一下子进了很多新人，一年扩张到以前的十倍大，也有很多投资机构来跟我们谈，这时候内部矛盾也开始增加。我意识到核心还是出在股权结构的划分上，但具体怎么弄我那时候是真不懂，所以到处去学，也在网上找了一些课，都是半懂不懂。直到 2021 年 6 月参加了一家 VC 提供的加速营，跟一位很知名的做股权设计的大咖交流，才让我思路明晰起来，开始下定决心要改公司架构。

通过有选择地或有针对性地进行创业学习，组织更容易对市场需求和既有资源有独特性见解，并有利于将自身注意力和学习的重点有意识地聚焦在企业目标的达成上，从而更高效地进行有限资源的准确投放和合理配置，催生计划型的组织变革。由此，在组织警觉的认知推动下，企业通过主动进行创业理论或实践学习，可以加快推动计划型组织变革的步伐。因此，我们提出以下假设，创业学习在组织警觉和计划型组织变革之间起到重要的桥梁作用。

H3e：创业理论学习在组织警觉与计划型组织变革之间起中介作用。

H3f：创业实践学习在组织警觉与计划型组织变革之间起中介作用。

四、环境不确定性的调节作用

警觉性强的组织更容易产生涌现型变革行为。涌现型变革是指由组织内部多个个体和部门的互动、合作和创造而产生的变革，这种变革往往具有创新性和非线性特点。在警觉性强的组织中，员工更愿意分享信息、交流想法，从而促进知识的流动和创新思维的产生。这种互动和合作能够推动组织内部的创新活动，形成涌现型变革的源泉。同时，组织的警觉性还能够促进组织对外部资源的有效整合和利用。在不确定性高的环境中，组织需要更加灵活地利用外部资源来应对挑战。警觉性强的组织能够更好地识别和利用这些资源，从而加速变革的进程。

受访的 HS 公司为一家从事乡村旅游的小型公司，总经理 HY 是一名高职毕业的创业者，也是一名"创二代"。他的父辈利用当地旅游资源，经营范围主要是乡村农家乐及旅行代订服务等。当 HY 接手后，敏锐发觉在乡村振兴背景下当地的旅游业面临转型的机遇，传统的旅游模式已经不能满足现代游客的需求。因此，在他的带动下，公司全员积极与村民、手工艺人、文化专家等合作，共同探索乡村旅游的新模式。公司通过组织各种文化体验活动、手工艺制作课程等，不仅吸引了更多游客，还促进了当地文化的传承和发展。这种由内部多个个体和部门共同创造的变革，就是涌现型变革的一个典型例子。

因此，环境的不确定性特征越明显，组织的警觉性就越可能促进组织的涌现型变革行为。这是因为警觉性使组织能够更快地适应环境变化，促进内部创新活动和有效整合外部资源，从而推动组织的涌现型变革。因此，结合实践经验，我们将本书提出的命题 5：环境的不确定性特征越明显，组织警觉越可能促进组织的涌现型变革行为转化为如下假设：

H4：环境不确定性正向调节组织警觉与涌现型组织变革行动的关系。

第三节　问卷设计与数据收集

一、变量测量

本书使用主客观相结合的方法对变量进行测量。其中，创业警觉、组织警觉、环境不确定性、创业理论和实践学习、计划型组织变革行动和涌现型组织变革行动七个变量采取李克特七点量表（Likert 7-Scale）进行衡量，要求被试者对题项按照不同意到同意的不同程度以"1~7"进行评分。控制变量包括企业规模、企业年龄、所处行业和高管团队平均年龄采用客观评价法进行测量。

创业警觉：借鉴 Tang① 等和张浩等②的研究，共 13 个题项。

组织警觉：我们使用本书开发的组织警觉测量量表（见第五章），包含 3 个维度 10 个题项。

环境不确定性。现有研究开发的环境不确定性测量量表已非常成熟，本书借鉴李大元等③和 Sainio 等④的量表，采用竞争者行为、技术进步、顾客需求和产品服务更新四个题项进行测量。

创业理论和实践学习。采用 Piperopoulos 等⑤的测量方法，创业理论学习和创业实践学习分别由一个题项进行测量："我们公司通常会主动进行创业理论学习，如参加创业课程、工作坊等""我们公司通常会主动进行创业实践学习，如参加创业竞赛、在指导下进行 MVP 测试等"。

计划型与涌现型变革。由于计划型变革具有自上而下、变革需求明确、制订覆盖完全且精密的变革计划等特点，涌现型变革具有自下而上、变革责任下移至全公司且期待个体间的合作、连续微小的变动等特点，我们以 Golembiewski 的研究⑥为基础，参考颠覆式创新变革和渐进型创新变革的量表⑦，采用产业链整合创新（如采用生产外包模式）、技术与研发创新（如引入新技术或新方法）等四个题项对计划型变革行动进行测量，采用内部管理升级（如推出绩效考核新办法）、人力资源升级（如引进高端人才）等五个题项对涌现型变革行动进行测量。

为了防止其他因素对研究结果的干扰，借鉴先前学者的研究，本书对企业

---

① TANG J T, KACMAR K M, BUSENITZ L. Entrepreneurial Alertness in the Pursuit of New Opportunities [J]. Journal of Business Venturing, 2012, 27 (1)：77-94.

② 张浩，孙新波，张雨，等. 揭开创业机会识别的"红盖头"：基于反事实思维与机会识别的实证研究 [J]. 科学学研究，2018，36 (2)：296-303.

③ 李大元，项保华，陈应龙. 企业动态能力及其功效：环境不确定性的影响 [J]. 南开管理评论，2009，12 (6)：60-68.

④ SAINIO L M, RITALA P, HURMELINNA - LAUKKANEN P. Constituents of Radical Innovation：Exploring the Role of Strategic Orientations and Market Uncertainty [J]. Technovation, 2012, 32 (11)：591-599.

⑤ PIPEROPOULOS P, DIMOV D. Burst Bubbles or Build Steam? Entrepreneurship Education, Entrepreneurial Self-Efficacy, and Entrepreneurial Intentions [J]. Journal of Small Business Management, 2015, 53 (4)：970-985.

⑥ GOLEMBIEWSKI R T. Approaches to Planned Change [M]. New York：Marcel Dekker, 1979.

⑦ KOBERG C S, DETIENNE D R, HEPPARD K A. An Empirical Test of Environmental, Organizational, and Process Factors Affecting Incremental and Radical Innovation [J]. The Journal of High Technology Management Research, 2003, 14 (1)：21-45.

年龄、企业规模、行业类型和高管团队平均年龄四个变量进行控制。首先，随着企业年龄的增加，组织惰性会增强，企业对外界敏感程度和探索动力会逐渐降低。其次，通常认为企业规模的大小会影响企业的僵化程度，规模更小的企业也相对更加灵活敏锐。另外，企业所处行业不同会对警觉程度、变革方式产生差异。最后，高管团队年轻化可能会影响管理者的认知，进而造成不同的警觉状态，因此我们控制了高管团队的平均年龄。

企业规模（控制变量）：以往研究中采用较多地对企业规模进行测量的方式有（1）企业员工数量；（2）企业销售总额；（3）资产总额；（4）分段赋值。考虑到被调查者对透露公司资产和销售额等信息较为敏感，本书通过企业员工的数量测量企业规模，共分为 10 人及以下，11～50 人，51～100 人，101～200 人和 200 人以上五档。

企业年龄（控制变量）：本书采用企业成立年限进行测量。

二、数据收集

由于本书测量的对象涵盖组织层构念，因此我们需要调研参与者能够较为全面地了解企业运营情况以及行业竞争态势等，我们将调查问卷的取样标准设定为：（1）公司成立时间在 1 年以上。（2）公司创始人毕业/肄业/就读于高等职业技术学校。（3）公司采取过变革行为。（4）问卷填写人在组织中担任中层管理者及以上职位。

调查问卷在中国国际"互联网+"大学生创新创业大赛广东省分赛和粤港澳大学生"双百杯"乡村振兴创新创业竞赛进行过程中共发放三轮（2021 年 5 月—2022 年 8 月），我们请求部分受访者利用他的人际网络邀请其他符合取样标准的中高层管理者进行问卷填写，对于这类被试者，我们在发放问卷之前会对其背景进一步确认以免出现不符合取样标准的情况。本次调查包括微信扫描转电子版链接填问卷和电子邮件发放问卷两种形式，共收集到 276 份问卷，剔除随意填写（如所选条款呈 I 字形或 Z 字形）、警觉测量题项漏答 2 项以上（缺失值累计大于 10%）的问卷 47 份，不符合取样标准的问卷 11 份，最终获得有效样本 218 份，有效问卷回收率达 79.0%。调研样本基本信息如表 6-1，在企业规模上以 101～200 人为最多（占比 28.44%），在企业年龄上，3～5 年占比高达40.83%，其次为 3 年以下 27.98%，所处乡村振兴行业中农业生产性服务业（如农资供应、技术推广、农机作业、疫病防治、金融保险、产品分级、储存和运销等服务的社会化和专业化等）最多，占比 31.19%，其次为现代特色农业（如地方优势特色农产品等），占比 27.06%。所调研的企业高管平均年龄较为年轻，35 岁及以下占比接近一半。

表 6-1 调研样本基本信息

题项	类别	频次	百分比	题项	类别	频次	百分比
企业规模	10 人及以下	32	14.68%	企业年龄	3 年以下	61	27.98%
	11~50 人	46	21.10%		3~5 年	89	40.83%
	51~100 人	41	18.81%		5~8 年	47	21.56%
	101~200 人	62	28.44%		8~12 年	17	7.80%
	200 人以上	37	16.97%		12 年以上	4	1.83%
高管团队平均年龄	50 岁以上	32	14.68%	所处行业	现代特色农业	59	27.06%
	36-50 岁	78	35.78%		农业生产性服务业	68	31.19%
	35 岁及以下	108	49.54%		乡村传统特色产业	43	19.72%
					农产品加工业	26	11.93%
					休闲农业和乡村旅游	22	10.10%

注：N=218。

第四节 结果检验

一、信效度检验

我们对样本数据进行正态性检验，其偏度绝对值在 0.587~2.135（<3.0），峰度绝对值在 0.811~6.190（<8.0），样本数据满足正态分布要求。

由于本调查问卷由一个受访者独立填写，有可能造成共同方法偏差。我们采用 Harman 单因素检验法进行数据同源方差检验，将所有变量题项进行探索性因子分析提取公因子。首先我们进行因子分析适应性检验，结果表明 KMO = 0.911，Bartllett 球形检验在 $p<0.001$ 上显著，这说明适合进行因子提取。我们对被试的题项进行主成分分析，数据结果共提取了六个因子，且旋转前的第一个因子的方差解释率为 28.223%，低于总解释率的一半（69.123%），验证了样本数据的稳定性较好，不存在显著的共同方法偏差问题。为了避免多重共线性对检验结果的影响，本书对所有模型进行共线性检验，结果发现各变量的 VIF 值均在 3 以下，容忍度均>0.1，这说明不存在严重的共线性问题，因此可以采用层次回归分析进行假设检验。

我们使用 Cronbach's α 系数检验量表的内部一致性。从表6-2中可以看出各变量的 Cronbach's α 值均在0.7以上，组合信度 CR 介于0.801~0.906，量表信度通过检验。并且，所有变量的 AVE 值都>0.5 的建议值，量表的收敛效度较好。另外，我们对分布各变量的量表进行验证性因子分析，比较拟合指数 CFI 和规范拟合指数 NFI 均>0.9，近似误差均方根 RSMEA 均<0.08，量表具有拟合优度，模型解释力度较好。

表6-2　研究样本信度与效度检验

因子（变量）		因子载荷	CR	AVE	Cronbach's α
组织警觉	多点关注	0.824	0.801	0.531	0.758
		0.783			
		0.687			
		0.762			
	跨层互动	0.832	0.854	0.509	
		0.815			
		0.638			
	敏锐判断	0.844	0.906	0.660	
		0.798			
		0.815			

续表

因子（变量）		因子载荷	CR	AVE	Cronbach's α
创业警觉	—	0.759	0.944	0.607	0.950
		0.813			
		0.752			
		0.754			
		0.776			
		0.813			
		0.822			
		0.788			
		0.797			
		0.759			
		0.731			
		0.715			
		0.738			
计划型变革行动	—	0.715	0.812	0.520	0.813
		0.703			
		0.818			
		0.801			
涌现型变革行动	—	0.726	0.869	0.570	0.796
		0.753			
		0.802			
		0.749			
		0.743			
环境不确定性	—	0.685	0.835	0.559	0.763
		0.718			
		0.818			
		0.764			

注：N=218；CR 组合信度；均方根 AVE。

二、相关性分析

各变量的相关系数表见表 6-3，其中创业警觉与组织警觉，组织警觉与计划型变革行动、涌现型变革行动显著相关，创业理论学习与计划型变革行动、涌现型变革行动显著相关，创业实践学习也与计划型变革行动、涌现型变革行动显著相关，相关系数结果为本书的相关假设提供了初步验证，为进一步假设检验提供了支持。相关系数表的对角线上是该变量的平均提炼方差 AVE 值平方根，均大于该变量与其他变量的相关系数，由此证明量表具有良好的判别效度，各维度间存在有效区分。

表6-3 变量相关系数表和AVE值的平方根

变量	1	2	3	4	5	6	7	8	9	10	11
1. 高管团队平均年龄	—										
2. 企业年龄	0.051	—									
3. 企业规模	0.103*	0.019	—								
4. 行业	0.142	0.312*	0.151	—							
5. 创业警觉	0.261	0.057	0.034	0.084	0.707						
6. 组织警觉	0.093	−0.056	−0.069	−0.023	0.421***	0.729					
7. 创业理论学习	0.214**	0.042	−0.104**	0.124	0.192**	0.363***	0.713				
8. 创业实践学习	0.181**	0.114*	−0.093	0.076	0.173**	0.378***	0.279**	0.812			
9. 计划型组织变革	0.075	−0.051	−0.092	0.009	0.392**	0.325***	0.393***	0.306***	0.721		
10. 涌现型组织变革	0.056	−0.088	−0.041	−0.027	0.351***	0.398***	0.217*	0.256**	0.32**	0.755	
11. 环境不确定性	−0.152	−0.304	−0.113	0.397	0.291*	0.206*	0.267*	0.365***	−0.451	−0.311	0.748

注：*p<0.05，**p<0.01，***p<0.001，对角线上数字为AVE的平方根。

第五节 中介效应检验

本节将采用层次回归法验证创业警觉与组织警觉之间的关系，同时检验创业学习在组织警觉与计划型组织变革之间的中介作用。如表 6-4 所示，模型 1 仅包含了 4 个控制变量，模型 2 在模型 1 的基础上加入创业警觉，模型的解释力上升。创业警觉对组织警觉的生成具有显著的正向作用（$r = 0.421$，$p < 0.001$），假设 H1 得到验证。

接下来我们检验假设 H2a，模型 3 包含 4 个控制变量对计划型组织变革的影响，模型 4 在模型 3 的基础上加入组织警觉，模型的解释力上升。即组织警觉对计划型组织变革行动具有显著的正向作用（$r = 0.325$，$p < 0.001$），假设 H2a 得到验证。

同理，模型 10 在模型 9 的基础上，加入了组织警觉，模型的解释力上升，组织警觉对创业理论学习有显著正向影响（$r = 0.364$，$p < 0.001$）；模型 12 在模型 11 的基础上，加入了组织警觉，模型的解释力上升，组织警觉对创业实践学习有显著正向影响（$r = 0.327$，$p < 0.001$）。由此，假设 H3a、假设 H3b 得到验证。

同时，在模型 5 中加入中介变量创业学习（创业理论学习、创业实践学习），模型解释力得到提升。且创业理论学习和创业实践学习均对计划型组织变革具有显著正向影响（$r = 0.311$，$p < 0.001$；$r = 0.184$，$p < 0.01$），假设 H3c、假设 H3d 得到验证。

随后，将组织警觉和创业学习作为自变量对计划型组织变革进行回归，对比模型 4 和模型 6 可知，增加创业理论学习后，模型 6 中创业理论学习对计划型组织变革的正向影响仍然显著（$r = 0.253$，$p < 0.001$）；同时组织警觉对计划型组织变革的正向作用依然显著（$r = 0.281$，$p < 0.001$），且相较于模型 4 作用系数（0.325）有所下降，这说明创业理论学习在组织警觉与计划型组织变革之间存在部分中介作用，假设 H3e 得到验证。

最后，将模型 4 和模型 7 进行对比，增加创业实践学习后，模型 7 内创业实践学习对计划型组织变革存在显著的正向作用（$r = 0.168$，$p < 0.01$），并且组织警觉对计划型组织变革依然存在显著的正向作用（$r = 0.309$，$p < 0.001$），且相较于模型 4 作用系数（0.325）有所下降。这说明创业实践学习在组织警觉与计划型组织变革之间存在部分中介作用，假设 H3f 得到验证。

表6-4 主效应和中介效应层次回归分析结果

变量	组织警觉			计划型组织变革					创业理论学习		创业实践学习	
	模型1	模型2	模型3	模型4	模型5	模型6	模型7	模型8	模型9	模型10	模型11	模型12
高管团队平均年龄	0.098	0.071	0.069	0.074	0.006	0.027	0.052	0.015	0.210***	0.186***	0.154**	0.133*
企业年龄	−0.050	−0.027	−0.035	−0.042	−0.078	−0.046	−0.067	−64.000	0.009	0.017	0.140*	0.147**
企业规模	−0.061	−0.023	−0.059	−0.086	−0.035	−0.070	−0.070	−0.060	−0.038	−0.063	−0.076	−0.098
行业	−0.020	−0.019	−0.011	0.002	−0.003	0.021	−0.011	0.009	−0.093	−0.071	0.062	0.081
创业警觉		0.421***		0.325***								
组织警觉						0.281***	0.309***	0.251***		0.364***		0.327***
创业理论学习					0.311***	0.253***		0.228***				
创业实践学习					0.184**		0.168**	0.123*				
R²	0.016	0.147	0.032	0.155	0.169	0.207	0.179	0.219	0.055	0.189	0.05	0.151
Adjusted R²	0.003	0.138	0.009	0.140	0.152	0.191	0.162	0.201	0.042	0.176	0.037	0.137
F值	1.243	10.791***	1.576	10.901***	10.066***	12.903***	10.788***	11.866***	4.355**	13.924***	3.899**	10.621***

注：* $p<0.05$，** $p<0.01$，*** $p<0.001$。

第六节　调节效应检验

首先我们在模型 1 中导入 4 个控制变量，模型 2 在模型 1 的基础上加入组织警觉，模型的解释力上升。组织警觉对涌现型组织变革的生成具有显著的正向作用（r=0.387，p<0.001），假设 H2b 得到验证。

接下来，我们采用层级回归分析分别检验环境不确定性在组织警觉与涌现型变革中的调节作用。在模型 3 中同时加入组织警觉和环境不确定性，结果发现环境不确定性对涌现型组织变革具有负向作用，但并不显著（r=−0.036）。模型 4 在模型 3 的基础上加入组织警觉与环境不确定性的交互项，结果发现环境不确定性正向调节组织警觉与涌现型组织变革之间的促进关系（r=0.347，p<0.001），模型解释效应明显增加（△R^2=0.205，p<0.001），假设 H4 得到验证，即环境不确定性将调节组织警觉与涌现型组织变革行为之间的正向关系。

表 6-5　调节效应检验

变量	涌现型组织变革			
	模型 1	模型 2	模型 3	模型 4
高管团队平均年龄	0.022	0.054	0.056	0.064
企业年龄	−0.055	−0.056	−0.091	−0.078
企业规模	−0.044	−0.036	−0.038	−0.043
行业	0.011	0.016	−0.040	−0.043
组织警觉		0.387***	0.373***	0.347***
环境不确定性			−0.036	−0.011
组织警觉 X 环境不确定性				0.290***
R^2	0.089	0.146	0.141	0.223
Adjusted R^2	0.071	0.126	0.124	0.205
F 值	4.849***	7.248***	8.140***	12.161***

注：N=218；* p<0.05，** p<0.01，*** P<0.001。

我们绘制了环境不确定性的调节作用图，以直观展示它在组织警觉与涌现型组织变革行动之间发挥的调节作用，见图 6-1。

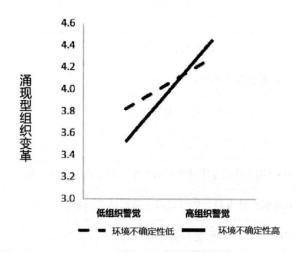

图 6-1 环境不确定性的调节效应

第七节 本章小结

一、本章结论

本章选取广东省返乡创业的高职大学生创业者及其所创立的组织为研究对象，将第四章中纵向案例分析提出的命题 3~5 "关系化""变量化"转变为假设，使用调查问卷检验了创业学习在组织警觉和计划型组织变革之间的中介作用，以及环境不确定性在二者之间的调节作用。表 6-6 总结了本章的假设验证情况，实证研究的印证使本书的案例研究结论更具有一般性和普适性。

表 6-6 研究假设的验证情况

研究假设	验证情况
H1：返乡创业情境下，高层管理者的创业警觉对企业组织警觉的生成具有正向作用	支持
H2a：企业组织警觉正向促进计划型组织变革行动	支持
H2b：企业组织警觉正向促进涌现型组织变革行动	支持
H3a：组织警觉正向促进创业理论学习	支持

研究假设	验证情况
H3b：组织警觉正向促进创业实践学习	支持
H3c：创业理论学习正向促进计划型组织变革行动	支持
H3d：创业实践学习正向促进计划型组织变革行动	支持
H3e：创业理论学习在组织警觉与计划型组织变革行动之间起中介作用	支持
H3f：创业实践学习在组织警觉与计划型组织变革行动之间起中介作用	支持
H4：环境不确定性正向调节组织警觉与涌现型组织变革行动的关系	支持

假设得到验证说明：（1）在返乡创业这一情境下，高职创业者虽然存在着社会资源、知识结构和理论素养等短板，但高组织警觉的创业者善于将个人警觉扩散到组织，即创业者善于传播其独特的认知心理图式和思维方式，将自身的创业警觉突破个体、迁移为整个团队的组织警觉。因此，提高高职创业者个体的创业警觉，将直接促进其所在企业的组织警觉提升。

（2）乡村振兴所面临的复杂多变的新形势与市场机会将激发高组织警觉企业的涌现型变革行为，在实践中往往表现为业务端的一线人员捕捉到市场机会与威胁，向上传递给组织成员，激发对内部资源的重组搭配或寻求新的外部资源，通过变革的形式来验证可能有的市场机会。

（3）企业的创业学习行为，有助于企业跨越组织警觉到有计划地变革行为的鸿沟。高警觉的组织所捕捉到的朦胧变革图像，通过主动进行创业理论或实践的学习，变革路径逐渐清晰、步骤化，企业可按计划实施变革行为。本研究通过创业学习这一中介变量，打开了组织警觉推动组织变革的"黑箱"，从实证角度验证了前述质性研究的分析结论，丰富了创业学习对组织变革的影响研究。

二、对策建议

（一）打造高警觉性的组织

在乡村振兴战略的大背景下，新出政策、商业规则及新技术更迭层出不穷，对组织的敏锐、机敏要求较高，与大型组织相比，本章的研究结论验证了环境的不确定性将促进涌现型组织变革行为的出现，那么，如何使得变革带来更好的企业绩效？我们建议高警觉性的组织要着力打造以下三点。

1. 开放的沟通氛围

在警觉性强的组织中，员工被鼓励分享信息、交流想法。这种开放的沟通氛围有助于促进知识的流动和创新思维的产生。员工不再局限于自己的职责范围，而是更加关注整个组织的利益和发展。这种跨部门的合作和交流，为涌现型变革提供了源源不断的创新动力。

2. 快速响应的能力

警觉性强的组织具有快速响应环境变化的能力。当外部环境发生变化时，它们能够迅速调整自己的战略和计划，以适应新的市场需求或技术趋势。这种灵活性使得组织能够抓住机遇、规避风险，从而保持竞争优势。

3. 鼓励创新的文化

涌现型变革往往是由组织内部多个个体和部门的互动、合作和创造而产生的。因此，一个鼓励创新的文化对于促进涌现型变革至关重要。警觉性强的组织通常具有一种包容、开放、创新的文化氛围，这使得员工更加愿意尝试新的想法和方法，从而推动组织的创新和发展。

（二）与警觉要素相耦合的创业学习内容

同时，由于创业学习在组织警觉与计划型组织变革之间发挥中介作用，无论是高校或其他社会机构在赋能高职返乡创业者时，首先需要通过课程设计提高组织的警觉性，例如，在教授"市场竞争策略"课程时，除了讲解基本的市场分析和竞争策略理论，还可以设计一个"市场风险模拟"的实践活动，或开设"企业风险管理实务"等相应课程。通过理论和实践训练可以让创业者亲身体验到保持警觉性的重要性，并在实践中逐渐提高自己的警觉性。

随后，在提供创业学习课程内容时，与创业者感知到的警觉要素相耦合是催生有效变革行为、提升企业绩效的关键举措。授课者应与创业者充分交流，了解对方当前阶段认知中的机会为威胁线索，通过理论教学（比如，相关案例的研讨、相关理论工具的介绍）或实践教学（比如，让创业者构建 MVP 并小范围施测等），企业成员通过知识转移（包括搜寻和共享等）和知识内部化（包括释义、整合和制度化等）能够有效地构建更清晰的变革蓝图。

（三）高校培育从事乡村振兴的高职大学生的建议

本章结论发现针对高职返乡创业的创业者，其创业警觉直接促进企业整体的组织警觉。因此，对在校创业者的培养，高校应注重以下几点。

1. 市场分析与敏感度培养

开设市场分析课程，教授学生如何洞察市场趋势、捕捉商业机会，增强他们对市场变化的警觉性。组织市场调研活动，让学生亲自深入市场，了解消费者的需求和行为模式，提高市场敏感度。

2. 风险意识教育

强调创业过程中可能面临的风险，教授风险评估和管理的方法，帮助学生建立正确的风险观念。通过案例分析、模拟演练等方式，学生亲身体验和应对各种风险情境，提高风险应对能力。

3. 跨学科知识融合

鼓励学生学习跨学科知识，如市场营销、财务管理、法律法规等，形成综合性的知识结构。开设创业综合实践课程，让学生在实践中综合运用所学知识，提高解决问题的能力和警觉性。

4. 创业导师分享

建立创业导师团队，邀请具有丰富创业经验的企业家、投资人等担任导师。导师通过分享个人经验、提供创业指导等方式，帮助学生提高创业警觉性，识别创业过程中的潜在风险。

5. 创业实践与实训

鼓励学生参与创业竞赛、创业项目等活动，积累实践经验。设立创业实训基地，提供真实的创业环境，让学生在实践中学习和提高创业警觉性。

6. 网络资源利用

教授学生如何利用网络资源获取创业信息、寻找创业机会。建立创业交流平台，让学生与其他创业者、投资人等建立联系，拓展人脉资源，提高创业警觉性。

7. 心理辅导与韧性培养

开设心理辅导课程，帮助学生建立积极的心态和健康的心理素质。通过挑战训练、团队合作等方式，培养学生的韧性和抗压能力，提高他们在面对创业挑战时的警觉性和应对能力。

第七章

讨论与结论

以易变性（volatility）、不确定性（uncertainty）、复杂性（complexity）和模糊性（ambiguity）组成的"乌卡（VUCA）时代"恰如其分地概括了当今商业世界的复杂动荡特征。在这样的时代背景下，组织如何通过变革与创新保持领先或"弯道超车"甚至"换道超车"是企业家面临的最严肃的挑战。事与愿违的是，基业未必都能长青，选择并非都能卓越，变革失败率居高不下是一个"残酷的事实"。对少数获得变革成功的"幸运儿"来说，机警、敏锐地洞察组织内外部环境中变动的线索并准确地识别甚至创造机会是一种重要的能力，也是变革发生的必要条件。

通过对以往文献的回顾，我们发现现有研究存在以下几个不足之处。

首先，目前企业管理领域关于警觉的研究囿于创业者警觉的个体层面，现有文献很少将其应用于公司其他成员上或者延展到组织/公司层面。在不确定的动荡环境下，信息具有分布式、嵌于互动行动中等特征，单靠高层管理者个体的注意与识别已无法对线索进行有效识别和加工以至于产生组织层面的结果，他们在具体业务上的敏锐度远不及中基层员工，因此，将警觉概念从高层管理者"下沉"并"扩散"形成组织层构念非常有必要。本书在第二章详细综述了已有少数几篇关于组织警觉的研究，但要么是将创业警觉的概念直接应用于中层管理者上，要么是选取部分或全部已有的创业警觉概念的维度后直接将警觉组织改为企业。因此，开发一个多层次的、能应用于生命周期多阶段的警觉概念刻不容缓。

其次，现有大多数聚焦于领导者个体的警觉研究，范围局限于新创企业进行机会发现与开发的问题，对威胁、变化等要素缺乏关注，并且对警觉的情境特征、发展机制和路径也较少涉及。同时，对生命周期阶段上其他状态的企业来说，警觉同样重要。

再次，是否存在某些情境，使得高警觉性的创业者个体较为容易地在组织内部进行警觉迁移，将个体的创业警觉有效地扩散为组织警觉？警觉作用于不同的组织变革类型（计划型、涌现型）时有哪些影响因素会发挥作用？我们应当如何培育组织警觉？

最后，警觉是组织变革的触发动力，但"如何触发"这一过程现有研究尚未给出系统回答。少量学者对这问题进行了探讨，龙思颖发现警觉能够正向影响组织的联盟能力及整合能力，从而加速组织的变革过程。[1] 张奥等发现高管机会警觉性与组织变革规模、领导变革风格分别显著正相关。[2] 这些研究都是通过调查问卷进行的要素关系实证研究，警觉如何触发变革这一过程机制需要质性研究进行深入刻画。

基于以上分析，我们的研究问题是：（1）组织警觉如何生成（内涵结构如何）？（2）组织警觉如何作用于组织变革？（3）组织警觉构念基于创业警觉，创始人的创业警觉水平与企业的组织水平相一致吗？提高组织警觉，是否会促进企业为应对市场环境变化而加快组织变革？如果是，应当如何有效培育企业的组织警觉？

过程和机制研究必须依赖于较小的样本和特殊情境的质性研究，导致结论的稳健性和普适性限制，因此本书采用定性与定量相结合的研究方法，通过前后继起的两个研究阶段来回答上述问题。具体包括一项历时性的纵向案例研究、组织警觉量表开发和案例结论的大样本验证。本章我们首先从组织警觉的概念结构和生成过程、组织警觉作用于组织变革的过程机理两方面总结本研究的主要结论，随后在结论的基础上进行理论文献对话，由此得出理论贡献，然后介绍本研究对实践的启示，最后总结研究主要不足之处。

第一节　主要研究结论

一、组织警觉如何生成？具有哪些内涵结构？

本书在借鉴已有研究成果的基础上，结合认知视角、注意力基础观与组织动态学习过程框架，采用探索式研究的编码思路对研华纵向案例进行深入分析，通过对访谈材料"自下向上"地归纳与分析识别出变革决策中组织警觉的关键

---

① 龙思颖. 基于认知视角的企业动态能力及其绩效研究 [D]. 杭州：浙江大学，2016.
② 张奥，姚梅芳，董保宝. 高管机会警觉性、组织变革策略与企业绩效：一个有调节的中介效应模型 [J]. 南方经济，2017，36（11）：125–142.

阶段和特征共 164 条。结合现有理论对编码结果进行规范和提炼，最终我们得出以下结论。

命题 1：组织警觉是一个多维构念，其三个维度为多点关注、跨层互动和敏锐判断。具体地，多点关注指的是对当下及未来时序中的组织内外部环境的注意力分配以及主动搜寻行为，跨层互动代表了组织内不同层级间的信息沟通方式和沟通氛围，敏锐判断反映的是在有限时间内依据组织发展目标和风险偏好进行价值判断的能力。

组织警觉的生成路径如何？组织警觉的概念是由创业者警觉（个体）的概念引申而来，组织由个体构成，但组织警觉并不是个体警觉的简单累加。组织是一个有机体，虽然没有"大脑"，但它确实有记忆和认知系统，通过这些功能，组织可以形成并稳定保持特定的行为模式，思维准则、文化以及价值观等，这些是经由多点关注、跨层互动与敏锐判断正向路径生成的组织警觉性表现，这一"前馈"过程即警觉的生成路径。另外，组织警觉并不是被动地接受个体警觉的输入，它也有从上至下扩散的传导路径，将组织层面的警觉意识通过跨层互动辐射到组织中的个体。警觉扩散路径将组织"敏锐判断"的警觉物有效传导给相关行动者以提高组织整体注意力，由于变革行动的实施和组织环境的变化，组织警觉的后馈扩散过程所改变的多点关注基础可能发生变化从而产生新的关注线索，随机再次开启前馈警觉生成路径。通过生成与扩散的"双环"，两种行为之间的循环互动使得组织警觉呈现出持续变化的动态性特征。由此我们得出以下结论。

命题 2：组织层警觉通过"个体—团队—组织"的多点关注、跨层互动和敏锐判断的正向路径生成，同时也由"组织—团队—个体"反向路径进行警觉扩散，生成与扩散的"双环"在组织变革情境下将被激发，两种行为之间的循环互动使组织警觉呈现出持续变化的动态性特征。

以上两个命题是第一阶段质性研究的分析结果，我们在第二阶段（第六章）中对命题 1 进行验证。通过对四家规模不一、在过去几年中主动进行变革的成熟企业（向日亚、小蓝车、元禾原点、柴玖捌零）的高层管理者和中层管理者进行半结构化访谈，归纳整理共获得 35 条对组织警觉概念的描述性语句，结合理论文献挖掘出的 22 个测量题项，在专家小组的建议下形成初步测量题项。通过大规模调查问卷获得 280 份有效样本，由此进行探索性与验证性因子分析，最终得到一个包含三个因子十个题项的信度和效度良好的组织警觉测量量表（$x^2/\mathrm{df} = 1.146$，$\mathrm{GFI} = 0.947$，$\mathrm{NFI} = 0.911$，$\mathrm{CFI} = 0.987$，$\mathrm{RMSEA} = 0.03$）。三个因子的内涵与多点关注、跨层互动和敏锐判断的内涵一致，由此验证了命题 1。

二、组织警觉如何作用于组织变革？

组织变革是一个历时、动态的过程，理应在纵向上展开研究。我们通过对各个时序区间进行"阶段式建模"来打开从警觉到变革的过程"黑箱"。首先我们事无巨细地对第一阶段中的访谈资料进行开放式编码获得概念、范畴和范畴面向，然后通过典范模型将零散的范畴连接为"证据链"，在此基础上借助"选择性译码"对核心范畴进行说明、补充和串联，形成脉络清晰的故事线。随后我们在其他时序期间内反复进行"开放式编码"—"主轴译码"—"选择性译码"的阶段式建模，形成多条故事线并进行比对，使用原样复制和差别复制的逻辑将故事线整合成一个既能阐述案例现象又具有理论解释意义的过程模型（图4-10），得出结论。

命题3：组织警觉通过改变高层决策者的机会或威胁认知而促使组织使用计划型变革路径制订变革方案并推行实施。

命题4：组织警觉通过激发行为者发挥能动性，通过实践偏移与业务流程变革等进行机会创造并引发持续性关联型变革行动，从而使组织的变革路径呈现出涌现型特征。

命题5：环境的不确定性特征越明显，组织警觉越可能促进组织的涌现型变革行为。

组织警觉激发计划型变革是"顺势而适"的机会识别与开发过程，而形成涌现型变革则是实践偏移下中的"谋势而创"机会创造过程。我们结合生态位视角、资源依赖观等从微观行为者角度对实践偏移进行了解释，得出以下结论。

命题6：在生态位重叠与分离导致的互依关系非均衡状态下，中基层行动者被组织警觉推动形成不同的机会认知或威胁认知，从而采用与战略定位时设计的战略轨迹不相同的行动策略（反应型策略、前摄型行动策略、防御型行动策略、参与型行动策略），因此导致改革方案的实践偏移。

命题7：隐喻式目标提供了实践活动的"想象空间"，助推行动主体产生警觉性从而实现实践偏移。

命题8：当组织运行中存在隐喻式目标时，警觉性能激发中层管理者对组织目标进行独立于高层管理者的意义阐释与意义构建，从而推动涌现型组织变革出现。

我们通过对高层、中基层的认知与实践行为的分析，提出以上六个命题，成功地从微观层面解构了组织警觉推动组织变革的路径与机理。

三、组织警觉构念基于创业警觉，创始人的创业警觉水平与企业的组织水平相一致吗？提高组织警觉，是否会促进企业为应对市场环境变化而加快组织变革？如果是，应当如何有效培育企业的组织警觉？

在第六章中，我们通过将纵向案例所提出的命题 3~5 成功"变量化"和"关系化"，选取广东省返乡创业的高职创业者及其创业团队为研究对象，采用要素理论视角，通过大规模调查问卷获得 218 份有效样本。进行主效应检验、中介和调节效应检验，除成功验证命题 3~5，还得出以下结论：返乡创业情境下，高层管理者的创业警觉对企业组织警觉的生成具有正向作用；企业组织警觉正向促进计划型组织变革行动；企业组织警觉正向促进涌现型组织变革行动；组织警觉正向促进创业理论学习；组织警觉正向促进创业实践学习；创业理论学习正向促进计划型变革；创业实践学习正向促进计划型变革；创业理论学习在组织警觉与计划型组织变革之间起中介作用；创业实践学习在组织警觉与计划型组织变革之间起中介左右；环境不确定性正向调节组织警觉与涌现型组织变革行动的关系。

在返乡创业这一情境下，高组织警觉的创业者善于将个人警觉扩散到组织，将自身的创业警觉突破个体、迁移为整个团队的组织警觉。因此，提高高职创业者个体的创业警觉，将直接促进其所在企业的组织警觉提升。此外，乡村振兴所面临的复杂多变的新形势与市场机会将激发高组织警觉企业的涌现型变革行为；企业的创业学习行为有助于企业跨越组织警觉到有计划地变革行为的鸿沟。本研究通过创业学习这一中介变量，打开了组织警觉推动组织变革的"黑箱"，从实证角度验证了前述质性研究的分析结论，丰富了创业学习对组织变革的影响研究。

最后，我们针对返乡创业的高职学生创业者及其团队，就如何培育组织警觉、提高组织变革有效性提出建议：通过营造开放的沟通氛围、快速响应的能力和鼓励创新的文化，从而打造高警觉性的组织；在赋能高职返乡创业者时，要有意识地通过课程设计提高组织的警觉性，并且在提供创业学习课程内容时，与创业者感知到的警觉要素相耦合是催生有效变革行为、提升企业绩效的关键举措；对于在校高职学生创业者的培养，应注重市场分析与敏感度培养、风险意识教育等。

第二节 理论贡献

一、对警觉理论领域的贡献

（一）为后续研究提供了概念基础和测量基础

回顾创业警觉研究的发展脉络，可发现大量学者对警觉概念的内涵和结构维度进行了探索研究，学者们应用调查问卷、实验法、仿真法等多种方式对警觉进行测量。但是，组织层的警觉研究依然寥寥无几。Simsek 等认为警觉应该是一个公司层构念，但是他只选取了公司信息系统这一单一面的警觉作为组织警觉。① Ma 等将创业警觉的概念拓展应用于所有员工并称之为组织警觉。② Montiel-Campos 认为创业警觉可适用于中层管理者。③ Roundy 等也认为警觉性概念应该作为组织层构念应用于成熟企业（无论企业寿命与规模），但他只是选取了创业警觉的一些维度直接应用于组织层。④

因此，本书首先通过对一个具有启示性的典型纵向案例进行叙事分析，在此基础上进行探索式编码，结合组织学习动态过程框架、组织多层次理论、认知理论和注意力基础观等提出了组织警觉的内涵结构。随后，基于 Churchill 的量表开发流程，结合纵向案例编码分析得出的组织警觉特征维度，进行了规范化的量表开发与验证（文献回顾，多案例半结构化访谈、专家小组修正、大样本问卷调查等），开发和初步验证了一套信度效度较好的 10 题项 3 因子的测量量表（Cronbach's $\alpha > 0.7$，$\chi 2/df = 1.146$，GFI $= 0.947$，NFI $= 0.911$，CFI $= 0.987$，

① SIMSEK Z, LUBATKIN M H, VEIGA J F, et al. The Role of an Entrepreneurially Alert Information System in Promoting Corporate Entrepreneurship [J]. Journal of Business Research, 2009, 62 (8): 810–817.

② MA R, HUANG Y C. Opportunity–Based Strategic Orientation, Knowledge Acquisition, and Entrepreneurial Alertness: The Perspective of the Global Sourcing Suppliers in China [J]. Journal of Small Business Management, 2016, 54 (3): 953–972.

③ MONTIEL–CAMPOS H. Understanding Employees' Entrepreneurial Alertness: The Role of Creativity and Support for Creativity [J]. Academy of Entrepreneurship Journal, 2018, 24 (1): 1–16.

④ ROUNDY P T, HARRISON D A, KHAVUL S, et al. Entrepreneurial Alertness as a Pathway to Strategic Decisions and Organizational Performance [J]. Strategic Organization, 2018, 16 (2): 192–226.

RMSEA=0.03）。本书基于组织警觉的内涵挖掘和量表开发工作为该研究领域的后续研究提供了概念基础和测量基础。

（二）推动了变革情境下的警觉理论由静态研究走向动态研究

以往研究中警觉性的动态特征中往往被忽视，研究者们聚焦于对静态的警觉状态进行差异对比，而非动态跟踪验证，所得结论缺乏说服力。本书借助对研华案例在2006—2018年，由警觉引发的组织变革持续、动态发生过程的研究，通过对其演进历程的分阶段叙事比较，建立起有启发意义的过程模型，从而发现了组织警觉生成与扩散机制的"双环"。这是基于组织多层次理论从"个体—团队—组织"三个不同的层面切入的，基于纵向案例资料分析，我们发现了"前馈"生成与"后馈"扩散两条路径，并在变革情境下呈现出动态性特征，这打开了警觉生成与扩散机制的"黑箱"，通过对不同层次间成员互动过程的深化丰富了组织警觉的实证研究，并推动了变革情境下的警觉理论由静态研究走向动态研究。

此外，我们为后续研究者的质性研究分析策略提供了建议：在个体层进行心理图式分析或行为特征分析，在团队层进行对话文本分析、团队配置和文化氛围的观察分析，在组织层根据领导风格、资源配置和组织目标等进行分析。这些分析策略建议将有助于深化警觉研究。

二、对组织变革理论领域的贡献

（一）通过刻画组织警觉如何作用于组织变革行动的过程，打开了警觉如何触发组织变革的黑箱

警觉是组织变革的触发动力（Dixon & Meyer, 2010），但"如何触发"这一过程现有研究尚未给出系统回答。本书在一个组织试图通过"双经营模式"应对不确定环境而建立了与现有销售部门存在局部功能替代的部门从而引发了行动者的警觉与持续变革的情境上展开研究，通过深入分析研华纵向案例中的四个阶段从警觉到变革的过程，探索警觉与既有资源、组织结构和流程的互动并进行"阶段式建模"。随后利用差别复制和原样复制逻辑对历时性分析做出归纳总结并得出富含理论解释的过程模型。本书不仅确认了组织警觉是组织变革的逻辑起点，还发现了警觉促进组织变革实施的两条不同路径，即"顺势而适"的计划型路径和"因势而创"的涌现型路径，并且通过大样本实证对关系进行验证，确认了环境不确定性在这一过程中的调节作用。

（二）从微观层面解释了变革实践中个体的偏移问题

本书将组织警觉理论与组织变革理论相结合，把组织中的行动者个体的警

觉性纳入变革情境考量，从微观层面解释了变革实践中个体的行为和目标如何以及为何偏移的问题。

借助实践偏移这一现象深入分析微观行动者的能动性激发，发现组织警觉与隐喻式目标是实践偏移的"推手"与"抓手"，后者为行动者提供了"想象空间"，从而促使其采用与所设计的战略轨迹不相同的四种行动策略（反应型策略、前摄型行动策略、防御型行动策略、参与型行动策略）。在组织变革的过程研究中，现今较为流行的理性选择路径多是以组织经济学理论为基础，其前提假设都是以个体行动者或者组织以及其他的集体行动者是追逐自身利益最大化的"理性经济人"。因此在以这些行动者为对象进行行为分析时，常使用博弈论等定量解释模型以简洁清晰地进行组织变革方案的选择，带有功能主义的倾向。但缺乏对行动者的"能动性"考察，并且对行动者的实践过程的经验研究仍然较少。这里面的问题是，对人类理性的过度化制约会使得行动者的行为解释在面临更加复杂的外部环境和实践时存在着明显的限度。本书将组织警觉理论与组织变革理论相结合，把组织中的行动者个体的警觉性纳入变革情境考量，从微观层面解释了变革实践中个体的行为和目标如何以及为何偏移的问题，一定程度上解答了为何实践中的一些集体或个体行动者的行为并没有按照制度设计的预期而发生，为什么一些组织能够建立起新的惯例、组织形制，而另一些却不能的问题。

（三）重新界定了中层管理者的角色

案例研究发现中层管理者的警觉将促进其对组织目标进行独立的意义构建从而在组织变革中发挥战略性贡献。在这过程中，中层管理者从被动接受变革的翻译者和代理人为转变为主动推动变革形成的决策者，这一发现提供了对变革中的中层管理者身份的新认知。

在本书综述部分，我们讨论了中层管理者在组织变革中的作用经历了从"无关论"到"消极论"再到"积极论"的演变，但就算持有"积极论"的学者，对中层管理者在变革中的角色认知也是以意义阐释、解释与推销高层制订的变革方案、竞争情报传递或变革一致性维持者等被动的"变革代理人"为主。通过对研华案例的深入分析我们发现，中层管理者的警觉在"隐喻式目标"提供的宽容性制度环境中，有可能激发行动者对组织目标进行独立于高层管理者的意义阐释与意义构建。在这一过程中，中层管理者的身份从被动接受变革的翻译者和代理人转变为主动推动变革形成的决策者，并由此发挥了战略性贡献。这一对中层管理者新的角色认知，会导致由此衍生的效应和机制分析出现差异，有待后续研究进行深化。

三、对创业理论领域的贡献

（一）警觉性是返乡创业高职大学生胜任力的重要构成，创业者个体警觉将促进团队的组织警觉提升

组织警觉由创业警觉概念衍生而来，是否存在特定情境，使得高层管理者的创业警觉能够直接推动企业组织警觉的形成？经研究发现，在乡村振兴背景下，学历层次为高职的创业者虽然存在着社会资源、知识结构和理论素养等短板，但善于将个人警觉扩散到组织，即创业者善于传播其独特的认知心理图式和思维方式，将自身的创业警觉突破个体、迁移为整个团队的组织警觉。因此，提高高职创业者个体的创业警觉，将直接促进其所在企业的组织警觉提升。

（二）市场环境越是不确定，创业企业越是需要提高组织警觉

本书实证研究发现，在存在高度市场环境不确定性的环境下，例如，乡村振兴战略下返乡创业的企业所面临的多变政策与市场环境，高警觉的组织更容易出现涌现型组织变革行为，即"战略实践观"所倡导的"摸着石头过河""战略即实践"等观点，有助于企业抗击不确定性风险并获得良好的市场表现。

（三）企业的创业学习行为，有助于企业跨越组织警觉到有计划地变革行为的鸿沟

高警觉的组织所捕捉到的朦胧变革图像，通过主动进行创业理论或实践的学习，变革路径逐渐清晰、步骤化，企业可按计划实施变革行为。本研究通过创业学习这一中介变量，打开了组织警觉推动组织变革的"黑箱"，从实证角度验证了前述质性研究的分析结论，丰富了创业学习对组织变革的影响研究。

第三节　实践启示

为什么在同样不确定的环境下，一些昔日商业巨贾黯然衰落（如芬兰手机巨头诺基亚因高层管理者判断"客户不会喜欢被手指频繁点击而污染的屏幕"而与智能手机革命失之交臂），而另外一些企业却凭借一个微小的契机东山再起（如洋河集团凭借"蓝色经典"这一创新性产品一战成名扭亏为盈）？企业家们把这一差别归因为"警觉"和"洞察"的作用。

但是，时代的变化已超出了大部分企业家的理解范畴，数字时代引发了层出不穷的新概念、新技术、新的制度环境和市场机制，例如，"互联网+"催生

的"网红经济"成为资本风口，倒逼传统制造商如纺织服装行业进行产业变革。在这信息洪流中，企业家依据个人经验以"洞察"和"警觉"已然不足以应对不确定环境下的变革需求。培育并提高组织的警觉，对动荡环境下的企业来说至关重要。根据本书的研究结果，我们提出以下几条管理建议。

第一，通过"培育三个力"，提高组织警觉。

培育注意力。与过去相比，当今社会获取信息的成本大大降低，但正因如此，如何分配注意以从海量数据中发掘有价值的信息更为重要。企业应当筛选与辨识信息来源渠道，针对与自身发展相关的产业信息、竞争者动态、技术发展等建立主动信息搜寻机制并加以关注。

培育沟通力。前端运营的员工往往比高层管理者更能够感知环境变动的线索，培育沟通力能够促使企业内不同层级、不同职能部门、不同市场板块间的有效线索能够快速传递，企业内部需要建立起鼓励沟通的文化氛围以及正式的沟通渠道，比如，持续在管理例会中鼓励参与者分享他们发现了哪些新的趋势，背后的推动力量是什么，对用户来说意味着什么，对公司的影响是什么，等等。如果这样分享能够持之以恒，不仅会引导参与者的关注力聚焦，更是能形成沟通习惯。此外，非正式的沟通对于培育沟通力也非常重要，比如，杰克·韦尔奇见到人经常会问三个字"What is New?"有什么新动向，有什么新鲜事？鼓励不同背景、职能、业务的人进行交流，有助于产生新的变革线索。

培育判断力。组织成员对线索的有效关注要基于与组织目标相同的判断，从内部来说，定期召开"务虚"会议与员工畅谈组织现状和未来构想，有助于深化他们对环境线索的价值判断；从外部来说，借助大数据和云计算等工具将有助于提高组织对未来的预判。

第二，小型企业要重点增加判断力。

本书的实证部分检验了 218 家样本企业的不同规模在组织警觉维度上的差异，研究发现小型企业（100 人以下）的敏锐判断要显著低于其他企业。在企业实践中往往也出现这种现象，小型企业由于人数规模小，决策者压力与责任较大所以对环境变动投入了十分关注，但由于经验等多种原因导致错失机会或者做出错误的判断。因此，我们建议小型企业要重点增加判断力，具体方式上可以通过向外部寻求管理咨询建议，使用多种工具辅助预判等。

第三，不确定环境中，企业需要将变革权利和责任向下延伸。

陈春花教授呼吁所处行业剧烈动荡但是并未有清晰的未来商业模式设想的

企业建立"双经营系统"① 以应对不确定环境，研华案例就是一个"双经营系统"的实证，本书的研究发现在这一情境下中层管理者将对变革发挥战略性贡献。与高层管理者相比，中层管理者更了解具体业务的前沿动态，也更能够去捕获"意外"。因此，我们建议面临不确定环境的企业，将变革权利和责任下放到中层管理者甚至基层管理者，鼓励自下而上的变革，具体方式如对员工强调变革的重要性并鼓励他们对变革大胆发声讨论。

第四节　研究不足

案例研究普遍存在外部效度的问题，结论是否存在复现的可能和复制的机会尚存疑问。本书以研华 2006—2018 年的组织演变为研究主线，发现其演变路径可划分为四个较为完整的变革过程，由此从纵向时序上可视为四个子案例，研究结果在案例内的不同时序区间上得到复制，这从一定程度上提高了结论的稳健性。此外，本书在第七章通过将部分案例结论"关系化"和"变量化"并进行大样本实证，提高了结论的普适性。

本书数据多为访谈性资料，回溯性数据存在回忆错误或者社会称许性偏差的问题，这对过程研究而言，更是一个不容忽视的问题。我们一方面采取多名采访者相互印证的方法，另一方面当某事件在多个被访者的访谈资料中出现冲突时，我们对负责该事件的被访者赋予更大的权重，因为他/她的记忆更深刻，出现错误的机会更低。这些方式，在一定程度上减轻了回溯性数据带来的回忆偏差问题。

---

① 陈春花教授在 2016 年 12 月 20 日北京大学国家发展研究院首届国家发展论坛和 2017 年 12 月 10 日第二届国家发展论坛等多个公开场合进行此呼吁。

参考文献

一、中文文献

(一) 专著

[1] 陈悦,陈超美,胡志刚,等.引文空间分析原理与应用:CiteSpace 实用指南 [M].北京:科学出版社,2014.

[2] 查兰.求胜于未知:不确定性变革时代如何主动出击变中求胜 [M].杨懿梅,译.北京:机械工业出版社,2015.

[3] 殷.案例研究:设计与方法 (原书第 5 版) [M].周海涛,史少杰,译.重庆:重庆大学出版社,2017.

[4] 吴明隆.问卷统计分析实务:SPSS 操作与应用 [M].重庆:重庆大学出版社,2023.

[5] 席酉民.企业集团发展模式与运行机制比较 [M].北京:机械工业出版社,2003.

[6] 杨健.降维打击:"互联网+"大数据时代颠覆性变革的力量 [M].北京:北京时代华文书局,2016.

(二) 期刊

[1] 卜金涛.基于边缘层活动的战略决策模式 [J].南京财经大学学报,2005 (3).

[2] 冯雪飞,董大海,张瑞雪.互联网思维:中国传统企业实现商业模式创新的捷径 [J].当代经济管理,2015,37 (4).

[3] 高静美,陈甫.组织变革知识体系社会建构的认知鸿沟:基于本土中层管理者 DPH 模型的实证检验 [J].管理世界,2013 (2).

[4] 高静美,吴亚楠.组织变革双元价值困境的中层管理者"意义"干预

影响研究：基于 H 制药公司（大连）工厂的案例研究［J］. 南大商学评论,
2016, 13（4）.

［5］胡洪浩, 王重鸣. 创业警觉研究前沿探析与未来展望［J］. 外国经济
与管理, 2013, 35（12）.

［6］胡洪浩, 王重鸣. 公司创业决策中的组织警觉产生过程：一个纵向新
零售案例研究［J］. 商业经济与管理, 2018（5）.

［7］江洪, 许露, 杜妍洁. 技术机会识别中企业警觉度探索性因子分析
［J］. 图书情报工作, 2016, 60（13）.

［8］吉峰, 张婷, 巫凡. 大数据能力对传统企业互联网化转型的影响：基
于供应链柔性视角［J］. 学术界, 2016（2）.

［9］李大元, 项保华, 陈应龙. 企业动态能力及其功效：环境不确定性的
影响［J］. 南开管理评论, 2009, 12（6）.

［10］李海舰, 田跃新, 李文杰. 互联网思维与传统企业再造［J］. 中国工
业经济, 2014（10）.

［11］刘建刚, 钱玺娇. "互联网+"战略下企业技术创新与商业模式创新
协同发展路径研究：以小米科技有限责任公司为案例［J］. 科技进步与对策,
2016, 33（1）.

［12］刘志成, 吴能全. 中国企业家行为过程研究：来自近代中国企业家的
考察［J］. 管理世界, 2012（6）.

［13］罗珉. 管理学范式理论述评［J］. 外国经济与管理, 2006（6）.

［14］毛基业, 陈诚. 案例研究的理论构建：艾森哈特的新洞见：第十届
"中国企业管理案例与质性研究论坛（2016）"会议综述［J］. 管理世界, 2017
（2）.

［15］马颖楠, 黄中梅. 组织变革综述［J］. 特区经济, 2015（4）.

［16］苗青. 创业决策形成的微观机制：因果模型检验［J］. 科学学研究,
2009, 27（3）.

［17］苗旭. 企业中层管理人员的选拔研究［J］. 中国管理信息化, 2015,
18（3）.

［18］王凤霞, 夏爽, 陈亚娟. 中基层员工主导型公司创业过程研究：基于
腾讯公司的探索性案例设计［J］. 科技进步与对策, 2018, 35（12）.

［19］魏喜武. 创业警觉性研究前沿探析与相关命题的提出［J］. 外国经济
与管理, 2009, 31（5）.

［20］魏喜武, 陈德棉. 创业警觉性与创业机会的匹配研究［J］. 管理学

报，2011，8（1）．

［21］谢康，吴瑶，肖静华，等．组织变革中的战略风险控制：基于企业互联网转型的多案例研究［J］．管理世界，2016（2）．

［22］徐万里，钱锡红，孙海法．动态能力、微观能动主体与组织能力提升［J］．经济管理，2009，31（3）．

［23］姚梅芳，张奥，李秉泽．机会警觉性和竞争张力对组织变革策略的影响研究［J］．技术经济与管理研究，2016（4）．

［24］张奥，姚梅芳，董保宝．高管机会警觉性、组织变革策略与企业绩效：一个有调节的中介效应模型［J］．南方经济，2017（11）．

［25］张浩，孙新波，张雨，等．揭开创业机会识别的"红盖头"：基于反事实思维与机会识别的实证研究［J］．科学学研究，2018，36（2）．

二、英文文献

（一）专著

［1］BALOGUN J，HAILEY V H，JOHNSON G，et al. Exploring Strategic Change［M］. London：Pearson Education，2008.

［2］BURNES B. Managing Change：A Strategic Approach to Organisational Dynamics［M］. London：Pearson Education，2004.

［3］FINKELSTEIN S，HAMBRICK D C. Strategic Leadership：Top Executives and Their Effects on Organizations［M］. Bristol：West Educational Publishing，1996.

［4］GIBBS R W. Metaphor and Thought［M］. Cambridge：Cambridge University Press，2008.

［5］GLASER，BARNEY G，STRAUSS，et al. The Discovery of Grounded Theory［M］. London：Weidenfeld and Nicolson，1968.

［6］GLESNE C，PESHKIN A. Becoming Qualitative Researchers：An Introduction［M］. White Plains，NY：Longman，1992.

［7］GOLEMBIEWSKI R T. Approaches to Planned Change［M］. New York：Marcel Dekker，1979.

［8］GOLSORKHI D，ROULEAU L，SEIDL D，et al. Cambridge Handbook of Strategy as Practice：Participation in Strategy Work［M］. Cambridge：Cambridge University Press，2015.

［9］JARZABKOWSKI P. Strategy as Practice：An Activity Based Approach

[M]. Los Angeles: Sage, 2005.

[10] KIRZNER I M. Competition and Entrepreneurship [M]. Chicago: University of Chicago Press, 1978.

[11] KLEIN K J, KOZLOWSKI S W J. Multilevel Theory, Research, and Methods in Organizations: Foundations, Extensions, and New Directions [M]. San Francisco: Jossey-Bass, 2000.

[12] KLINE R B. Methodology in the Social Sciences [M]. New York: Guilford Press, 2005.

[13] KOTTER J P. Leading Change [M]. Boston: Harvard Business Review Press, 1996.

[14] LEE T W. Using Qualitative Methods in Organizational Research [M]. Los Angeles: Sage, 1999.

[15] LIVNE-TARANDACH R, BARTUNEK J M. Research in Organizational Change and Development [M]. London: Emerald Group Publishing Limited, 2009.

[16] LI Z. Entrepreneurial Alertness: An Exploratory Study [M]. Berlin: Springer, 2012.

[17] PENROSE E T. The Theory of the Growth of the Firm [M]. New York: Sharpe, 1959.

[18] PFEFFER J, SALANCIK G R. The External Control of Organizations: A Resource Dependence Perspective [M]. Manhatton: Stanford University Press, 2003.

[19] PORTER M E. Competitive Strategy: Techniques for Analyzing Industries and Competitors [M]. New York: Free Press, 1980.

[20] STRAUSS A, CORBIN J M. Basics of Qualitative Research: Grounded Theory Procedures and Techniques [M]. Los Angeles: Sage Publications, 1990.

[21] TIMMONS J A. New Venture Creation [M]. New York: Tata McGraw-Hill Education, 1999.

（二）期刊

[1] ACHTENHAGEN L, NALDI L, MELIN L. "Business growth" ——Do Practitioners and Scholars Really Talk About the Same Thing? [J]. Entrepreneurship Theory and Practice, 2010, 34 (2).

[2] AGARWAL R, SELEN W. Dynamic Capability Building in Service Value Networks for Achieving Service Innovation [J]. Decision Sciences, 2009, 40 (3).

[3] ALVAREZ S, BARNEY J B. Discovery and Creation: Alternative Theories of Entrepreneurial Action [J]. Strategic Entrepreneurship Journal, 2006, 3 (6).

[4] ALVAREZ S, BARNEY J B. Entrepreneurship and Epistemology: The Philosophical Underpinnings of the Study of Entrepreneurial Opportunities [J]. Academy of Management Annals, 2010, 4 (1).

[5] ALVESSON M, KARREMAAN D. Constructing Mystery: Empirical Matters in Theory Development [J]. Academy of Management Review, 2007, 32 (4).

[6] AMASON A C. Distinguishing the Effects of Functional and Dysfunctional Conflict on Strategic Decision Making: Resolving a Paradox for Top Management Teams [J]. Academy of Management Journal, 1996, 39 (1).

[7] ANDERSON N, WEST M A. The Team Climate Inventory: Development of the TCI and Its Applications in Teambuilding for Innovativeness [J]. European Journal of Work & Organizational Psychology, 1996, 5 (1).

[8] ARDICHVILI A, CARDOZO R, RAY S. A Theory of Entrepreneurial Opportunity Identification and Development [J]. Journal of Business Venturing, 2003, 18 (1).

[9] BALOGUN J, JOHNSON G. Organizational Restructuring and Middle Manager Sensemaking [J]. The Academy of Management Journal, 2004, 47 (4).

[10] BAKER T, NELSONR E. Creating Something from Nothing: Resource Construction through Entrepreneurial Bricolage [J]. Administrative Science Quarterly, 2005, 50 (3).

[11] BARNEY J. Firm Resources and Sustained Competitive Advantage [J]. Journal of Management, 1991, 17 (1).

[12] BARNEY J B, ZHANG S. The Future of Chinese Management Research: A Theory of Chinese Management Versus a Chinese Theory of Management [J]. Management and Organization Review, 2009, 5 (1).

[13] BARON R A, ENSLEY M D. Opportunity Recognition as the Detection of Meaningful Patterns: Evidence from Comparisons of Novice and Experienced Entrepreneurs [J]. Management Science, 2006, 52 (9).

[14] BARON R A. Opportunity Recognition as Pattern Recognition: How Entrepreneurs "Connect the Dots" to Identify New Business Opportunities [J]. Academy of Management Perspectives, 2006, 20 (1).

[15] BARON R A. The Role of Affect in the Entrepreneurial Process [J]. A-

cademy of Management Review, 2008, 33 (2).

[16] BARONR A, TANG J T. The Role of Entrepreneurs in Firm-Level Innova-
tion: Joint Effects of Positive Affect, Creativity, and Environmental Dynamism [J].
Journal of Business Venturing, 2011, 26 (1).

[17] BATTILANA J, CASCIARO T. Change Agents, Networks, and Institutions:
A Contingency Theory of Organizational Change [J]. Academy of Management
Journal, 2012, 55 (2).

[18] BEER M, NOHRIA N. Cracking the Code of Change [J]. Harvard
Business Review, 2000, 78 (3).

[19] BECK N, BRÜDERL J, WOYWODE M. Momentum or Deceleration? Theo-
retical and Methodological Reflections on the Analysis of Organizational Change [J].
Academy of Management Journal, 2008, 51 (3).

[20] BIEDENBACH T, SÖDERHOLM A. The Challenge of Organizing Change in
Hypercompetitive Industries: A Literature Review [J]. Journal of Change Manage-
ment, 2008, 8 (2).

[21] BIELINSKA – KWAPISZ A. Triggers of Organizational Change: Duration,
Previous Changes, and Environment [J]. Journal of change management, 2014, 14
(3).

[22] BUCHANAN D, FITZGERALD L, KETLEY D, et al. No Going Back: A
Review of the Literature on Sustaining Organizational Change [J]. International
Journal of Management Reviews, 2005, 7 (3).

[23] BURNES B. Kurt Lewin and the Planned Approach to Change: A Re-Ap-
praisal [J]. Journal of Management studies, 2004, 41 (6).

[24] BUSENITZ L W. Research on Entrepreneurial Alertness: Sampling, Meas-
urement, and Theoretical Issues [J]. Journal of Small Business Management, 1996,
34 (4).

[25] BUSENITZ L W, BARNEY J B. Differences between Entrepreneurs and
Managers in Large Organizations: Biases and Heuristics in Strategic Decision-Making
[J]. Journal of Business Venturing, 1997, 12 (1).

[26] BYR T. Organisational Change Management: A Critical Review [J].
Journal of Change Management, 2005, 5 (4).

[27] BYR T, DALE C. The Successful Management of Organisational Change in
Tourism SMEs: Initial Findings in UK Visitor Attractions [J]. International Journal of

Tourism Research, 2008, 10 (4).

[28] CANIËLS M C J, RIETZSCHEL E F. Organizing Creativity: Creativity and Innovation under Constraints [J]. Creativity and Innovation Management, 2015, 24 (2).

[29] CHAKRAVARTHY B S, DOZ Y. Strategy Process Research: Focusing on Corporate Self-Renewal [J]. Strategic Management Journal, 1992, 13 (S1).

[30] CHARMAZ K. Stories and Silences: Disclosures and Self in Chronic Illness [J]. Qualitative Inquiry, 2002, 8 (3).

[31] CHEN M J. Competitive Dynamics Research: An Insider's Odyssey [J]. Asia Pacific Journal of Management, 2009, 26 (1).

[32] CHEN M J, MILLER D. Competitive Dynamics: Themes, Trends, and a Prospective Research Platform [J]. The Academy of Management Annals, 2012, 6 (1).

[33] CHINYAMURINDI W. Middle Manager Role and Contribution towards the Competitive Intelligence Process: A Case of Irish Subsidiaries [J]. South African Journal of Information Management, 2016, 18 (2).

[34] CHURCHILL G A. A Paradigm for Developing Better Measures of Marketing Constructs [J]. Journal of Marketing Research, 1979, 16 (1).

[35] CHO T S, HAMBRICK D C. Attention as the Mediator between Top Management Team Characteristics and Strategic Change: The Case of Airline Deregulation [J]. Organization Science, 2006, 17 (4).

[36] CONWAY E, MONKS K. Change from Below: the Role of Middle Managers in Mediating Paradoxical Change [J]. Human Resource Management Journal, 2011, 21 (2).

[37] COOPER A C, WOO C Y, DUNKELBERG W C. Entrepreneurs' Perceived Chances for Success [J]. Journal of Business Venturing, 1988, 3 (2).

[38] CORLEY K G, GIOIA D A. Identity Ambiguity and Change in the Wake of a Corporate Spin-Off [J]. Administrative Science Quarterly, 2004, 49 (2).

[39] CROSSAN M M, LANE H W, WHITE R E. An Organizational Learning Framework: From Intuition to Institution [J]. The Academy of Management Review, 1999, 24 (3).

[40] DALPIAZ E, DI STEFANO G. A Universe of Stories: Mobilizing Narrative Practices during Transformative Change [J]. Strategic Management Journal, 2018, 39

(3).

［41］DANNEELS E. Organizational Antecedents of Second–Order Competences ［J］. Strategic Management Journal, 2008, 29 (5).

［42］DAWSON P, BUCHANAN D. The Way It Really Happened: Competing Narratives in the Political Process of Technological Change ［J］. Human Relations, 2005, 58 (7).

［43］DECKER P J, DURAND R, MAYFIELD C O, et al. Predicting Implementation Failure in Organization Change ［J］. Journal of Organizational Culture, Communications and Conflict, 2012, 16 (2).

［44］DEGUTIS J M, VAN VLEET T M. Tonic and Phasic Alertness Training: A Novel Behavioral Therapy to Improve Spatial and Non–Spatial Attention in Patients with Hemispatial Neglect ［J］. Frontiers in Human Neuroscience, 2010, 4.

［45］DENT E B, GOLDBERG S G. Challenging "Resistance to Change" ［J］. The Journal of Applied Behavioral Science, 1999, 35 (1).

［46］DIMOV D. Beyond the Single–Person, Single–Insight Attribution in Understanding Entrepreneurial Opportunities ［J］. Entrepreneurship Theory and Practice, 2007, 31 (5).

［47］DRUSKAT V U, WOLFF S B. Building the Emotional Intelligence of Groups ［J］. Harvard Business Review, 2001, 79 (3).

［48］DUNPHY D, STACE D. The Strategic Management of Corporate Change ［J］. Human Relations, 1993, 46 (8).

［49］EISENHARDT K M. Building Theories from Case Study Research ［J］. Academy of Management Review, 1989, 14 (4).

［50］EISENHARDT K M, GRAEBNER M E. Theory Building from Cases: Opportunities and Challenges ［J］. Academy of Management Journal, 2007, 50 (1).

［51］FELDMAN M S, PENTLAND B T. Reconceptualizing Organizational Routines as a Source of Flexibility and Change ［J］. Administrative Science Quarterly, 2003, 48 (1).

［52］FELDMAN M S, ORLIKOWSKI W J. Theorizing Practice and Practicing Theory ［J］. Organization Science, 2011, 22 (5).

［53］FINKE K, MATTHIAS E, KELLER I, et al. How Does Phasic Alerting Improve Performance in Patients with Unilateral Neglect? A Systematic Analysis of Attentional Processing Capacity and Spatial Weighting Mechanisms ［J］. Neuropsychologia,

2012, 50 (6).

[54] FLETCHER D E. Entrepreneurial Processes and the Social Construction of opportunity [J]. Entrepreneurship & Regional Development, 2006, 18 (5).

[55] FORNELL C, LARCKER D F. Evaluating Structural Equation Models with Unobservable Variables and Measurement Error [J]. Journal of Marketing Research, 1981, 18 (1).

[56] GAGLIO C M, KATZ J A. The Psychological Basis of Opportunity Identification: Entrepreneurial Alertness [J]. Small Business Economics, 2001, 16 (2).

[57] GAGLIO C M. The Role of Mental Simulations and Counterfactual Thinking in the Opportunity Identification Process [J]. Entrepreneurship Theory and Practice, 2004, 28 (6).

[58] GIROD S J G, WHITTINGTON R. Change Escalation Processes and Complex Adaptive Systems: From Incremental Reconfigurations to Discontinuous Restructuring [J]. Organization Science, 2015, 26 (5).

[59] GRAEBNER M E, MARTIN J A, ROUNDY P T. Qualitative Data: Cooking without a Recipe [J]. Strategic Organization, 2012, 10 (3).

[60] GRUBER M, MACMILLAN I C, THOMPSON J D. Look before You Leap: Market Opportunity Identification in Emerging Technology Firms [J]. Management Science, 2008, 54 (9).

[61] HAMBRICK D C, MASON P A. Upper Echelons: The Organization as a Reflection of Its Top Managers [J]. Academy of Management Review, 1984, 9 (2).

[62] HAVEMAN H A, RAO H, PARUCHURI S. The Winds of Change: The Progressive Movement and the Bureaucratization of Thrift [J]. American Sociological Review, 2007, 72 (1).

[63] HAYNIE J M, SHEPHERD D A, MCMULLEN J S. An Opportunity for Me? The Role of Resources in Opportunity Evaluation Decisions [J]. Journal of Management Studies, 2009, 46 (3).

[64] HERZIG S E, JIMMIESON N L. Middle Managers' Uncertainty Management during Organizational Change [J]. Leadership & Organization Development Journal, 2006, 27 (8).

[65] HINKIN T R. A Brief Tutorial on the Development of Measures for Use in Survey Questionnaires [J]. Organizational Research Methods, 1998, 1 (1).

[66] HOLT D T, VARDAMAN J M. Toward a Comprehensive Understanding of

Readiness for Change: The Case for an Expanded Conceptualization [J]. Journal of Change Management, 2013, 13 (1).

[67] HUY Q N. Emotional Balancing of Organizational Continuity and Radical Change: The Contribution of Middle Managers [J]. Administrative Science Quarterly, 2002, 47 (1).

[68] HUY Q N. How Middle Managers' Group-Focus Emotions and Social Identities Influence Strategy Implementation [J]. Strategic Management Journal, 2011, 32 (13).

[69] IRELAND R D, COVIN J G, KURATEKO D F. Conceptualizing Corporate Entrepreneurship Strategy [J]. Entrepreneurship Theory and Practice, 2008, 33 (1).

[70] JANSEN J J P, VAN DEN BOSCH F A J, VOLBERDA H W. Exploratory Innovation, Exploitative Innovation, and Performance: Effects of Organizational Antecedents and Environmental Moderators [J]. Management Science, 2006, 52 (11).

[71] JARZABKOWSKI P, BALOGUN J, SEIDL D. Strategizing: The Challenges of a Practice Perspective [J]. Human Relations, 2007, 60 (1).

[72] JARZABKOWSKI P, BEDNAREK R. Toward a Social Practice Theory of Relational Competing [J]. Strategic Management Journal, 2018, 39 (3).

[73] JOHNSON G, MELIN L, WHITTINGTON R. Micro Strategy and Strategizing: Towards a Activity-Based View [J]. Journal of Management Studies, 2003, 40 (1).

[74] JOHNSON R B, ONWUEGBUZIE A J, TURNER L A. Toward a Definition of Mixed Methods Research [J]. Journal of Mixed Methods Research, 2007, 1 (2).

[75] KAISH S, GILAD B. Characteristics of Opportunities Search of Entrepreneurs Versus Executives: Sources, Interests, General Alertness [J]. Journal of Business Venturing, 1991, 6 (1).

[76] KALE D. The Distinctive Patterns of Dynamic Learning and Inter-Firm Differences in the Indian Pharmaceutical Industry [J]. British Journal of Management, 2010, 21 (1).

[77] KANTERR M. The Middle Manager as Innovator [J]. Harvard Business Review, 1982, 60 (4).

[78] KEH H T, DER FOO M, LIM B C. Opportunity Evaluation under Risky Conditions: The cognitive Processes of Entrepreneurs [J]. Entrepreneurship Theory

and practice, 2002, 27 (2).

[79] KIRZNER I M. Creativity and/or Alertness: A Reconsideration of the Schumpeterian Entrepreneur [J]. The Review of Austrian Economics, 1999, 11 (1).

[80] KIRZNER I M. The Alert and Creative Entrepreneur: A Clarification [J]. Small Business Economics, 2009, 32 (2).

[81] KLEIN K J, KOZLOWSKI S W J. From Micro to Meso: Critical Steps in Conceptualizing and Conducting Multilevel Research [J]. Organizational Research Methods, 2000, 3 (3).

[82] KOBERG C S, DETIENNE D R, HEPPARD K A. An Empirical Test of Environmental, Organizational, and Process Factors Affecting Incremental and Radical Innovation [J]. The Journal of High Technology Management Research, 2003, 14 (1).

[83] KOGUT B, ZANDER U. Knowledge of the Firm, Combinative Capabilities, and the Replication of Technology [J]. Organization Science, 1992, 3 (3).

[84] KOUAMÉ S, LANGLEY A. Relating Microprocesses to Macro-Outcomes in Qualitative Strategy Process and Practice Research [J]. Strategic Management Journal, 2018, 39 (3).

[85] KOKA B R, MADHAVAN R, PRESCOTT J E. The Evolution of Interfirm networks: Environmental Effects on Patterns of Network Change [J]. Academy of Management Review, 2006, 31 (3).

[86] KO S, BUTLER J E. Creativity: A Key Link to Entrepreneurial Behavior [J]. Business Horizons, 2007, 50 (5).

[87] KURATKO D F, IRELANDR D, COVIN J G, et al. A Model of Middle-Level Managers' Entrepreneurial Behavior [J]. Entrepreneurship Theory and Practice, 2005, 29 (6).

[88] LANGLEY A. Strategies for Theorizing from Process Data [J]. The Academy of Management Review, 1999, 24 (4).

[89] LEE K, KIM Y, KOH D. Organizational Learning, Top Management Team'S Entrepreneurial Alertness, and Corporate Entrepreneurship in High-Tech Firms [J]. Asian Journal of Technology Innovation, 2016, 24 (3).

[90] LEE J, LEE K, RHO S. An Evolutionary Perspective on Strategic Group Emergence: A Genetic Algorithm-Based Model [J]. Strategic Management Journal, 2002, 23 (8).

［91］LEITCH C, HILL F, HARRISON R. The Philosophy and Practice of Inter-pretivist Research in Entrepreneurship: Quality, Validation, and Trust ［J］. Organizational Research Methods, 2010, 13 (1).

［92］LEONARD-BARTON D. Core Capabilities and Core Rigidities: A Paradox in Managing New Product Development ［J］. Strategic Management Journal, 1992, 13 (1).

［93］LIDA T, MORRIS J. Farewell to the Salaryman? The Changing Roles and Work of Middle Managers in Japan ［J］. The International Journal of Human Resource Management, 2008, 19 (6).

［94］LUMPKIN G T, DESS G G. Enriching the Entrepreneurial Orientation Construct: A Reply to "Entrepreneurial Orientation or Pioneer Advantage" ［J］. The Academy of Management Review, 1996, 21 (3).

［95］LUMPKIN G T, DESS G G. Clarifying the Entrepreneurial Orientation Construct and Linking It to Performance ［J］. Academy of Management Review, 1996, 21 (1).

［96］MACKAYR B, CHIA R. Choice, Chance, and Unintended Consequences in Strategic Change: A Process Understanding of the Rise and Fall of NorthCo Automotive ［J］. Academy of Management Journal, 2013, 56 (1).

［97］MA R, HUANG Y C. Opportunity-Based Strategic Orientation, Knowledge Acquisition, and Entrepreneurial Alertness: The Perspective of the Global Sourcing Suppliers in China ［J］. Journal of Small Business Management, 2016, 54 (3).

［98］MCCAFFREY M. On the Theory of Entrepreneurial Incentives and Alertness ［J］. Entrepreneurship Theory and Practice, 2014, 38 (4).

［99］MINNITI M. Entrepreneurial Alertness and Asymmetric Information in a Spin-Glass Model ［J］. Journal of Business Venturing, 2004, 19 (5).

［100］MISHRA H, MISHRA A, SHIV B. In Praise of Vagueness: Malleability of Vague Information as a Performance Booster ［J］. Psychological Science, 2011, 22 (6).

［101］MONTIEL-CAMPOS H. Understanding Employees' Entrepreneurial Alertness: The Role of Creativity and Support for Creativity ［J］. Academy of Entrepreneurship Journal, 2018, 24 (1).

［102］NELSON R R, WINTER S G. Evolutionary Theorizing in Economics ［J］. Journal of Economic Perspectives, 2002, 16 (2).

[103] OREG S, VAKOLA M, ARMENAKIS A. Change Recipients' Reactions to Organizational Change: A 60-Year Review of Quantitative Studies [J]. The Journal of Applied Behavioral Science, 2011, 47 (4).

[104] OZGEN E, BARON R A. Social Sources of Information in Opportunity Recognition: Effects of Mentors, Industry Networks, and Professional Forums [J]. Journal of Business Venturing, 2007, 22 (2).

[105] PAPPAS J M, WOOLDRIDGE B. Middle Managers' Divergent Strategic Activity: An Investigation of Multiple Measures of Network Centrality [J]. Journal of Management Studies, 2007, 44 (3).

[106] PIPEROPOULOS P, DIMOV D. Burst Bubbles or Build Steam? Entrepreneurship Education, Entrepreneurial Self - Efficacy, and Entrepreneurial Intentions [J]. Journal of Small Business Management, 2015, 53 (4).

[107] RAZ A, BUHLE J. Typologies of Attentional Networks [J]. Nature Reviews Neuroscience, 2006, 7 (5).

[108] RERUP C. Attentional Triangulation: Learning from Unexpected Rare Crises [J]. Organization Science, 2009, 20 (5).

[109] REZVANI M, LASHGARI M, FARSI J Y. Organizational Entrepreneurial Alertness Framework in Opportunity Discovery [J]. Academy of Entrepreneurship Journal, 2018, 24 (2).

[110] ROULEAU L. Micro-Practices of Strategic Sensemaking and Sensegiving: How Middle Managers Interpret and Sell Change Every day [J]. Journal of Management Studies, 2005, 42 (7).

[111] ROUNDY P T, HARRISON D A, KHAVUL S, et al. Entrepreneurial Alertness as a Pathway to Strategic Decisions and Organizational Performance [J]. Strategic Organization, 2018, 16 (2).

[112] SAINIO L M, RITALA P, HURMELINNA-LAUKKANEN P. Constituents of Radical Innovation: Exploring the Role of Strategic Orientations and Market Uncertainty [J]. Technovation, 2012, 32 (11).

[113] SARASON Y, DEAN T, DILLARD J F. Entrepreneurship as the Nexus of Individual and Opportunity: A Structuration View [J]. Journal of Business Venturing, 2006, 21 (3).

[114] SALE J E M, LOHFELD L H, BRAZIL K. Revisiting the Quantitative - Qualitative Debate: Implications for Mixed-Methods Research [J]. Quality and Quan-

tity, 2002, 36 (1).

[115] SAMBAMURTHY V, BHARADWAJ A, GROVER V. Shaping Agility through Digital Options: Reconceptualizing the Role of Information Technology in Contemporary Firms1 [J]. MIS Quarterly, 2003, 27 (2).

[116] SAMBROOK S, ROBERTS C. Corporate Entrepreneurship and Organizational Learning: a Review of the Literature and the Development of a Conceptual Framework [J]. Strategic Change, 2005, 14 (3).

[117] SARASVATHY S D. Causation and Effectuation: Toward a Theoretical Shift from Economic Inevitability to Entrepreneurial Contingency [J]. The Academy of Management Review, 2001, 26 (2).

[118] SCHWARZ G M. Shaking Fruit Out of the Tree: Temporal Effects and Life Cycle in Organizational Change Research [J]. The Journal of Applied Behavioral Science, 2012, 48 (3).

[119] SELF D R, ARMENAKIS A A, SCHRAEDER M. Organizational Change Content, Process, and Context: A Simultaneous Analysis of Employee Reactions [J]. Journal of Change Management, 2007, 7 (2).

[120] SHANE S, VENKATARAMAN S. The Promise of Entrepreneurship as a Field of Research [J]. Academy of Management Review, 2000, 25 (1).

[121] SHAPERO A. The Displaced, Uncomfortable Entrepreneur [J]. Psychology Today, 1975, 9 (6).

[122] SHORT J C, KETCHEN D J, SHOOK C L, et al. The Concept of "Opportunity" in Entrepreneurship Research: Past Accomplishments and Future Challenges [J]. Journal of Management, 2010, 36 (1).

[123] SIGGELKOW N. Persuasion with Case Studies [J]. Academy of Management journal, 2007, 50 (1).

[124] SIMSEK Z, LUBATKIN M H, VEIGA J F, et al. The Role of an Entrepreneurially Alert Information System in Promoting Corporate Entrepreneurship [J]. Journal of Business Research, 2009, 62 (8).

[125] SONENSHEIN S. We're Changing—Or are We? Untangling the Role of Progressive, Regressive, and Stability Narratives during Strategic Change Implementation [J]. The Academy of Management Journal, 2010, 53 (3).

[126] SZULANSKI G, PORAC J, DOZ Y. Strategy Process: Introduction to the Volume [J]. Advances in Strategic Management, 2005, 22.

[127] TANG J T. Environmental Munificence for Entrepreneurs: Entrepreneurial Alertness and Commitment [J]. International Journal of Entrepreneurial Behavior & Research, 2008, 14 (3).

[128] TANG J T, KACMAR K M, BUSENITZ L. Entrepreneurial Alertness in the Pursuit of New Opportunities [J]. Journal of Business Venturing, 2012, 27 (1).

[129] TEECE D J. Profiting from Technological Innovation: Implications for Integration, Collaboration, Licensing and Public Policy [J]. Research Policy, 1986, 15 (6).

[130] UYTERHOEVEN H. General Managers in the Middle [J]. Harvard Business Review, 1989, 67 (5).

[131] VAGHEY I P, JULIEN P A. Are Opportunities Recognized or Constructed: An Information Perspective on Entrepreneurial Opportunity Identification [J]. Journal of Business Venturing, 2010, 25 (1).

[132] VALLIERE D. Towards a Schematic Theory of Entrepreneurial Alertness [J]. Journal of Business Venturing, 2013, 28 (3).

[133] VAN DER VOET J, GROENEVELD S, KUIPERS B S. Talking the Talk or Walking the Walk? The Leadership of Planned and Emergent Change in a Public Organization [J]. Journal of Change Management, 2013, 14 (2).

[134] VAN DE VEN A H, POOLE M S. Alternative Approaches for Studying Organizational Change [J]. Organization Studies, 2005, 26 (9).

[135] VAARA E, LAMBERT J A. Taking Historical Embeddedness Seriously: Three Historical Approaches to Advance Strategy Process and Practice Research [J]. The Academy of Management Review, 2016, 41 (4).

[136] VAARA E, WHITTINGTON R. Strategy - as - Practice: Taking Social Practices Seriously [J]. The Academy of Management Annals, 2012, 6 (1).

[137] VAN DE VEN A H, HUBER G P. Longitudinal Field Research Methods for Studying Processes of Organizational Change [J]. Organization Science, 1990, 1 (3).

[138] VAN DE VEN A H, POOLE M S. Alternative Approaches for Studying Organizational Change [J]. Organization Studies, 2005, 26 (9).

[139] WANBERG C R, BANAS J T. Predictors and Outcomes of Openness to Changes in a Reorganizing Workplace [J]. Journal of Applied Psychology, 2000, 85 (1).

［140］ WEICK K E, SUTCLIFFE K M, OBSTFELD D. Organizing and the Process of Sensemaking ［J］. Organization Science, 2005, 16 (4).

［141］ WHELAN-BERRY K S, SOMERVILLE K A. Linking Change Drivers and the Organizational Change Process: A Review and Synthesis ［J］. Journal of Change Management, 2010, 10 (2).

［142］ WOOD M S, MCKINLEY W. The Production of Entrepreneurial Opportunity: A Constructivist Perspective ［J］. Strategic Entrepreneurship Journal, 2010, 4 (1).

［143］ WOOLDRIDGE B, SCHMID T, FLOYD S W. The Middle Management Perspective on Strategy Process: Contributions, Synthesis, and Future Research ［J］. Journal of Management, 2008, 34 (6).

［144］ WORRALL L, COOPER C. Managers, Hierarchies and Perceptions: A Study of UK Managers ［J］. Journal of Managerial Psychology, 2004, 19 (1).

［145］ YILMAZ K. Comparison of Quantitative and Qualitative Research Traditions: Epistemological, Theoretical, and Methodological Differences ［J］. European Journal of Education, 2013, 48 (2).

［146］ ZEFFANE R. Dynamics of Strategic Change: Critical Issues in Fostering Positive Organizational Change ［J］. Leadership & Organization Development Journal, 1996, 17 (7).

（三）其他

［1］ ALVAREZ S, BARNEY J B. Entrepreneurial Discovery and Alertness ［M］ //COPPER C L. Wiley Encyclopedia of Management. Hoboken: John Wiley & Son, Ltd, 2015.

［2］ BOUDREAU M C, ROBEY D. Organizational Transition to Enterprise Resource Planning Systems: Theoretical Choices for Process Research ［C］ // Proceedings of the 20th International Conference on Information Systems. Association for Information Systems, 1999.

［3］ COVIN J G, SLEVIN D P. The Development and Testing of an Organizational-Level Entrepreneurship Scale ［M］ //RONSTADT R, HORNADAY J A, PETERSON R, et al. Frontiers of Entrepreneurship Research Wellesley, MA: Babson College, 1986.

［4］ FRESE M. The Psychological Actions and Entrepreneurial Success: An

Action Theory Approach [M] //BAUM J R, FRESE M, BARON R A. The Psychology of Entrepreneurship. New York: Psychology Press, 2007.

[5] FRESE M. The Psychological Actions and Entrepreneurial Success: An Action Theory Approach [M] //BAUM J R, FRESE M, BARON R A. The Psychology of Entrepreneurship. Norwood: Lawrence Erlbaum Associates Publishers, 2007.

[6] GAGLIO C M, TAUBR P. Entrepreneurs and Opportunity Recognition [M] //CHURCHILL N C, BIRLEY S, BYGRAVE W D, et al. Frontiers of Entrepreneurship Research. Wellesley, MA: Babson College, 1992.

[7] GUIETTE A, VANDENBEMPT K. Dynamics of Change Recipient Sensemaking in Realizing Strategic Flexibility: A Competence-Based Perspective [M] //SANCHE Z R, HEENE A. A Focused Issue on Building New Competences in Dynamic Environments. London: Emerald Group Publishing Limited, 2014.

[8] KO S, BUTLER J E. Alertness, Bisociative Thinking Ability, and Discovery of Entrepreneurial Opportunities in Asian Hi-Tech Firms [C] Boston: The Babson Kauffman Entrepreneurship Research Conference, 2003.

[9] LIVNE-TARANDACH R, BARTUNEK J M. A New Horizon for Organizational Change and Development Scholarship: Connecting Planned and Emergent Change [M] //WOODMAN R W, PASMORE W A, SHANI A B. Research in Organizational Change and Development. London: Emerald Group Publishing Limited, 2009.

[10] RAY S, CARDOZO R. Sensitivity and Creativity in Entrepreneurial Opportunity Recognition: A Framework for Empirical Investigation [C] //Sixth Global Entrepreneurship Research Conference. London: Imperial College, 1996.

[11] SCHATZKI T R. Introduction: Practice Theory [M] //CETINA K K, SCHATZKI T R, VON SAVIGNY E. The Practice Turn in Contemporary Theory. London: Routledge, 2000.

[12] STAHLE P. The Dynamics of Self-Renewal: A Systems-Thinking to Understanding Organizational Challenges in Dynamic Environments [M] //BOUNFOUR A. Organisational Capital. Oxford: Routledge, 2008.

附　录

附录 1　访谈对象信息与访谈主题列表

访谈轮次	访谈时间	姓名编码	受访时所任职位	层次/线上线下	访谈主题
第一轮	2010.09.02	QNC	工业自动化事业群大陆区总经理兼大陆区副总经理;分管大陆区线上业务部门至 2013 年年底	中层管理者	研华大陆"渠道为王"经营情境,代理商与大客户部的博弈
	2010.09.02	YHZ	研华大陆区直效行销部(DMF)部门经理	中层管理者(线上)	从"电话中心"到直效行销部的变革中的警觉
	2010.09.02	CSH	研华大中华区总经理	高层管理者	研华的发展历史、瓶颈
	2010.09.10	QNC	工业自动化事业群大陆区总经理兼大陆区副总经理;分管大陆区线上业务部门至 2013 年年底	中层管理者	对直效行销部的定位,变革引发的矛盾与冲突

209

续表

访谈轮次	访谈时间	姓名编码	受访时所任职位	层次/线上线下	访谈主题
	2010.09.10	YW	研华大陆区战略品牌管理与公共关系管理总监	中层管理者	新部门的品牌管理、与代理商的关系处理
	2010.09.10	YHZ	研华大陆区直效行销部（DMF）部门经理	中层管理者（线上）	分转机制与绩效考核
	2010.09.10	DJB	研华大陆区直效行销部（DMF）营销专员	基层工作者	业绩分成的纠纷与处理
	2010.09.10	YZ	大陆区DMF客户关系发展专员	基层工作者	对分转流程的看法与期望
第一轮	2010.10.09	CSH	研华大中华区总经理	高层管理者	"新建直效行销部"这项变革的"来龙去脉"，警觉如何产生
	2010.10.09	YW	研华大陆区战略品牌管理与公共关系管理总监	中层管理者	新建销售部门的品牌策略
	2010.10.10	QNC	工业自动化事业群大陆区总经理兼大陆区副总经理；分管大陆区线上业务部门至2013年年底	中层管理者	分转机制，与线下部门的矛盾处理
	2010.10.10	YMQ	智能系统事业群华北区业务总监	中层管理者（线下）	渠道业务部对大客户部、直效行销部的看法与合作纪实；模式展望
	2010.10.10	GXZ	工业自动化事业群大陆区工业通讯产品业务经理	中层管理者（线下）	直效行销部对某项具体产品业务的影响（具体事例）
	2010.10.10	BCZ	大陆区新兴市场区域总经理兼大陆区人事行政副总经理	中层管理者	描述研华的警觉与战略灵敏性
	2010.10.10	ZPW	工业自动化事业群大陆区电力行业业务部经理	中层管理者（线下）	大客户部销售模式介绍

访谈轮次	访谈时间	姓名编码	受访时所任职位	层次/线上线下	访谈主题
第二轮	2013.05.17	HYM	大陆区在线业务部(AOL)部门经理	中层管理者(线上)	从直效行销部到在线业务部的变革
	2013.05.17	DJB	大陆区在线业务部营销专员(负责渠道营销)	基层工作者	回溯直效行销部的工作内容,剖析在线销售员积极性不足的原因
	2013.06.06	BCZ	大陆区新兴市场区域总经理兼大陆区人事行政副总经理	中层管理者	对在线业务部的定位与规划;变革发生的原因
	2013.06.06	HYM	大陆区在线业务部(AOL)部门经理	中层管理者(线上)	前一阶段的经验与总结;对在线业务部的定位与规划;变革后具体实施的措施
	2013.06.06	YHZ	已离职,前研华大陆区直效行销部(DMF)部门主管	中层管理者(线上)	变革中的警觉要素探讨
	2013.06.06	DJB	大陆区在线业务部营销专员(负责渠道营销)	基层工作者	对比变革前的直效行销部与现在的在线业务部日常工作(操作细节展示)
	2013.06.06	YZ	大陆区在线业务部营销专员(负责网上营销),原大陆区DMF客户关系发展专员(2009—2011年)	基层工作者	客户分转过程中的冲突处理(具体案例);对销售业绩分成与激励机制的看法与期望
	2013.06.06	CSH	研华大中华区总经理	高层管理者	公司层对变革中的冲突的处理态度
	2013.06.08	XMY	大陆区在线业务部在线销售团队组长,原大陆区DMF客户关系发展专员(2009—2011年)	基层工作者	从客户关系专员发展到在线销售员的改变,日常工作中的警觉来源
	2013.06.08	YZ	大陆区在线业务部营销专员(负责网上营销),原大陆区DMF客户关系发展专员(2009—2011年)	基层工作者	唤醒沉睡客户的时间与规则
	2013.06.09	YZ	大陆区在线业务部营销专员(负责网上营销),原大陆区DMF客户关系发展专员(2009—2011年)	基层工作者	与线下部门的冲突与处理;总结直效行销部阶段的经验与教训

续表

访谈轮次	访谈时间	姓名编码	受访时所任职位	层次/线上线下	访谈主题
	2013.06.09	TF	工业自动化事业群华北区渠道业务部经理	中层管理者（线下）	渠道部如何应对变革
	2013.07.03	ZPW	工业自动化事业群大陆区电力行业业务部经理	中层管理者（线下）	对线上线下合作模式的看法以及线下业务中大客户事业部未来发展模式探讨
	2013.07.03	YMQ	智能系统事业群华北区业务总监	中层管理者（线下）	对线上线下合作模式的看法以及线下业务中渠道部门未来发展模式探讨
	2013.07.03	HYM	大陆区在线业务部（AOL）部门经理	中层管理者（线上）	渠道部和大客户部感知的机遇与威胁
	2013.07.11	YHZ	已离职，前研华大陆区直效行销部（DMF）部门主管	中层管理者（线上）	回顾、总结直效行销部的变革
第二轮	2013.07.22	XYF	研华台湾总部在线业务部部门高级协理	基层工作者	其他区域在线业务部门的发展历程与现状，并与大陆区分项对比
	2013.07.27	YYW	大陆区在线业务部在线销售人员，原大陆区DMF客户关系发展专员（2009—2011年）	基层工作者	在线销售人员从新手到熟练—培训，自学，隐形师徒制
	2013.07.27	CBZ	大陆区在线业务部商机分派团队组长，原大陆区DMF客户关怀代表（2006—2011年）	基层工作者	直效行销部与在线业务部的商机分转规则；客户属性判断；话术
	2013.07.27	CSH	研华大中华区总经理	高层管理者	对渠道商的定位，以及下一步变革构思
	2013.07.27	BCZ	大陆区新兴市场区域总经理兼总经理副总经理	中层管理者	对在线业务部与渠道部、大客户部的合作机制与激励措施的思考
	2013.08.02	TF	工业自动化事业群华北区渠道业务部经理	中层管理者（线下）	新环境下渠道部与在线业务部的合作
	2013.08.02	HYM	大陆区在线业务部（AOL）部门经理	中层管理者（线上）	人才培养、绩效考核、业绩划分

续表

访谈轮次	访谈时间	姓名编码	受访时所任职位	层次/线上线下	访谈主题
第三轮	2014.09.03	BCZ	大陆区新兴市场区域总经理兼大陆区人事行政副总经理；2014年1月起分管大陆区线上业务部门	中层管理者	在线业务部门"三驾马车"发展规划
	2014.09.03	HYM	大陆区在线业务部（AOL）部门经理	中层管理者（线上）	现阶段的运行状况与瓶颈
	2014.09.03	YZ	大陆区在线业务部营销专员	基层工作者	现阶段工作日常中的挑战
	2014.09.03	ZPW	工业自动化事业群大陆区电力行业业务部经理	中层管理者（线下）	对AOL运行的看法，新的警觉生成
	2014.11.07	XHX	大陆区在线业务部营销专员（上海）	基层工作者	智能系统的在线销售变革措施
	2014.11.07	HCL	研华大陆区总经理，兼智能系统事业群大陆区总经理	高层管理者	"融合"——新变革的"来龙去脉"
	2014.11.07	YMQ	智能系统事业群华北区业务总监	中层管理者（线下）	线下部门如何警觉
	2014.11.07	YW	研华大陆区战略品牌管理与公共关系管理总监	中层管理者	在线业务部的品牌管理；企业文化中的"利他"
第四轮	2015.08.03	YYW	大陆区在线业务部在线销售人员，原大陆区DMF客户关系发展专员（2009—2011年）	基层工作者	"融合"后考核与激励措施的变革；变革后的商机分转
	2015.08.03	YMQ	智能系统事业群华北区业务总监	中层管理者（线下）	"融合"后线下部门的危机与挑战
	2015.08.03	YW	研华大陆区战略品牌管理与公共关系管理总监	中层管理者	研华"融合"中的品牌战略
	2015.08.03	HCL	研华大陆区总经理，兼智能系统事业群大陆区总经理	高层管理者	变革举措的警觉来源
	2015.08.03	BCZ	大陆区新兴市场区域总经理兼大陆区人事行政副总经理	中层管理者	对现阶段的在线业务部定位与规划

续表

访谈轮次	访谈时间	姓名编码	受访时所任职位	层次/线上线下	访谈主题
第四轮	2015.08.03	CBZ	大陆区在线业务部商机分派团队组长，原大陆区DMF客户关怀代表（2006—2011年）	基层工作者	变革后的"养鱼"商机培育与商机分派
	2015.08.04	ZPW	工业自动化事业群大陆区电力行业业务部经理	中层管理者（线下）	大客户部对于"矩阵式"的看法
	2015.08.04	CSH	研华前任全球CEO，现任董事局主席	高层管理者	变革举措的警觉来源以及影响机制
	2015.08.04	XMY	在线销售员工	基层工作者	矩阵式结构下日常运行中的危机感来源
第五轮	2016.06.27	HCL	研华大陆区总经理，兼智能系统事业群大陆区总经理	高层管理者	公司层对在线业务部的回顾、经验总结；现阶段的战略定位与思考
	2016.06.27	BCZ	大陆区新兴市场区域总经理兼大陆区人事行政副总经理	中层管理者	新环境下的警觉
	2016.06.27	QNC	工业自动化事业群大陆区总经理兼大陆区副总经理	中层管理者	"矩阵式"销售组织应对环境变化的危机感知
	2016.06.27	CBZ	大陆区在线业务部商机分派团队组长	基层工作者	运行中的问题与挑战
第六轮	2017.07.29	YHZ	已离职，研华大陆区前直效行销部（DMF）部门经理	中层管理者（线上）	回顾直效行销部早期的变革
	2017.07.29	HCL	研华大陆区总经理，兼智能系统事业群大陆区经理	高层管理者	公司层对在线业务部的回顾、经验总结
	2017.07.29	CBZ	大陆区在线业务部商机分派团队组长	基层工作者	现阶段中基层工作的思考
	2017.07.31	HYM	大陆区在线业务部（AOL）部门经理	中层管理者（线上）	研华在线业务与工控行业其他在线业务的发展过程与现状对比

访谈轮次	访谈时间	姓名编码	受访时所任职位	层次/线上线下	访谈主题
第六轮	2017.07.31	QNC	工业自动化事业群大陆区总经理兼大陆区副总经理	中层管理者	现阶段的危机与下一步变革构想
	2017.08.06	BCZ	已离职，研华大陆区前副总经理兼分管在线业务部	中层管理者	回顾总结研华在线业务的变革历史与各时期激发变革的缘由
	2017.09.25	CSH	研华前任全球CEO，现任董事局主席	高层管理者	公司层的警觉生成以及对销售组织变革的计划
	2017.09.25	XMY	在线销售员工	基层工作者	对现阶段工作的思考及日常工作中的警觉

附录 2 AOL 前期开放式编码部分示例

阶段三：研华的变革（贴标签）	译码过程		
	定义现象	概念化	范畴化
在实际工作开展中，客户关系发展他们发现他们最大的难题是没有合适的客户名单，客户关系发展员工 YYW 说，"给到我们的展会名单数量特别多，但是它不是有效的名单，包括展会去参展的人员也就是好奇，我们打过去之后，想了解研华的人比较多，但是有需求的人不多"。（c1）而通过外部营销工具查找黄页所获得的客户商机成功率就更低了（c2）	c1 行业展会未能产生有效需求 c2 外部商机获取效率低	C1 有效商机不足（c1,c2,c3）	CC1 多点关注（C1,C7）
客户发展关系部门的 10 多人不停地打电话，成单率动很低，AOL 经理 HYM 总结道"我每天都在关注他们的呼出情况，发现在线销售员的失败感很强（c3），YYW 和 XMY 都向我主动抱怨，整体工作积极性很差"（c4）	c3 内部运营关注 c4 中下层级之间的情绪沟通	C2 组织内纵向沟通（c4,c11）	CC2 跨层互动（C2,C9）
在线销售部将目光投向 Siebel 系统中原有的老客户，并要求将"沉睡"判定时间由六个月改为三个月希望获得更多的客户名单，并且试图主动关怀这些客户属性尚不清楚的老客户（c5）	c5 与线下部门争夺"沉睡客户"	C3 实践行动偏移（c5）	CC3 实践偏移（C3,C5）
走马上任的 HYM 积极推动 DMF 的改制，她认为工业电商的未来一定属于在线销售的（c6），"直效行销部不应该只承担'助攻'的工作，而应该去'射门'，这样才能发挥我们这十几号人的效用"（c7）	c6 对未来商业模式的判断 c7 实践目标产生偏移	C4 敏锐判断（c6） C5 实践目标偏移（c7）	CC4 敏锐判断（C4,C8）

续表

阶段三：研华的变革（贴标签）	定义现象	译码过程	
		概念化	范畴化
2010 年年底，在部门经理的默许下，一些在线销售员开始尝试单独做单，并且获得了显而易见的业绩增长（c8）	c8 直接做单能够成功	C6 实践中创造的新机会（c8）	CC5 机会创造（C6）
2011 年，总经理 CSH 参加了很多工业控制领域的论坛（c9），在认为结合互联网技术应用的最新趋势发展电子商务是研华科技的必然之路（c10）。加之在线销售经理 HYM 一再明确表态希望将 DMF 改制为单纯的销售组织（c11），经过与管理团队的多轮讨论（c12），研华决定接受变革部门的提议，将其目标调整为"射门"（c13）	c9 主动搜寻信息 c10 判断工业 B2B 存在机会 c11 高层与中层沟通 c12 高管团队专题会议 c13 战略定位调整	C7 主动搜寻行为（c9） C8 工业电商值得尝试（c10） C9 高管团队沟通（c12） C10 战略变革（c13）	CC6 战略变革（C10）
客户关系发展部门在 2011 年 6 月被撤除，工作人员大部分在经过数月的知识培训后陆续转岗至当时规模还比较小（不足 5 人）的 DMF 下设在线销售部。2 个月后，研华在 DMF 基础上正式组建研华在线业务部 AOL（c14）	c14 DMF 被转型成为 AOL	C11 创办新组织（c14）	CC7 组织结构变革（C11）
AOL 成为一个销售组织（包括自己做单和协助线下获得订单以业绩分成），以直接增加销售收入为主要业绩导向（c15）在直接线上面，在线可以根据自己的努力分成和其他部门的分成，可能是 75：75，也可能是 100：50 或者 50：50（c16）	c15 绩效考核指标以销售额为首要 c16 业绩分成方式改变	C12 绩效考核变革（c15,c16）	CC8 绩效考核变革（C12）
DMF 只是业务经营模式发生变化，但是 AOL 走到了战略层面，在研华 2013—2018 年五年愿景中 AOL 从原来的二线组织变成了一线组织（c17）	c17 AOL 战略定位得到提升	C13 改变定位（c17）	CC9 调整定位（C13）

续表

阶段三：研华的变革（贴标签）	定义现象	译码过程	
		概念化	范畴化
AOL改变以往按照在线销售的方式,将所有的销售员全部按分子部门的方式分派,客户关怀划分子部门的方式分派。(c18)当一个商机接入后,商机分派部门将商机归类,转接给IA或者IS事业部的esales,再由esales决定是自己做,还是跟线下的部门合作(c19)	c18 商机接入方式发生变化 c19 线上线下业务部门合作流程发生变化	C14 设定新的合作/协调流程(c18,c19)	CC10 业务流程变革(C14,C17)
AOL必须对商机做出快速反应,因为timing太重要了,你在这里犹豫一下,客户马上就转头头去了其他地方(c20)	c20 工作中时机非常重要	C15 快速反应的要求(c20)	CC11 组织响应(C15)
研华引入了IBM公司新推出的Unica数据挖掘系统(c21),为销售团队定制了一个新的商机培育成,分派和管理的流程,以此提高在线营销活动的精准性(c22)	c21 引入新的信息系统 c22 优化业务流程	C16 IT系统更新(c10) C17 业务流程优化(c22)	CC12 IT系统更新(C16)
AOL成立后共有18个esales,包括新来的。主管经理每天对他们进行知识轰炸,"每天都给他们开会,每天给他们讲一款新产品或一个产品线的产品(c23),然后隔天就让他们上去讲PPT,我要马不停蹄地提升在线销售的能力"(c24)	c23 学习营销知识 c24 学习行业知识	C18 学习新知识(c23,c24)	CC13 组织学习(C18)
2011年,AOL销售业绩为2348万元,比上年增长31.3%。2012年,AOL销售业绩为3178万元,比上年增长35.3%。2013年,AOL销售业绩为4285万元,比上年增长34.8%万元(c25)	c25 销售业绩以较高比率稳定增长	C19 业绩增长(c25)	CC14 业绩增长(C19)

附录 3　AOL 后期开放式编码部分示例

阶段四：研华的变革（贴标签）	定义现象	译码过程	
		概念化	范畴化
AOL 所发掘的商机(新增客户数)的增长率放缓,可获得的有效商机数趋于饱和	d1 外部商机获取减少	D1 内部运营关注 (d1)	DD1 多点关注 (D1)
2014 年 7 月,高层管理者判断在线销售组织销售额后续增长潜力堪忧,估计 AOL 可能无法达到完成的当年的年度目标(d2)	d2 年度目标完成堪忧	D2 经营状况判断 (d2)	DD2 敏锐判断 (D2)
由于销售产品重叠,自 AOL 设立以销售为主要目标之后,当有的可能成为大客户的订单接入时,AOL 为了完成自己的销售业绩往往在先尝试自己做单,若失败后再转给线下部门,耽误了有效订单的"时机"(d3) 研华设定 AOL 是希望去"再""捕鱼"的,但实际情况往往在是在线销售员在商机接入的前端就"捕鱼"了(d4)	d3 销售过程中的实践行动偏移 d4 实践目标从养鱼到捕鱼	D3 实践行动偏移 (d3) D4 实践目标偏移 (d4)	DD3 实践偏移 (D3, D4)
高管们开始思考 AOL 的重新定位,大陆区总经理 HCL 认为:"在线业务不能破坏渠道利益,这会造成对组织整体的伤害"(d5)	d5 以合作替代竞争为主要导向	D5 竞合导向改变 (d5)	DD4 竞合导向 (D5)
副总经理 BCZ 说:"我想我们的转变是肯定的,不会单纯是一个业务组织,目前它是一个单纯的业务组织,它扮演的功能应该是公司很重要的一个窗口。(d6) 事实上,结合当前行业深耕的情况来看,它扮演的功能应该是公司很重要的一个窗口。线上加大客户商机接入是可以构成海陆空的全面覆盖"(d7)	d6 思索功能定位改变 d7 发现行业深耕中的新机会	D6 发现新机会 (d7)	DD5 机会识别 (D6)

续表

阶段四：研华的变革（贴标签）	译码过程		
	定义现象	概念化	范畴化
2014年年底，研华决定将独立建制的在线部门"打散"纳入区域事业部的矩阵式结构中，将AOL与区域事业部连接起来，形成矩阵式结构（d8）	d8 AOL由独立建制被转型为矩阵型连接式结构	D7 组织结构变动（d8）	DD6 组织结构变革（D7）
调整在线销售部门的业绩考核指标体系，使指标走向多元化。AOL又从单纯的产品销售型业务组织转变回兼具销售与营销双重身份的混合体，并对AOL分转商机至线下部门的新客户基本量做出硬性规定（每季度大于15个）（d9）	d9 绩效考核多元化	D8 绩效考核变革（d9）	DD7 绩效考核变革（D8）
研华重新定位了AOL的功能，以品牌推广为首要目的，借助公司品牌及产品牌的在线推广，赢得更多的客户。研华强调在线组织要"养鱼"而非"捕鱼"。（d10）	d10 AOL功能定位改变	D9 改变定位（d6, d10）	DD8 战略变革（D9）
所有在线销售员需要向AOL和线下部门双线汇报。（d11）区域主管有权决定辖区内在线销售团队的商机分转（d12）	d11 汇报线变化 d12 商机分转流程改变	D10 设定新的合作/协调流程（d11, d12）	DD9 业务流程变革（D10）
研华从客户的角度出发提供丰富的在线服务工具，诸如介绍产品使用快速入门的手册和一些技术文档资料，说明各类产品的用途、优势及适用条件的资料，介绍研华产品使用方法及应用情况的录像片资料等。（d13）另外，研华引入基于大数据和人工智能为内核的AP² 信息系统（d14）	d13 输出的信息资料升级 d14 引入新的信息系统	D11 IT系统更新（d13, d14）	DD10 IT系统更新（D11）

续表

阶段四:研华的变革(贴标签)	译码过程		
	定义现象	概念化	范畴化
在线销售员在经过销售技巧、数量较大的产品知识、行业知识的密集培训后,比起只局限于几类或几条产品线的线下业务员,他们具有更强的销售能力。(d15)并且,在这过程中在线销售员从实践中学到了能将不同事业群的产品结合在一起出售的综合能力(d16)	d15 销售技巧学习 d16 产品组合销售学习	D12 营销知识学习(d15) D13 决策型知识学习(d15)	DD11 组织学习(D12,D13)

221

附录 4 访谈提纲（部分示例）

访谈前的准备：小蓝车公司半结构化访谈提纲（2019 年 6 月）

（正式访谈提前一周发送给对方公司）

（一）公司背景信息

1. 公司历史沿革、组织架构和业绩情况介绍。

2. 行业基本情况介绍。

3. 公司发展过程中的大事记。

4. 公司的战略规划和发展愿景。

（二）变革行为与变革过程中的警觉描述

1. 回顾关键组织变革事件：

    谈谈最近几年中公司有哪些机会的线索？是否抓住了这些机会线索。

    谈谈哪些因素促使组织去抓住机会或有效规避威胁？

2. 公司可以从哪些方面提高自己捕获机会威胁的能力？

3. 变革动机如何产生？

4. 谁最先提出变革设想，又是如何推进的？哪些人参与其中？

5. 最终的变革方案与最开始提出的变革设想是否相同？

6. 在激发变革的过程中，公司有哪些自发的学习行为？